図解 なるほど！ これでわかった

よくわかるこれからのデジタルマーケティング

営業・販売活動の「デジタル対応」は、あらゆる業種で待ったなしの急務。
「デジタル化」とはどんなことで、自社は何をすべきか?
今さら聞けない基本がわかる1冊。

船井総合研究所

同文舘出版

はじめに

デジタルマーケティングの目的は「売上を伸ばす」ことであり「業績アップ」です。

本書を執筆した船井総合研究所は、各業種・業界に特化したコンサルタントが７００人以上在籍し、年間５５００社以上の経営をサポートする総合経営コンサルティング会社です。業績向上（成果）に直結する提案を行なうことを旨とし、デジタルマーケティングの導入コンサルティングについても数多くの実績・成功事例を有しています。本書はその豊富な事例に基づいて執筆されています。

そして今、世の中は「７割経済」の時代と言われています。新型コロナウイルスの感染拡大に伴う不況の結果、何もしなければ自社の売上・利益はただ下がるばかりです。「ウィズコロナ」「アフターコロナ」というキーワードがよく聞かれますが、まさにこのキーワードは、現在の「７割経済」にどう対処していくのかということに他なりません。

では我々は、この「７割経済」にどう対処していけばよいのでしょうか？

その答えが、本書の内容である「デジタルマーケティング」に取り組むことです。仮に「７割経済」であったとしても、現在の人員で売上を１・４３倍にすることができれば、従来通りの利益を出すことができます。「デジタルマーケティング」を駆使すれば、それは決して夢物語ではありません。

本書はデジタルに詳しくない方でも「デジタルマーケティング」の全体像を体系的にご理解いただけるように、図解と平易な説明で構成されています。1章から10章まで順にお読みいただけると、自社が「デジタルマーケティング」導入のために、具体的に何をすればよいかがわかる内容となっています。

「デジタルマーケティング」の導入を通じ、本書が皆さまの会社の業績向上のお役に立つことを心より願っています。

『図解　よくわかるこれからのデジタルマーケティング』目次

第2章　デジタルマーケティング導入のステップ

第3章　新規問い合わせをガンガン増やすWebサイトの作り方

第5章　Webサイトへのアクセスを増大させるSEO対策とPPC広告のポイント

第6章　フェイスブック・LINEほかSNS活用と広告のポイント

第7章　デジタルマーケティングにおける分析項目

第8章　Web接客とリモート商談システム導入のポイント

第9章　中小企業は顧客管理と案件管理の徹底で業績が上がる

第10章　これからのデジタルマーケティング

カバーイラスト　野崎一人
本文デザイン・ＤＴＰ　ＲＵＨＩＡ

第1章

デジタルマーケティングの基本

Section

section 01

デジタルマーケティングの特徴と目的

デジタルマーケティングとは何か？

デジタルならすべてをデータで扱うことができ、結果の検証も容易

デジタルマーケティングとは、デジタル技術を活用したマーケティング手法のことです。具体的には、「PCサイト、モバイルサイト、ECサイト、動画、Web広告、SEO対策、SNS、マーケティングオートメーションやチャットボット」といった各種デジタルツールを使い、「分析、コンテンツ管理、インサイドセールス」といった新たな機能を活用して実践するマーケティング手法です。

こうしたデジタルツールや機能は、時代とともに新たなものが登場します。

◆リアルにはないデジタルの特徴

そしてデジタルマーケティングには、リアルマーケティングにはない特徴があります。それは「すべてをデータで扱える」ということです。

リアルマーケティングでは、DMやチラシなどを使いますが、それがどれだけ効果があったのかを正確に計測することは簡単ではありません。

しかしデジタルマーケティングでは、Webサイトへのアクセス情報やWebサイト上での行動履歴情報、問い合わせの状況などがすべてデータで扱えるようになったことで、その結果を検証することも容易になりました。それによってPDCAを高速回転させることができるようになり、マーケティングの精度が格段に上がったのです。これは、デジタルマーケティングの画期的な点です。

◆目的は「売上を伸ばす」こと！

ここで注意したいのは、何のためにデジタルマーケティングを行なうのかという点です。それは、「売上を伸ばす」ためです。いかに優れたテクノロジーを使ったとしても、売上アップにつながらないものは無駄遣いであり、投資に値しない取り組みとなります。

大事なのは、売上を伸ばすという目的を達成することです。つまり、デジタルマーケティングとは、デジタルテクノロジーを駆使し、売上アップを実現するマーケティング手法と言えます。

デジタルマーケティングの目的は？

デジタルマーケティングの目的は売上アップ！

section 02

Webマーケティングはデジタルマーケティングに内包される概念

Webマーケティングとデジタルマーケティングの違い

―「顧客の購買」だけでなく「顧客の行動」でエンゲージメントを高める―

従来のWebマーケティングとデジタルマーケティングでは何が違うのでしょうか?

左図のように、Webマーケティングはデジタルマーケティングに内包される概念と言えます。ただし重視すべき指標（KPI）が異なります。

Webマーケティングで重視されるKPIに「セッション数」「コンバージョン率」「注文単価」「LTV（生涯顧客価値）」などが挙げられるのに対し、デジタルマーケティングでは「売上」「ユーザー数」「顧客数」「継続率」「アクティブ率」「ブランド想起率」が重視されます。

◇「顧客の購買」だけでなく「顧客の行動」でエンゲージメントを高める

なぜ、KPIが異なるのでしょうか？　それは、Webマーケティングでは「顧客の購買」によってエンゲージメントを高めていたのに対し、デジタルマーケティングでは「顧客の行動」によってエンゲージメントを高める、という点がその理由です。

ここで言うエンゲージメントとは、「関係性の維持・共感」のことを指します。

たとえばデジタルマーケティングでは、KPIとして「アクティブ率」と「ブランド想起率」が重視されます。

アクティブ率とは、顧客が〝生きているかどうか〟を示す指標です。たとえばメールマガジンを毎回開封している顧客はアクティブであるのに対し、開封していない顧客は休眠顧客と考えられます。

そしてブランド想起率とは、ブランドの認知度のことを指します。「洗濯用洗剤といえば？」と10人に質問して、自社のブランド名を答えてくれた人が7人いればブランド想起率は7割、ということになります。

このようにデジタルマーケティングでは、顧客の行動にまで踏み込んだデータを扱うことで、顧客とのエンゲージメントを高めることができるようになるのです。

重視されるKPI（重要評価指標）の違い

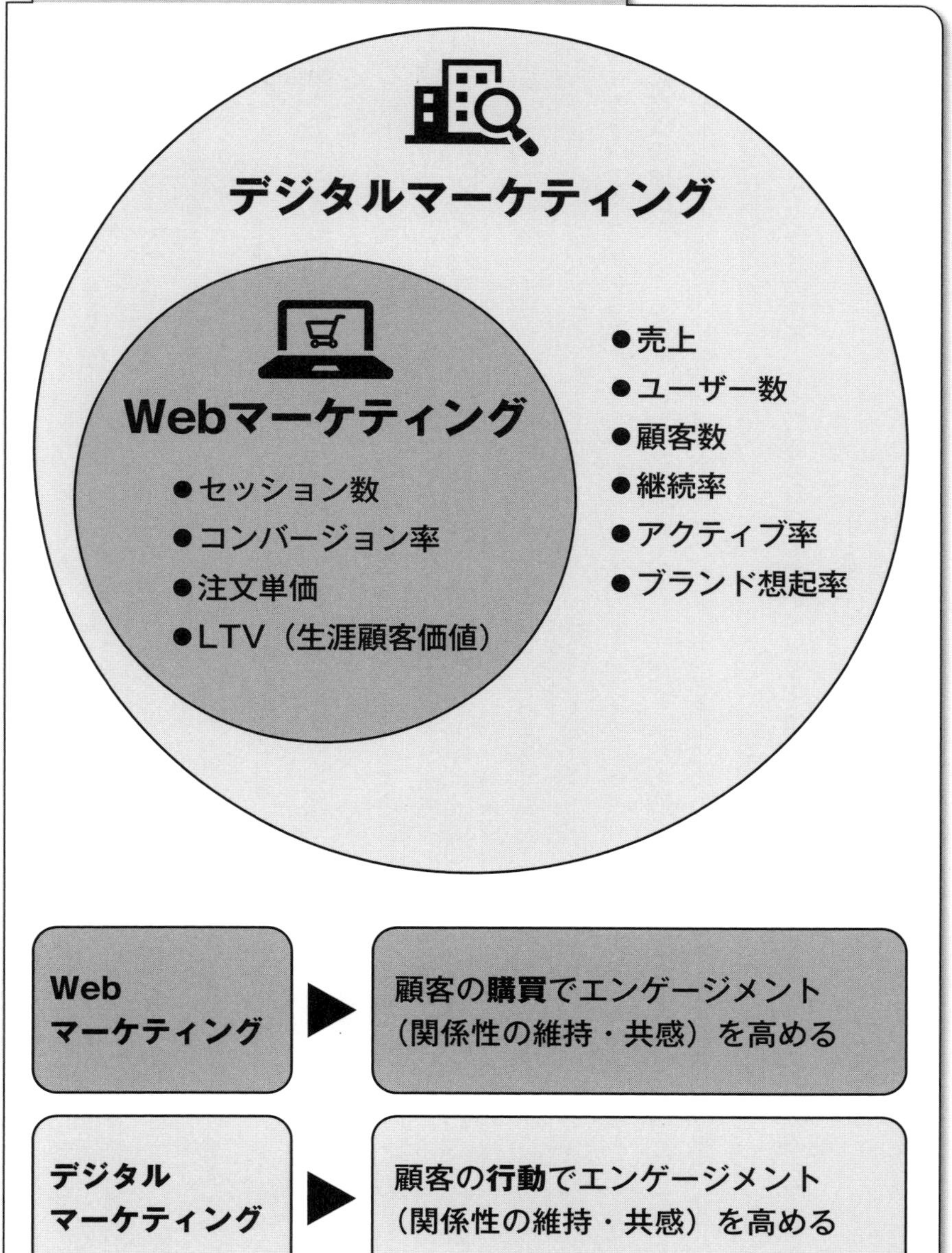

section 03

複雑化する顧客の購買行動

デジタルマーケティングの購買行動モデル

―ＡＩＤＭＡからＡＩＳＡＳ、さらにＡＩＳＣＥＡＳへと変化―

マーケティングに取り組む上で押さえておかなければならないことが、顧客の購買プロセスです。顧客の購買プロセスに対応した形でのマーケティング施策が求められます。

◆リアルマーケティングで用いられてきた「ＡＩＤＭＡの法則」

リアルマーケティングの世界で長年用いられてきた有名な購買行動モデルに、「ＡＩＤＭＡ（アイドマ）の法則」があります。

ポスターをデザインするケースで考えてみましょう。まず、見る人に「おっ！」と注目させるような大きな文字でポイントを記述する必要があります（Attention）。そして興味を持たせるコピー（Interest）が必要ですし、「これ欲しいな」と欲求を喚起する（Desire）内容にする必要があります。そして記憶させて（Memory）、実店舗での購買（Action）につなげるのです。

◆Ｗｅｂマーケティングで用いられてきた「ＡＩＳＡＳの法則」

広告の中心がインターネットになると、顧客の購買行動は若干異なってきます。そこで１９９５年に電通が発表した新たな購買行動モデルが「ＡＩＳＡＳ（アイサス）の法則」です。この法則によれば、顧客は「おっ！」と注目して興味を持ったことに対して、次のプロセスとしてインターネットで「検索」（Search）をかけます。検索をかけた上でＷｅｂサイトを閲覧して商品情報を確認し、「購買」（Action）に至ります。

そして実際に自らが体験した上で、「これ、よかったよ！」、あるいは「イマイチだったよ……」と、別の人たちに「共有」（Share）するのです。

◆デジタルマーケティングで用いられる「ＡＩＳＣＥＡＳの法則」

そして現在のデジタルマーケティング時代の購買行動として広く認知されているのが、「ＡＩＳＣＥＡＳ（アイシィーズ）の法則」です。この法則ではＡＩＳＡＳの「検索」のプロセスを

お客様の購買プロセスの変化

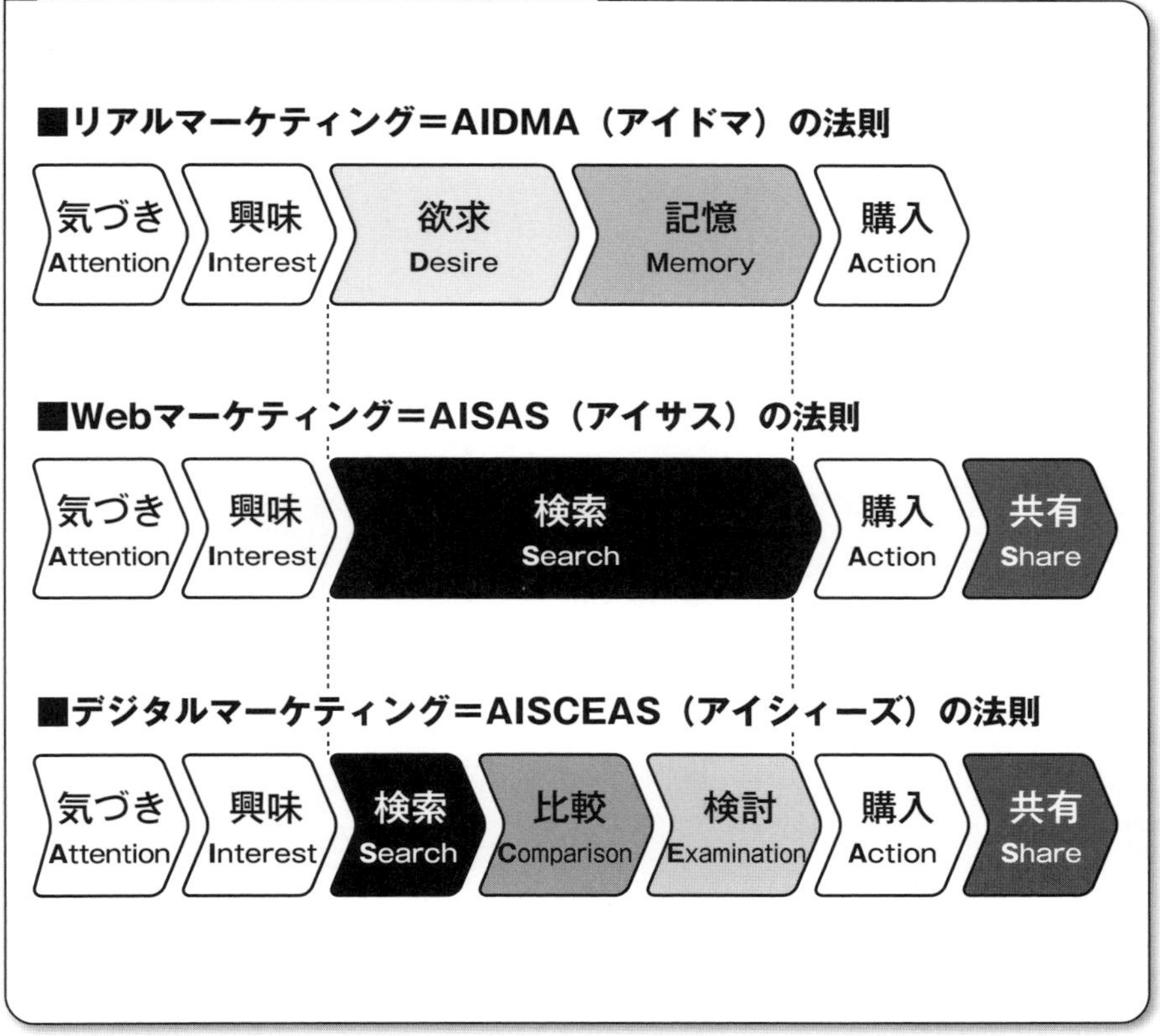

さらに細かく「検索」「比較」「検討」と3つに分けています。

Ｗｅｂメディアや SＮＳといった媒体が増えたことで、今では企業のＷｅｂサイトだけを見て購買の意思決定をする人が少なくなっていることが、その背景として挙げられます。

たとえば顧客は、口コミサイトで「比較」をして、実店舗で「検討」をしたりしています。あるいはさまざまなＳＮＳを見たりしながら「比較」し、「検討」しているのです。

前項で述べた通り、デジタルマーケティングでは「顧客の行動」でエンゲージメントを高めていきます。ＡＩＳＣＥＡＳは、それに対応するデジタル施策を考える上で使いやすいモデルになっていることがわかります。

section 04

マルチデバイスと複数のタッチポイント

顧客接点の増加と多様化する比較確認行動

ーデジタルマーケティングではＳＮＳの攻略がカギに

　デジタルマーケティングに取り組む上で押さえておきたいことは、顧客接点（タッチポイント）が増加している点と、前項で述べた「比較」「確認」行動が多様化している点です。

◆増え続けるデジタル上の顧客接点

　私たちの生活の中でのデジタルの接点というものを思い浮かべてみてください。検索エンジンを活用してＷｅｂサイトへアクセスする、通勤電車の中で動画を見る、ＳＮＳで情報を収集する、Ｗｅｂセミナーに参加するなど、これらはすべてデジタル上での接点です。さまざまなデジタルデバイスが登場し、デジタルテクノロジーが続々と生み出される中で、デジタル上での顧客接点は増え続けています。

◆ＳＮＳの攻略がカギに

　顧客接点の増加と多様化する比較確認行動に対応するには、連続的な「評判の獲得」と「確認の提供」が重要になります。そして、ＳＮＳの攻略がカギとなります。

　まず「評判」とは、第三者評価のことを指します。

　たとえば、欲しい商品があったとします。その場合、商品を検索すると同時に、その商品の利用者によるＳＮＳ上での評判をチェックします。さらに商品の公式ＳＮＳもチェックし、詳細な情報や現物確認の機会がないかを調べます。こうして下調べを済ませてから検索サイトで検索すると、さまざまなメディアサイトやグーグルマイビジネスが上位に表示されます。そこでも評判を確認し、公式サイトで資料請求や来店予約などを行ないます。

　そして購買後には、メディアサイトやＳＮＳで実際の感想を共有（シェア）することになります。

　「ＡＩＳＣＥＡＳ（アイシィーズ）の法則」の購買行動プロセスの中に、「評判の獲得」と「確認の提供」を連続的に組み込めば、購入までのプロセスをスムーズに進み、よい評判をシェアしてもらえるようになります。

　具体的には、ファン顧客による「お

マルチデバイスと複数のタッチポイント

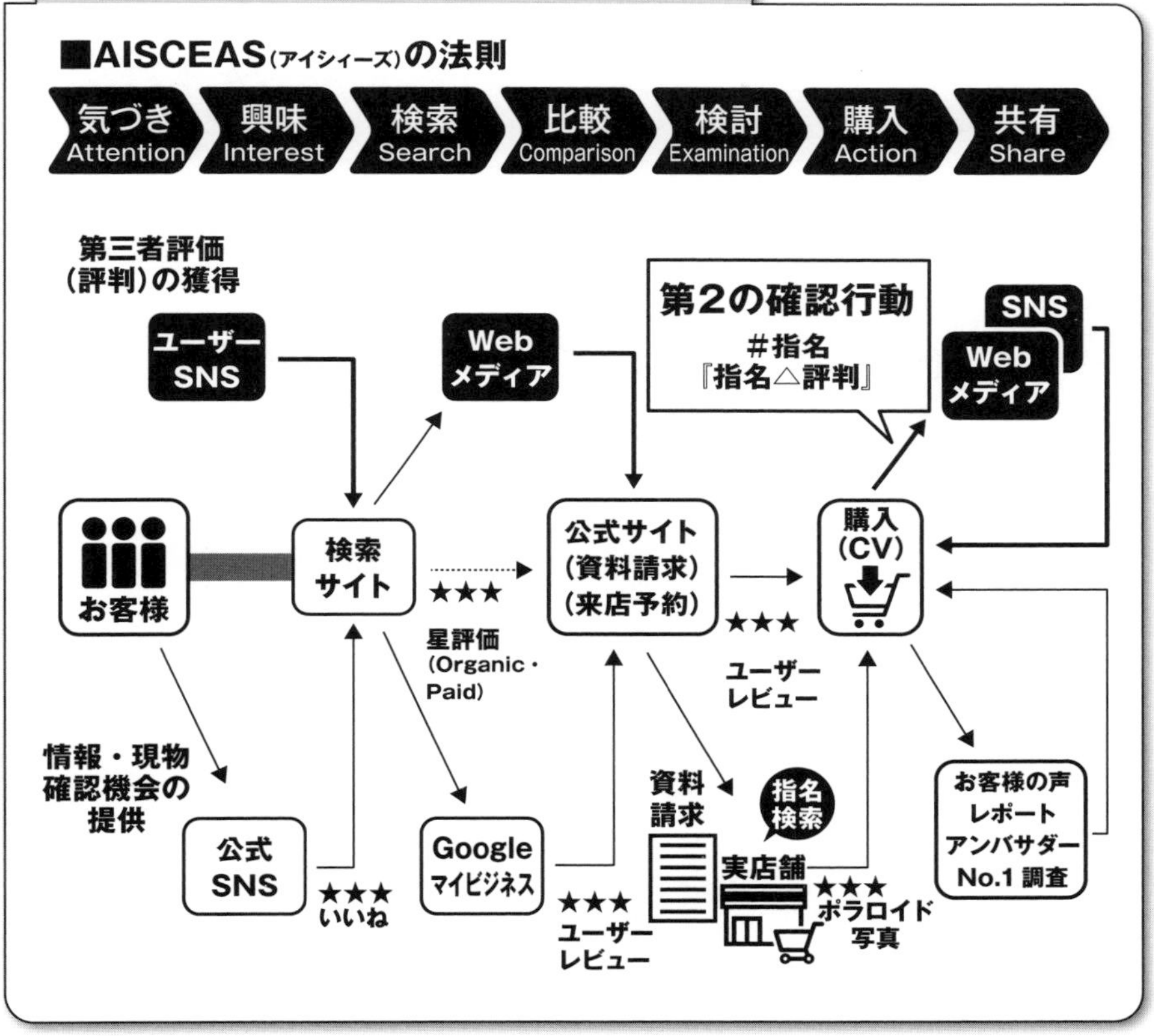

客様の声」や「成功事例レポート」といったコンテンツを作っておくべきでしょう。

さらに押さえておきたいのは、商品を比較する際の確認行動には、購入直前の「第2の確認行動」があるという点です。

たとえば顧客は検索エンジンで「○○（自社の商品名） 評判」といったキーワードで検索を行ない、自分が購入しようとしている商品がどのような評価を受けているのかを知ろうとします。ここで、どのような情報が上位に表示されるかがポイントです。もっとも望ましいのは、前述のお客様の声や成功事例レポートなどが上位に上がってくることです。

デジタルマーケティングではこうした点にも注意を払う必要があります。

section 05

顧客視点のカスタマージャーニーマップ

ポイントは「売り手」目線ではなく、「買い手」目線

カスタマージャーニーマップは顧客接点（タッチポイント）で考える

カスタマージャーニーマップとは、顧客の成功に向けて旅路をともにするための道しるべ、という意味です。

具体的には、認知から購入、そしてカスタマーサクセス（顧客の成功）に至るまでの顧客の購買プロセスに応じて提供すべき情報やコンテンツを整理したものになります。

◆ポイントは「売り手」目線ではなく、「買い手」目線

大事な点は、売り手側の販売プロセスではなく、買い手（顧客）側の購買プロセスを基にすることです。

販売プロセスに従って情報を整理しようと思うと、どうしても売り手目線になり、売り手の論理でコンテンツを用意しがちです。

一方、購買プロセスに従うと、買い手（顧客）の目線で、買い手（顧客）の思考や気持ちを考慮することができるようになり、顧客中心のアプローチが可能となります。

左図に示した通り、カスタマージャーニーマップは最初に認知から購入までのプロセスをステップに分けて記載します。

◆カスタマージャーニーマップは顧客接点（タッチポイント）で考える

そして、各プロセスにおいて、どのような顧客接点（タッチポイント）があり、デジタルツールを活用してどのようなコンテンツを提供していくかを考えます。

続いて、顧客の具体的な行動を検討します。具体的には、ネットで検索し、広告をクリックして、Ｗｅｂサイトに訪問し、そこから成功事例集を見て、資料請求を行なう。さらに、Ｗｅｂサイトで詳細情報やＦＡＱ（よくある質問）などを確認して、注文フォームから発注する――この一連の流れの中で、ＳＥＯ、リスティング広告、フェイスブック広告、メルマガ、マーケティングオートメーション、ポップアップ表示、プッシュ通知、チャットボット、ＥＦＯなどのデジタルテクノロジーを活用して、顧客が途中で離脱すること

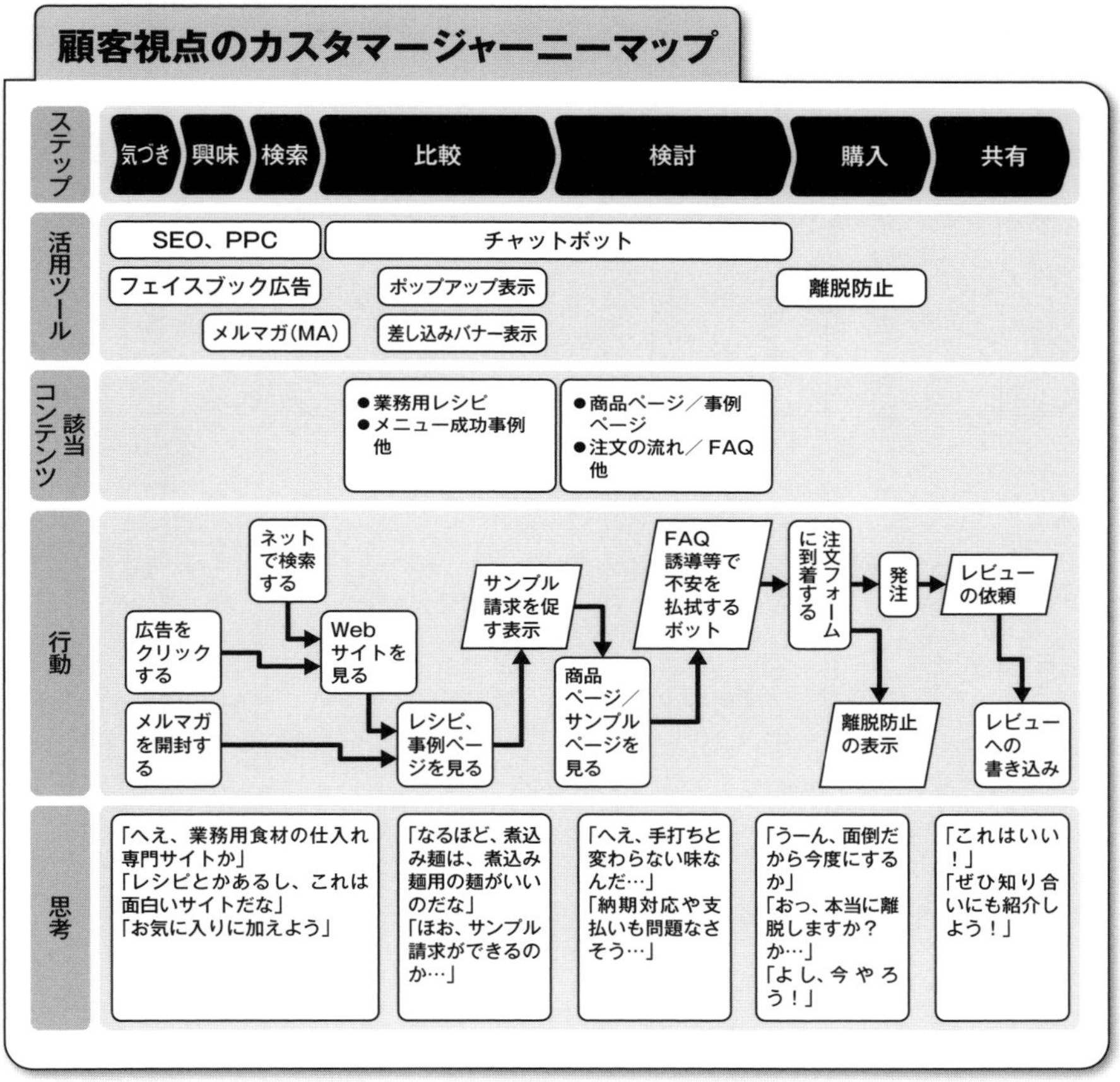

なくスムーズに購入に至るよう導いていきます。

そこでは、顧客の思考や気持ちにも配慮します。顧客はどのような思考で行動しているのか、その時、どのような気持ちなのか。

人は感情の生き物です。ロジックだけでは購入には至らないため、人の感情にも配慮して、カスタマージャーニーマップを完成させていきます。

section 06

デジタル時代のマーケティングプランと戦略の立て方①

キーワード戦略と商品戦略

―フロントエンド商品の設定が最も重要―

デジタルマーケティングでは、「キーワード」と「商品戦略」が特に重要です。検索ワードで顧客を絞り込んで商品を購入してもらい、そこから複数の商品を購入してもらうことで売上の最大化を目指します。

◆3つの検索ワードを押さえよう

検索ワードには、課題ワード、解決策ワード、指名ワードの3種類があります。

課題ワードとは「困ったことや実現したいことがある時に検索するキーワード」で、解決策ワードとは「課題を解決するために検索するキーワード」、指名ワードとは「具体的な会社名や商品名」です。

たとえば、「売上を伸ばす方法」と課題ワードを検索して調べたとします。そこで「どうやらコンサルティング会社を活用するといいらしい」ということがわかり、「コンサルティング会社」（これが解決策ワード）で検索してみると、どうやら船井総研という会社が実績もあっていいらしい、ということがわかりました。その結果、指名ワードである「船井総研」で調べて、船井総研のＷｅｂサイトにたどり着くことができます。

これら3種類のキーワードで検索された場合に上位表示させるＳＥＯ対策、リスティング広告を実施していきます。

検索ワードの対策では、図の一番左の課題ワードから考えがちですが、大事なのはコンバージョンや売上につながりやすい指名ワード対策を最初に考え、次に解決策ワード、課題ワードの順番で設計していくことです。それにより、売上アップにつながる検索ワード対策ができるようになります。

◆3つの商品を押さえよう

また、デジタルマーケティングでは、低価格の「フロントエンド商品」を用意し、「バックエンド商品」「個別対応商品」への購入につなげ、顧客化していきます。このフロントエンド商品の設定が非常に重要で、ここを誤ると売上アップに大きな影響を及ぼします。

デジタル時代のマーケティングプランと戦略の立て方

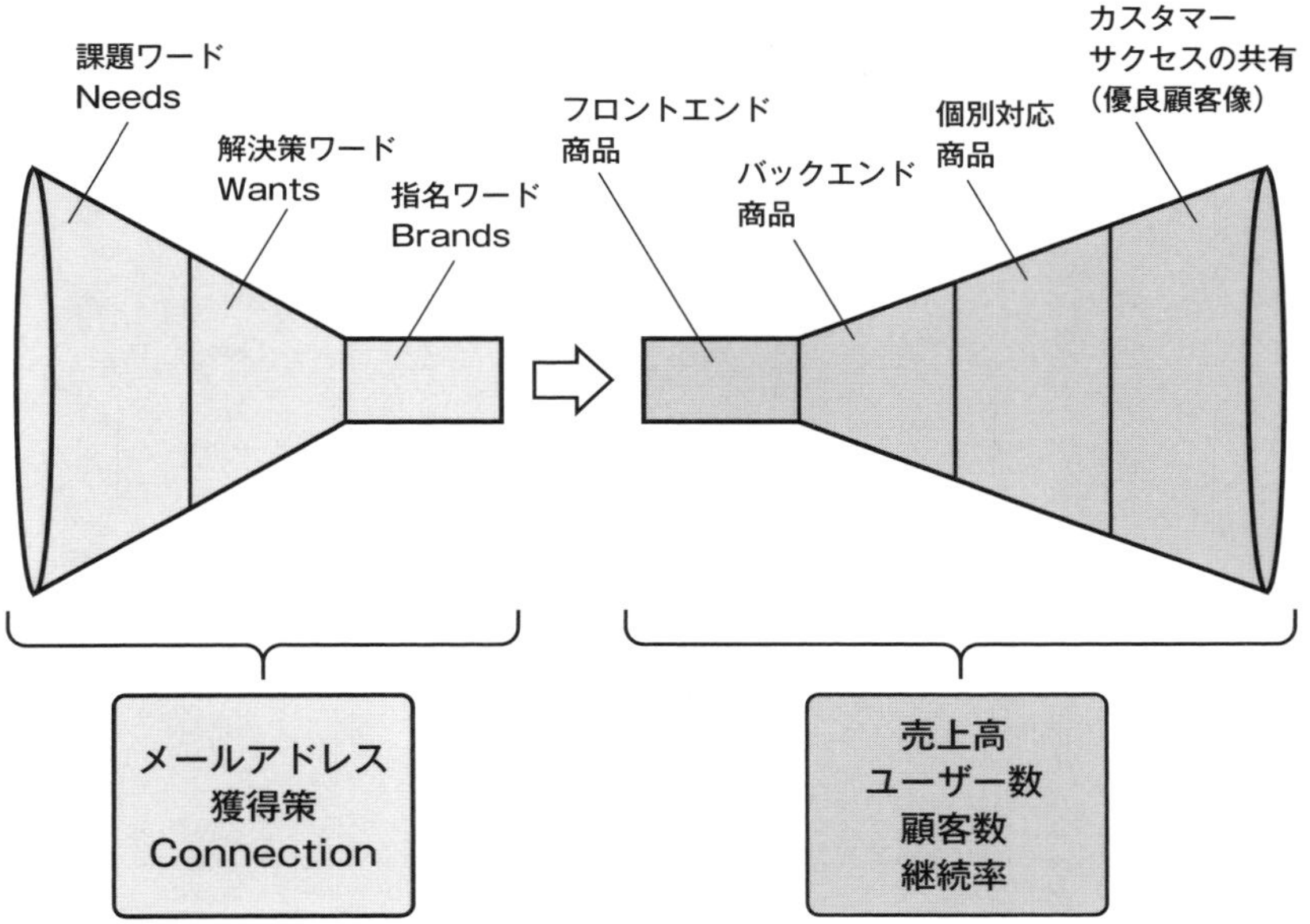

課題ワード（Needs）
何かに困った時や実現したいことがあった時に検索するキーワード。
例：売上を伸ばす方法

解決策ワード（Wants）
課題を解決するために検索するキーワード。
例：コンサルティング会社

指名ワード（Brands）
課題を解決するために検索するキーワード。
例：船井総研

フロントエンド商品
お客様が最初に買いやすい商品。いわば「入口商品」。

バックエンド商品
お客様が最終的に買っていただきたい商品。いわば「主力商品」。

個別対応商品
そのお客様に対しての「お奨め」商品。あるいはオーダーメイド商品。

section 07

デジタル時代のマーケティングプランと戦略の立て方②

マーケティングの5P・5Cとデジタル「7適」を押さえる

━ 市場調査よりもデジタル資産マネジメントが重要 ━

◆市場調査からデジタル資産マネジメントへ

デジタル時代では、「デジタル資産マネジメント」が重要なテーマになってきます。デジタル資産とは、顧客データ、顧客の購買行動データ、Web上での行動データなどがそれに当たります。従来のマーケティングプランの作成においては、市場調査やセグメンテーションが大事だと言われてきましたが、デジタルマーケティングにおいては、デジタル資産マネジメントとそれに応じたセグメンテーションがより重要になります。

◆マーケティングの4Pから5Pへ、4Cから5Cへ

デジタルマーケティングの大きな特徴は、顧客と緊密なつながりが持てることです。

それによって、マーケティングの4P（Product, Price, Place, Promotion）が5P（4P＋Platform）になり、マーケティングの4C（Customer Value, Customer Cost, Convenience, Communication）が5C（4C＋Connection）になります。

◆品揃えの6適からデジタル7適へ

また、品揃え（マーチャンダイジング）理論の6適（①適時、②適品、③適価、④適量、⑤適サービス、⑥適提案）に、⑦適接点を加えた「デジタル7適」という概念も重視すべきです。たとえば、アマゾンのレコメンデーションは、デジタル技術を活用した適時・適品・適価の提案と言えます。

このようにデジタルを活用することで、顧客とのつながりから得られたデータをマーケティングプラン作成に活かしていきます。

具体的には、名刺や名簿をデジタル化し、顧客のアクティブ状況を把握することで、顧客の興味や行動を理解することができるようになります。これらの実データは市場調査よりも重要であり、顧客理解が進むことで、優れたマーケティングプランを作成できるようになります。

デジタルマーケティングのフレームワーク

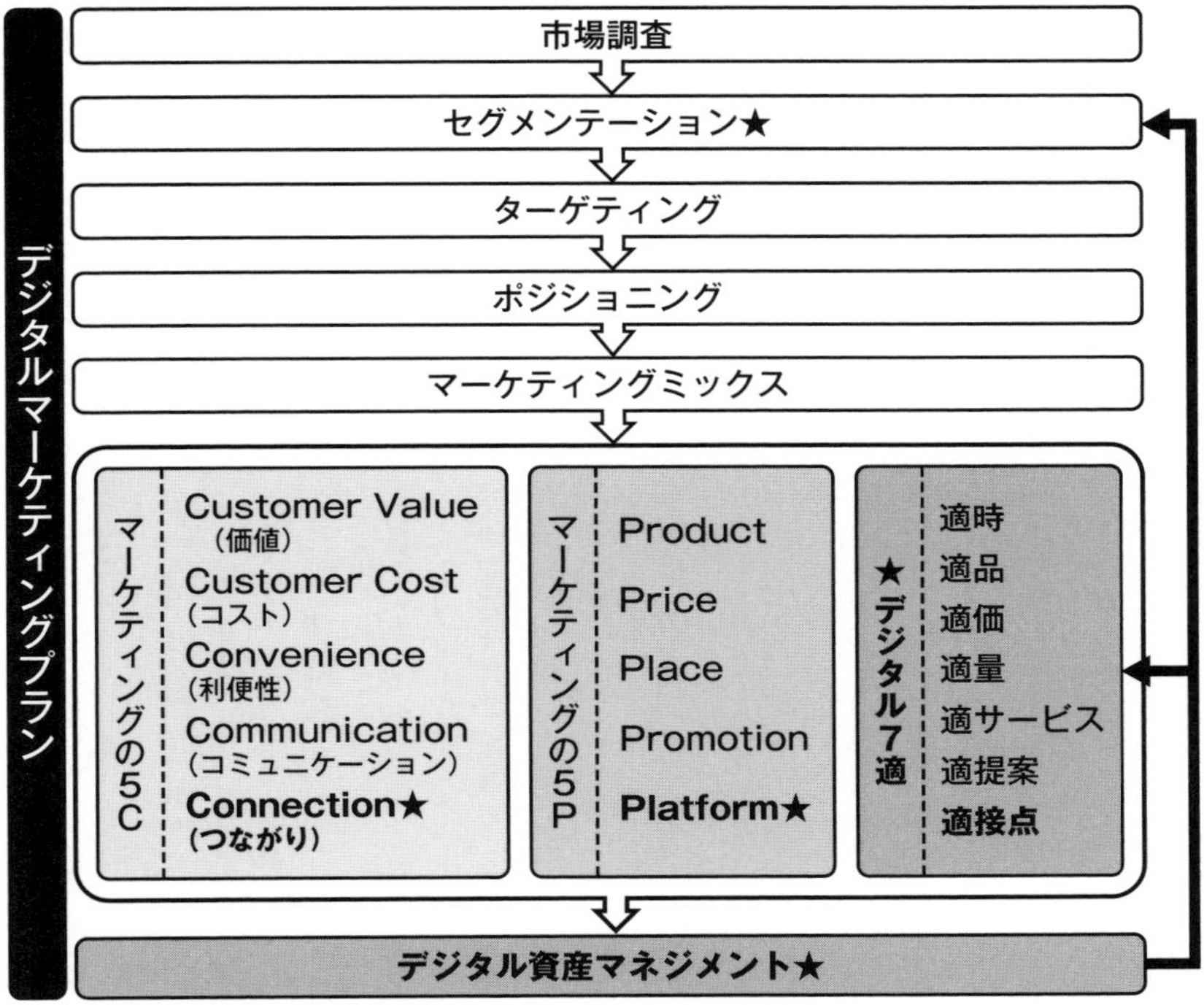

マーケティングの 4P

4Pとは、『Product（製品・商品）、Price（価格）、Promotion（プロモーション）、Place（流通）』の4つを指します。この4つのPを組み合わせながら、企業に最適なマーケティング手法を考えるのが、マーケティングの基本と言われる。1961年にアメリカのジェローム・マッカーシー氏が提唱。

マーケティングの 4C

4Pが「企業側の視点」であるに対し、「消費者側の視点」で提唱されたのが4C。4Cとは『Customer Value（価値）、Cost（コスト）、Convenience（利便性）、Communication（コミュニケーション）』を指す。1990年にアメリカのロバート・ローターボーン氏が提唱。

MD（マーチャンダイジング：品揃え）の６適

完全な品揃えを決める要素として、次に挙げる「6つのRight（＝適）」があると言われ、この6適が達成されると業績は大きく向上する。
①適時、②適品、③適価、④適量、⑤適サービス、⑥適提案

section 08

デジタル時代のマーケティングプランと戦略の立て方③

トレンド検索に基づく「多用途戦略」で市場を広げる

―ポイントは商圏人口の見極めと最適な広告媒体の選定―

デジタルマーケティングにおいては、トレンド検索や検索ボリュームからセグメンテーション、ターゲティングを進めていくことも多くなります。

◇トレンド検索に基づく「多用途戦略」で市場を広げよう

グーグルが提供しているサービス、グーグルトレンドを活用すると、どんなキーワードがどれだけ検索されているのかといった「検索数の推移」、さらにそのキーワードで検索した人が、他にもよく検索している「関連トピック」や「関連キーワード」を知ることができます。つまり、リアルタイムで現在のトレンドを把握できるのです。

たとえばパン屋さんがこれから売上を拡大していこうと思った場合、食パン市場だけで考えると市場規模は800億円しかなく、また成熟市場であるため成長の余地は大きくありません。

そこで、グーグルトレンドで検索してみると、どうやら手土産として高級食パンを活用するケースが増えていることがわかります。手土産市場の市場規模は3000億円もあり、「食パン」と「手土産」というキーワードは成長の可能性があるという仮説が立てられます。

つまり、食パンを食卓で食べるという用途だけでなく、手土産にするという用途にも使う（これを単品多用途戦略と呼びます）ことで、市場規模（ターゲット）を拡大し、売上アップを狙う戦略をとることができます。

◇トレンド検索に基づく戦略の留意点

この際に検討すべき項目というのは、以下のようなものがあります。

・Webでリーチ可能な客数はどれくらいいるのか
・東京とその他地域の格差はどれくらいあるのか
・適切な広告媒体は何か

まず、そもそもインターネットで検索されているのか？　されていなければ、いかに認知を広げるのか、といったことを検討しなければなりません。

またそれは超大商圏である東京だか

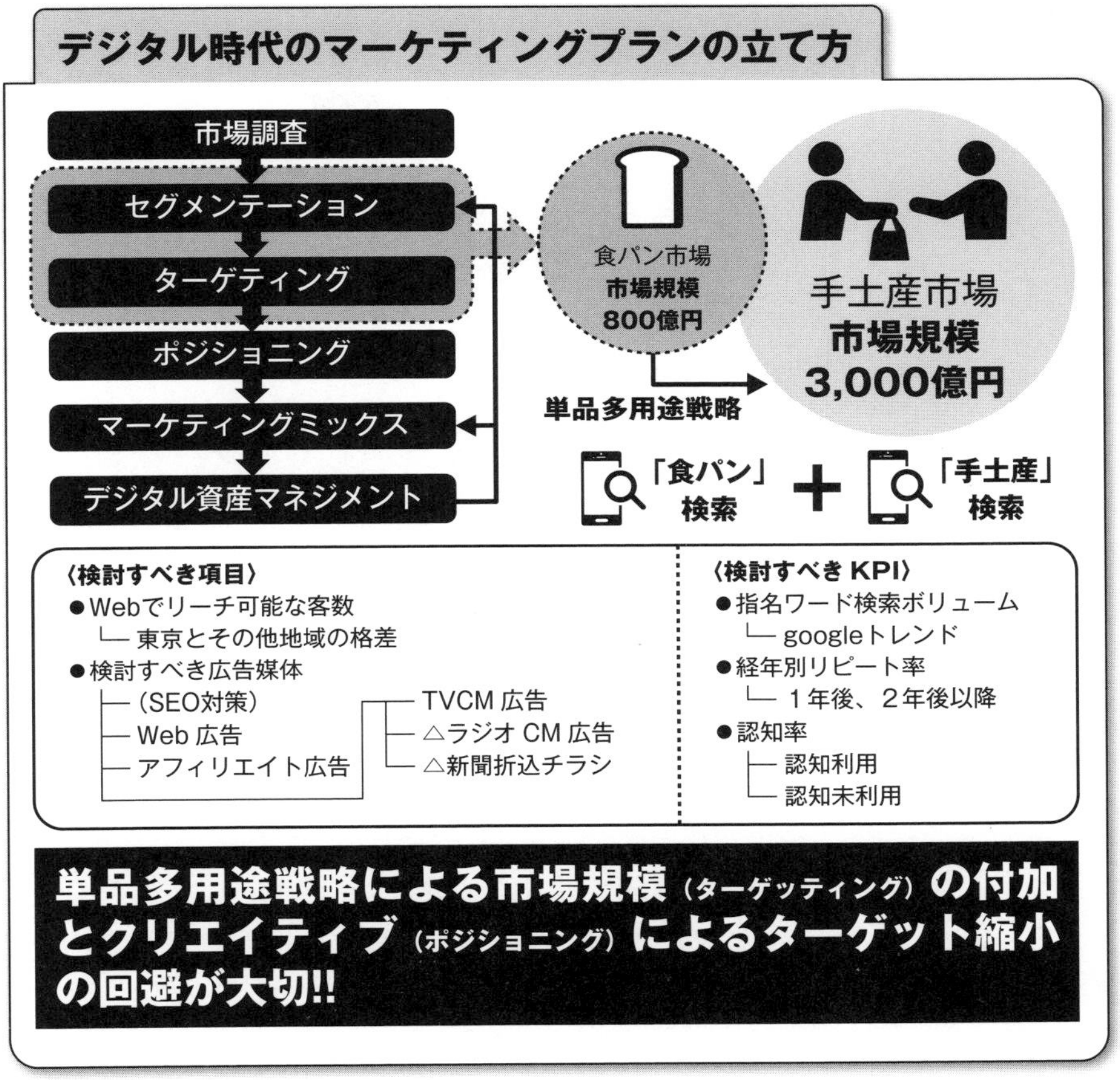

ら成り立つモデルなのか、あるいは地方でも成り立つモデルなのかを見極める必要があります。

その上で最適な広告媒体を選定します。検討すべき広告媒体としては、ＳＥＯ対策、Ｗｅｂ広告、アフィリエイト広告、ＴＶＣＭ広告、ラジオＣＭ広告などが考えられます。

このようにデジタル時代だからこそ、デジタル以前のマーケティングプラン、さらにそれ以前の戦略が何よりも重要になるのです。

第2章

デジタルマーケティング導入のステップ

Section

section 01

デジタルマーケティング導入の流れ

導入を成功させるための8つのステップ

最も重要なのが経営トップの決断

ここまで述べてきたデジタルマーケティングは、どのようなステップで自社に導入していけばいいのでしょうか？

◆デジタルマーケティング導入の8つのステップ

デジタルマーケティングを導入するためのステップは次の通りです。

1 経営トップの決断
2 プロジェクトリーダーの決定
3 プロジェクトチームの結成
4 外部パートナーの選定
5 マーケティングプランの立案
6 数値計画立案
7 コンテンツ制作・デジタルツール選定・導入
8 全社展開・運営開始

以上、8つのステップです。そしてこの中で最も重要なステップが「経営トップの決断」です。

◆経営トップが関与しないと、デジタルマーケティングの導入は成功しない

デジタルマーケティングを導入して成功させるためには、必ず経営トップの関与が必要です。ここでいう経営トップとは、中小企業なら社長であり、大企業であれば役員クラスです。

なぜなら、デジタルマーケティングの導入には社内の数多くの部門を巻き込むことになるからです。

具体的には、

・マーケティング・営業企画部門
・営業部門
・情報システム部門
・その他

といった部門が考えられます。利害の異なる複数の部門をまとめるとなると、経営トップの関与が不可欠です。

また、デジタルマーケティングを導入すると営業活動の業務プロセスが変わります。さらにコンテンツ制作のためには、たとえば製造業なら設計開発部門や製造部門の協力も必要になってきます。

つまり、現状の業務に何らかの負担がかかることは事実です。そうした中で合意形成するには、経営トップの関

デジタルマーケティング導入の流れ

- **ステップ1**　経営トップの決断
- **ステップ2**　プロジェクトリーダーの決定
- **ステップ3**　プロジェクトチームの結成
- **ステップ4**　外部パートナーの選定
- **ステップ5**　マーケティングプランの立案
- **ステップ6**　数値計画立案
- **ステップ7**　コンテンツ制作・デジタルツール選定・導入
- **ステップ8**　全社展開・運営開始

経営トップが関与しないと、デジタルマーケティングの導入は成功しない

与が不可欠です。

「経営トップの関与」に次いで大切なのが、「プロジェクトリーダーの選定」です。デジタルマーケティングは「やったことがないことへのチャレンジ」の連続です。したがって、プロジェクトリーダーは営業・販売部門の現場のトップクラスの人材、あるいは新規開拓が得意な人材を選定することが求められます。

プロジェクトリーダーは、経営トップとともに現場を動かすことができる人材でなければなりません。

section 02

デジタルマーケティングの導入・立ち上げに必要な考え方

導入・立ち上げはアジャイル型で

「まずはやってみる」という考え方が必要

デジタルマーケティングの導入・立上げを進める上で押さえておきたいのが、「アジャイル型」と呼ばれる開発手法です。

◆従来の考え方ではうまくいかない

従来型、言い換えれば「製造業型」の開発の考え方は「ウォーターフォール型」と言われるものです。

ウォーターフォールとは、〝水の流れ〟という意味ですが、文字通り水は常に上から下に流れます。後戻りということはあり得ません。ウォーターフォール型開発も同じことで、最初にきちんと全体計画を立て、その計画通りに寸分たがわず進めていく、という考え方です。

ウォーターフォール型の開発は、自動車や家電など、従来型のハード製品の設計開発で広く用いられてきた手法ですが、デジタルマーケティングのように、いわばイノベーションを生み出すプロセスには不向きな開発手法です。

ウォーターフォール型に対して、近年ソフトウェア開発で採用されている開発手法が「アジャイル型」と言われるものです。

「アジャイル」とは、直訳すると〝素早い〟〝機敏な〟という意味で、さらに〝頭のいい〟というニュアンスも含まれています。「アジャイル型」の開発においては『要件定義→設計→開発→テスト』といったサイクルを、機能単位で小さく繰り返します。

たとえばＷｅｂサイトの構成を企画し、トップページのデザインがあがってきたとします。その時に、当初計画になかったページを、やはり追加したほうがいいのではないかとなったのなら、当初の計画に固執することなく、修正を検討するのがアジャイル型の考え方です。

このＷｅｂサイトの例でも、最初から完璧なものを求めるのではなく、まずはリリースして市場の反応を見るというアジャイル的な考え方で進めていったほうがよいと言えるのです。

開発プロセスの違い

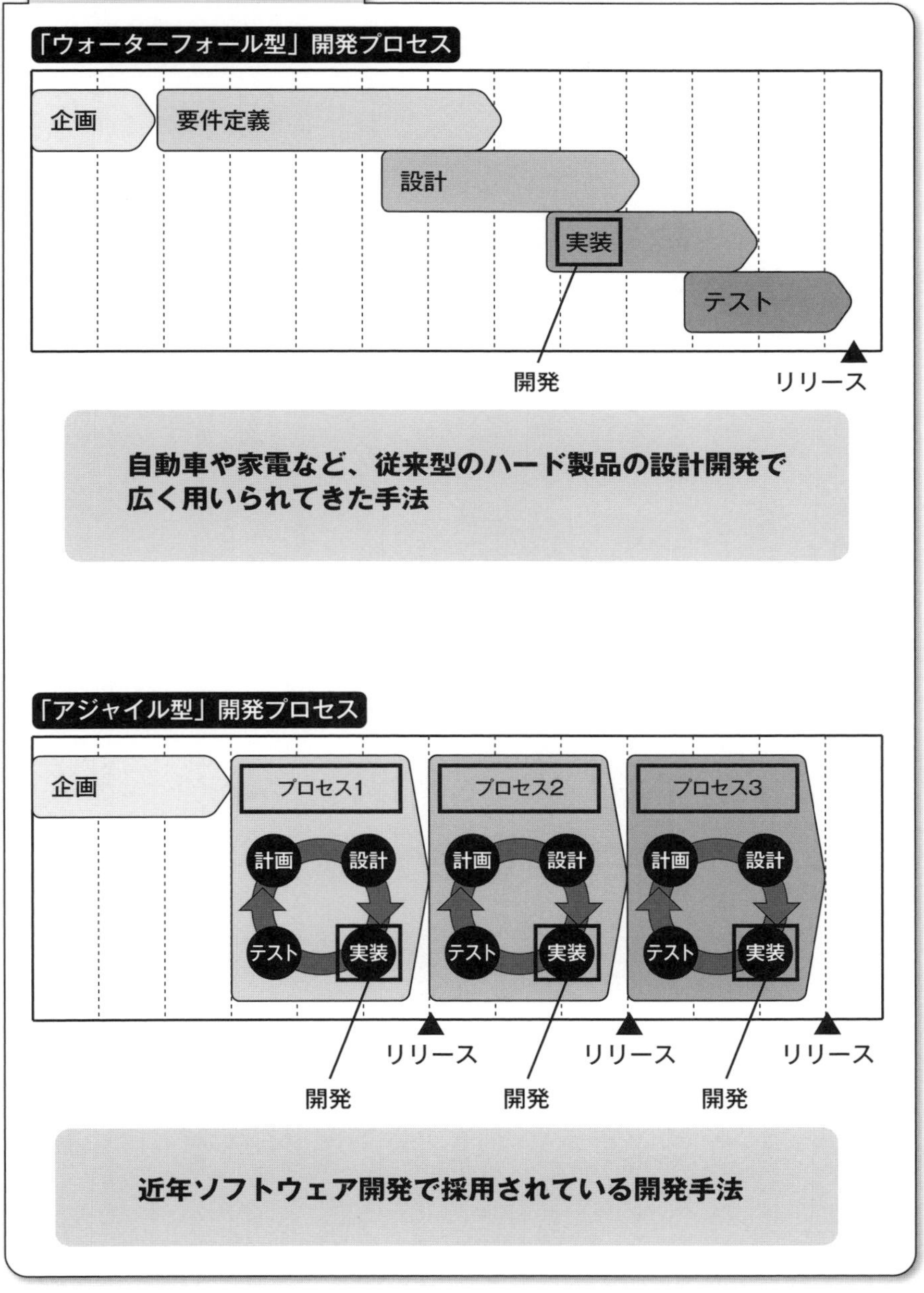
「ウォーターフォール型」開発プロセス
企画
要件定義
設計
実装
テスト
開発
リリース
自動車や家電など、従来型のハード製品の設計開発で広く用いられてきた手法
「アジャイル型」開発プロセス
企画
プロセス1
プロセス2
プロセス3
計画
設計
実装
テスト
リリース
開発
近年ソフトウェア開発で採用されている開発手法

section 03

プロジェクトリーダー選定のポイント

プロジェクトリーダーを誰にするかが成功のカギ

―こんな人がプロジェクトリーダーにふさわしい―

経営トップの関与に次いで重要なのが、プロジェクトリーダーの選定です。いかに経営トップが自ら関与するとは言え、細部までチェックするのは困難です。したがって、実際に業務を推進する立場のプロジェクトリーダーの選定が成功のカギを握ります。

◆リーダーにふさわしい人物像とは?

船井総合研究所では200件を超えるデジタルマーケティング導入に関わってきましたが、プロジェクトリーダーとしてふさわしいのは次のようなタイプです。

①新規開拓が得意・経験のある人
②真面目で責任感のある人
③デジタルマーケティング導入に共感をしている人

デジタルマーケティングの目的は、つまるところ業績の向上にあります。つまりモノを売ったことのある人の関与は必須であり、しかもトップセールス経験者よりも、新規開拓が得意な人、あるいは新規開拓の経験がある人のほうがプロジェクトリーダーに向きます。

◆トップセールスがいいとは限らない

なぜなら、トップセールスというのは、特に法人営業の場合、担当している客先がよい企業であれば、本人がそれほど努力をせずとも数字を作ることができるからです。あるいは、努力していたとしても「顧客と頻繁にゴルフに通う」「夜の接待で顧客との関係性を築く」といった、残念ながらマーケティングに応用できないスキルで数字を作っているケースも多いからです。

これに対して、新規開拓が得意な人、あるいは新規開拓の経験者は、人間関係がまったくないところからお客の関心を引き、関係性を作っていく経験をしています。これはマーケティングに応用できるスキルであると言えます。

また、デジタルマーケティングの導入に長年携わってきた経験から言えば、成果を出すタイプはやはり真面目な人です。さらに、プロジェクトに共感している人をリーダーに据えなければならないことは言うまでもありません。

プロジェクトリーダーにふさわしいタイプ

1

新規開拓が得意な人、あるいは経験のある人

2

真面目で責任感のある人

3

デジタルマーケティング導入に共感をしている人

必ずしもトップセールスが
いいとは限らない！

section 04

プロジェクトチーム結成と外部パートナー選定のポイント

社内と外部パートナーで実行体制を固める

デジタルマーケティング導入には外部パートナーの連携が不可欠

プロジェクトチームを結成する際に、留意しておきたい点は次の5つです。

◇チーム結成の5つのポイント

①参加人数は7名以下とすること
②マーケティング部門、あるいは営業企画部門のキーマンが入っていること
③営業あるいは販売現場のキーマンが入っていること
④コンテンツを提供する立場となる部門のキーマンが入っていること
⑤情報システム部門のキーマンが入っていること

議論する際にメンバーが7名を超えると、出席しているだけで事実上参加していない人が出てきます。また結論を出すのが極めて難しくなります。

また、デジタルマーケティングの運営段階になった時に、協力を仰がなければならない部門のキーマンには、あらかじめチームに参加してもらうほうがいいでしょう。

◇外部パートナーの要件は、その業界での実績があること

デジタルマーケティングを導入する際の外部パートナーとしては次の会社が考えられます。

①コンサルティング会社
②Web制作会社
③ソフトウェアベンダーあるいはエスアイアー
③広告代理店

こうした外部パートナー選定のポイントは誠実であること、責任感があることなど、いわゆる通常のビジネスパートナーに求められることと同じだと思いますが、ことデジタルマーケティングの導入に関しては、「その業界におけるデジタルマーケティング導入の経験があること」が必須項目だと言えます。

また、業種・業界の違いはもちろんですが、対象とするのが法人なのか、小規模事業主なのか、あるいは一般消費者なのかによって、マーケティングの手法やノウハウが異なります。この点にも留意してください。

プロジェクトチームを結成する上での5つのポイント

1. 参加人数は7名以下とすること
2. マーケティング部門、あるいは営業企画部門のキーマンが入っていること
3. 営業あるいは販売現場のキーマンが入っていること
4. コンテンツを提供する立場となる部門のキーマンが入っていること
5. 情報システム部門のキーマンが入っていること

外部パートナーの例

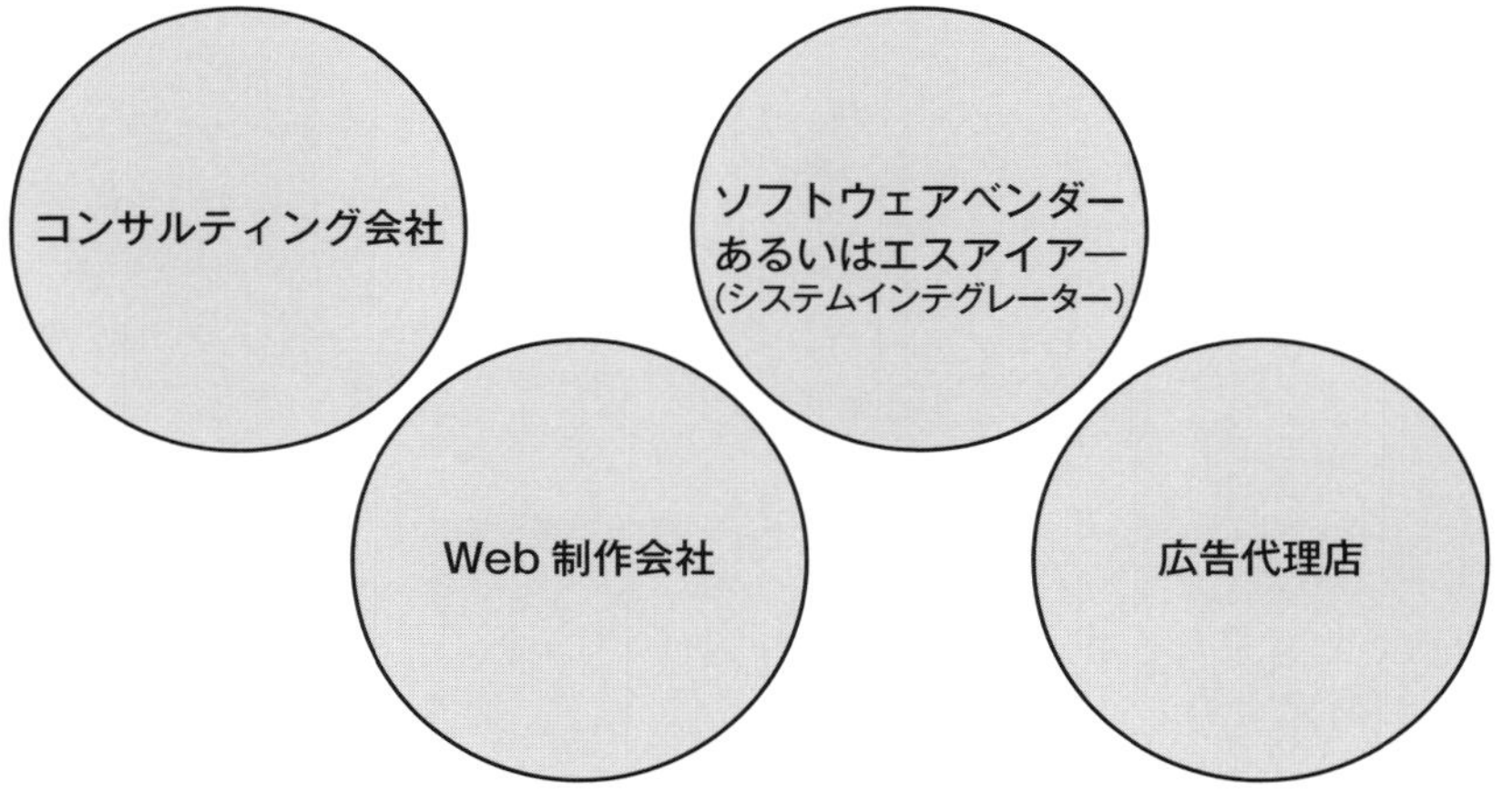

section 05

マーケティングプランを立案するための3つのステップ

マーケティングプラン立案のポイント

まずは自社のあるべき顧客像「ペルソナ」を明確にする

プロジェクトチームが結成され、外部パートナーが決まったら、いよいよマーケティングプランの立案です。

マーケティングプランの立案は次の3つのステップで考えます。

①自社のペルソナを設定する

②自社の商品戦略・キーワード戦略を立てる

③マーケティングの5C・5P・デジタル7適に準拠してカスタマージャーニーマップを定義する

ビジネスを行なう上で何よりも大切なことは〝ペルソナ〟の設定です。ペルソナとは、ターゲットとなる顧客モデルのことです。ペルソナを設定せずにビジネスをスタートさせると、高い確率で失敗します。

たとえば、ある人がカフェを始めようとしたとします。自分はコーヒーが好きでジャズが好きで、こだわりのコーヒーをこだわりの機器で淹れて、こだわりのジャズがかかっているお店を作ったとします。そうなるとターゲットとしては必然的に中年男性を想定するかもしれませんが、大変失礼ながらこの層は現在もっともお金を自由に使えない人たちです。

反対に、現在でも支出が減少していないのはママ友のランチ代です。あらかじめ、喫茶店のペルソナを〝ママ友〟と決めておくとどうでしょうか。女性が好む食器、有機栽培の野菜をふんだんに使ったランチ、コーヒーだけでなくハーブティーも用意する。もっと言うと、喫茶店というよりもおしゃれなカフェになる……。

◆ペルソナからマーケティングプランも決まる

さて、前者の喫茶店と後者のカフェ、どちらがビジネス的に成功するでしょうか？　もちろんやってみなければわからないことは多々ありますが、私は高い確率で後者のほうが成功するのではないかと思います。

新たなビジネスをスタートさせる際には、ペルソナの設定が不可欠なのです。

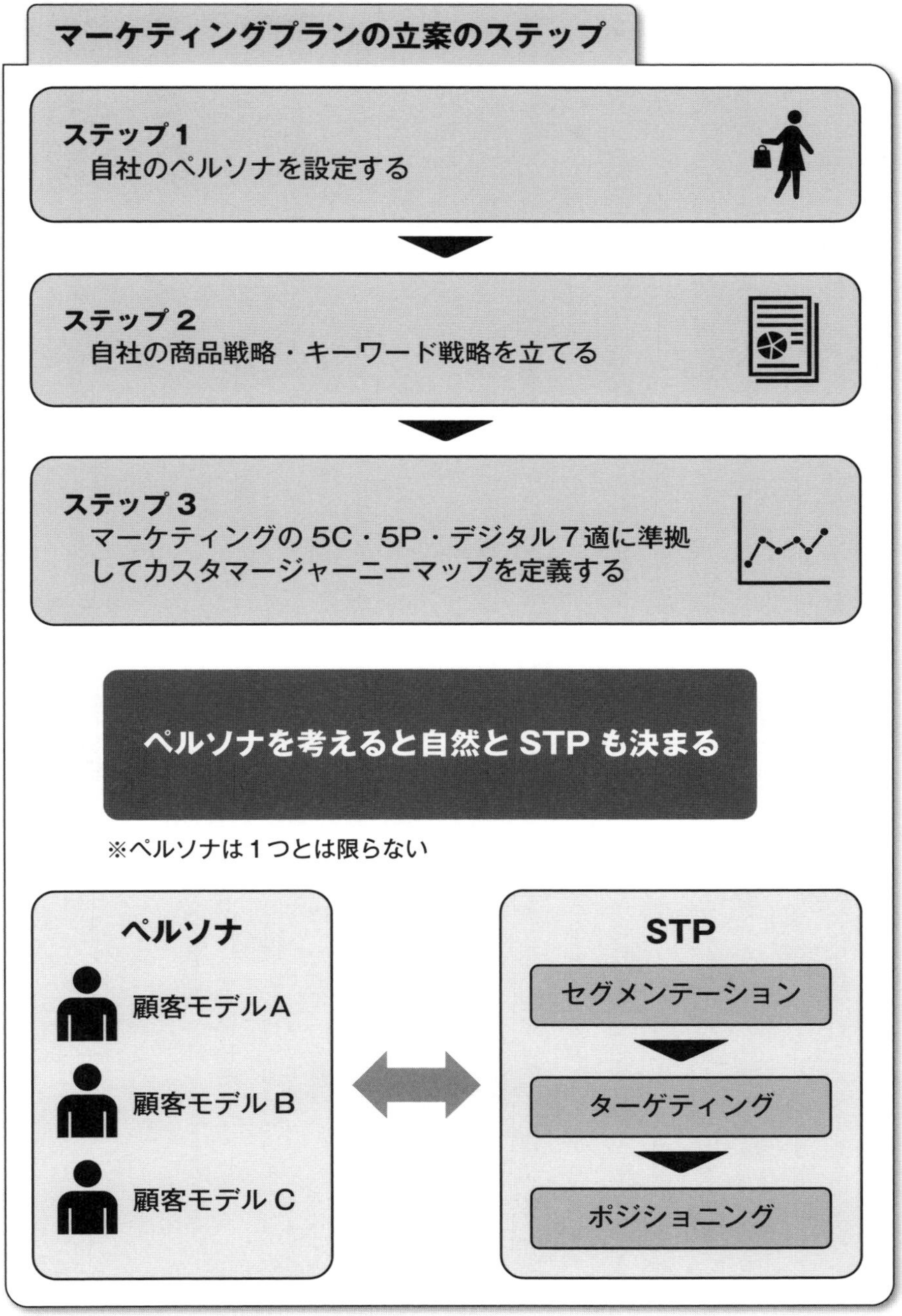
マーケティングプランの立案のステップ
ステップ1
自社のペルソナを設定する
ステップ2
自社の商品戦略・キーワード戦略を立てる
ステップ3
マーケティングの5C・5P・デジタル7適に準拠してカスタマージャーニーマップを定義する
ペルソナを考えると自然とSTPも決まる
※ペルソナは1つとは限らない
ペルソナ
顧客モデルA
顧客モデルB
顧客モデルC
STP
セグメンテーション
ターゲティング
ポジショニング

section 06

商品戦略・キーワード戦略立案のポイント

自社商品を3つに分類し、3つのキーワードへの対策をとる

商品戦略は「フロントエンド商品」の設定がカギ

ペルソナが決まったら次に考える必要があるのが商品戦略です。

◆まず自社商品を3つに分類する

商品戦略とは自社の商品を次の3つに分類して動線で結ぶことを指します。

①フロントエンド商品
②バックエンド商品
③個別対応商品

これら①～③の関係性は左図の通りです。第1章でも述べた通り、この中でもっとも重要なのは①のフロントエンド商品で、設定したフロントエンド商品の販売がバックエンド商品の販売につながるのか、そこがもっとも重要な点になります。

フロントエンド商品は、今ある商品だけとは限らず、たとえば

・無料サンプル
・初回限定無料お試しサービス
・初回限定価格キット

もフロントエンド商品の候補です。

また一定の関係性ができたら個別対応商品を提供することによってさらに関係性を深めます。

◆商品が決まるとキーワードも決まる

商品戦略が決まったら次にキーワード戦略を決めます。キーワード戦略では次の3つのキーワードに対して施策を打つ必要があります。

①課題ワード（needs）
②解決策ワード（wants）
③指名ワード（brands）

課題ワードとは、たとえば「のどが渇いた」といった欲求・ニーズを現わすキーワードのことです。そして解決策ワードとは「コーラ」「炭酸水」など具体的な解決策を現わすキーワードのことで、指名ワードとは「ペプシ・コーラ」など、商品そのものを指名するキーワードのことです。

これら3つのキーワードに該当するキーワードのうち、特に重視するキーワードを〝重点キーワード〟として、検索エンジン対策や各種インターネット広告、SNS広告に対応したコンテンツ制作を行なっていきます。

商品戦略の考え方

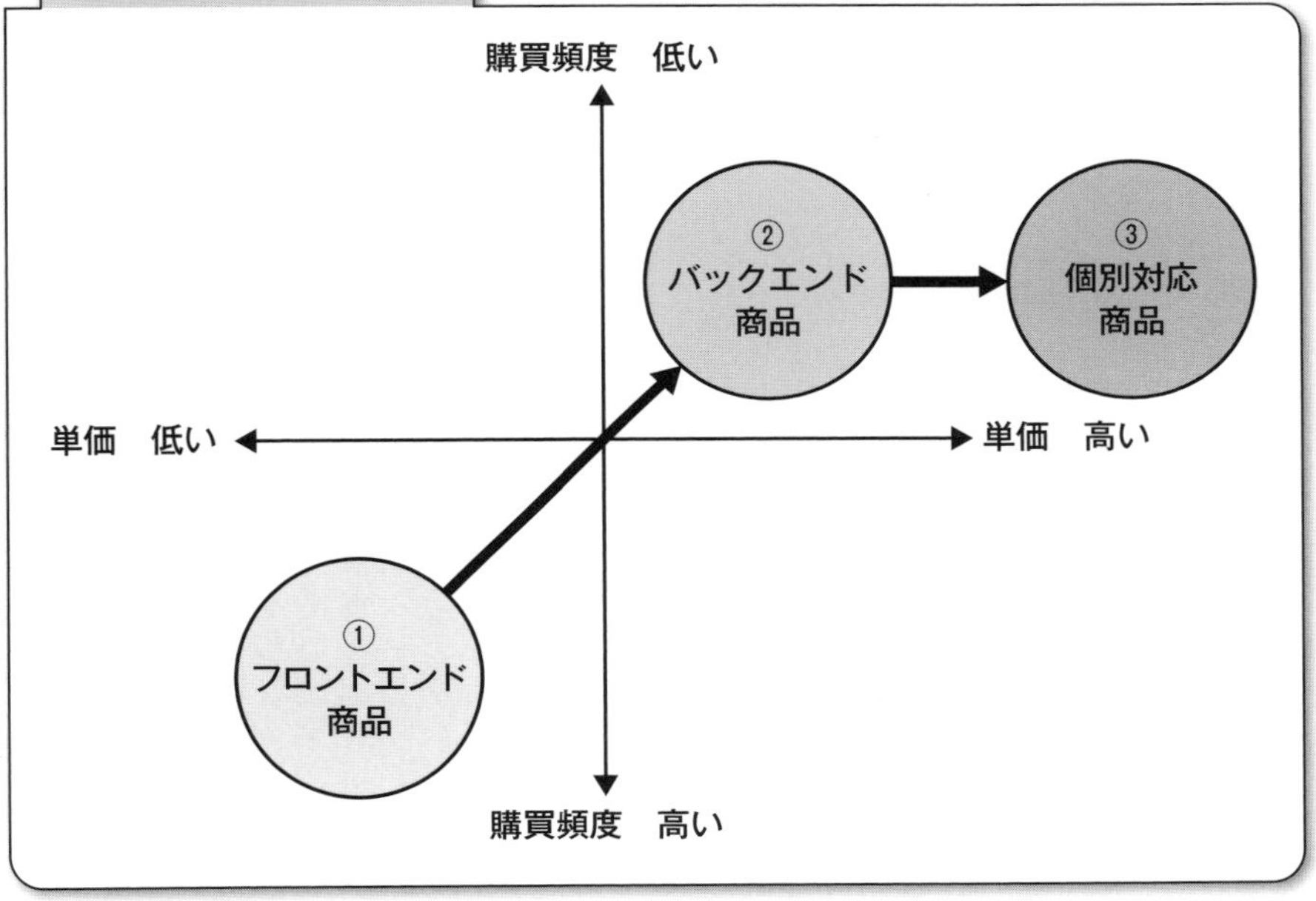

キーワード戦略の考え方

① 課題ワード（needs）
例：のどが渇いた

② 解決策ワード（wants）
例：コーラ／炭酸水

③ 指名ワード（brands）
例：ペプシ・コーラ

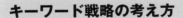

section 07

カスタマージャーニーマップと数値計画でビジネスモデルが固まる

カスタマージャーニーマップの作成と数値計画の立案

顧客視点と、その業界特有の数値を押さえることが必要

次にカスタマージャーニーマップを作成し、数値計画を作成することで、ビジネスモデルを固めます。

◆カスタマージャーニーマップ作成のポイント

カスタマージャーニーマップは、横軸にＡＩＳＡＳ（アイサス：気付き・興味・検索・購買・共有）あるいはＡＩＣＥＡＳ（アイシィーズ：気付き・興味・検索・比較・検討・購買・共有）といった顧客の購買プロセスを取り、それに沿った「顧客の行動」をまず想定します。

そして「顧客の行動」に適応する「活用ツール」「該当コンテンツ」を考え、カスタマージャーニーマップを作成します。

この時、顧客の「思考」を考えながら、顧客視点で作成していきます。

◆数値計画作成のポイント

そして次に数値計画を立てます。

デジタルマーケティングの優れている点は、すべてを数値で語れることにあります。たとえば、前述の重点キーワードについては、「グーグルキーワードプランナー」を活用することで月間の検索数を推察できます。つまり高い精度でビジネスモデルを実行する前からその可否判断、あるいは費用対効果から投資採算を判断することができます。

数値計画の例を左図に示します。

ここでポイントとなるのは、アクセス数に対しての「引き合い数」あるいは「受注率」「受注単価」の設定です。

普段の自社の営業活動、あるいは販売活動の中から数値を類推することができると思います。

あるいは、同じ業界でデジタルマーケティングを導入した実績のある外部パートナーであれば、こうした数値を押さえています。現実問題として、より高い精度のカスタマージャーニーマップを作成（ビジネスモデル設計）したり、数値計画を立案するためには、何らかの形で経験のあるプロの関与が必要と言えるでしょう。

カスタマージャーニーマップの例

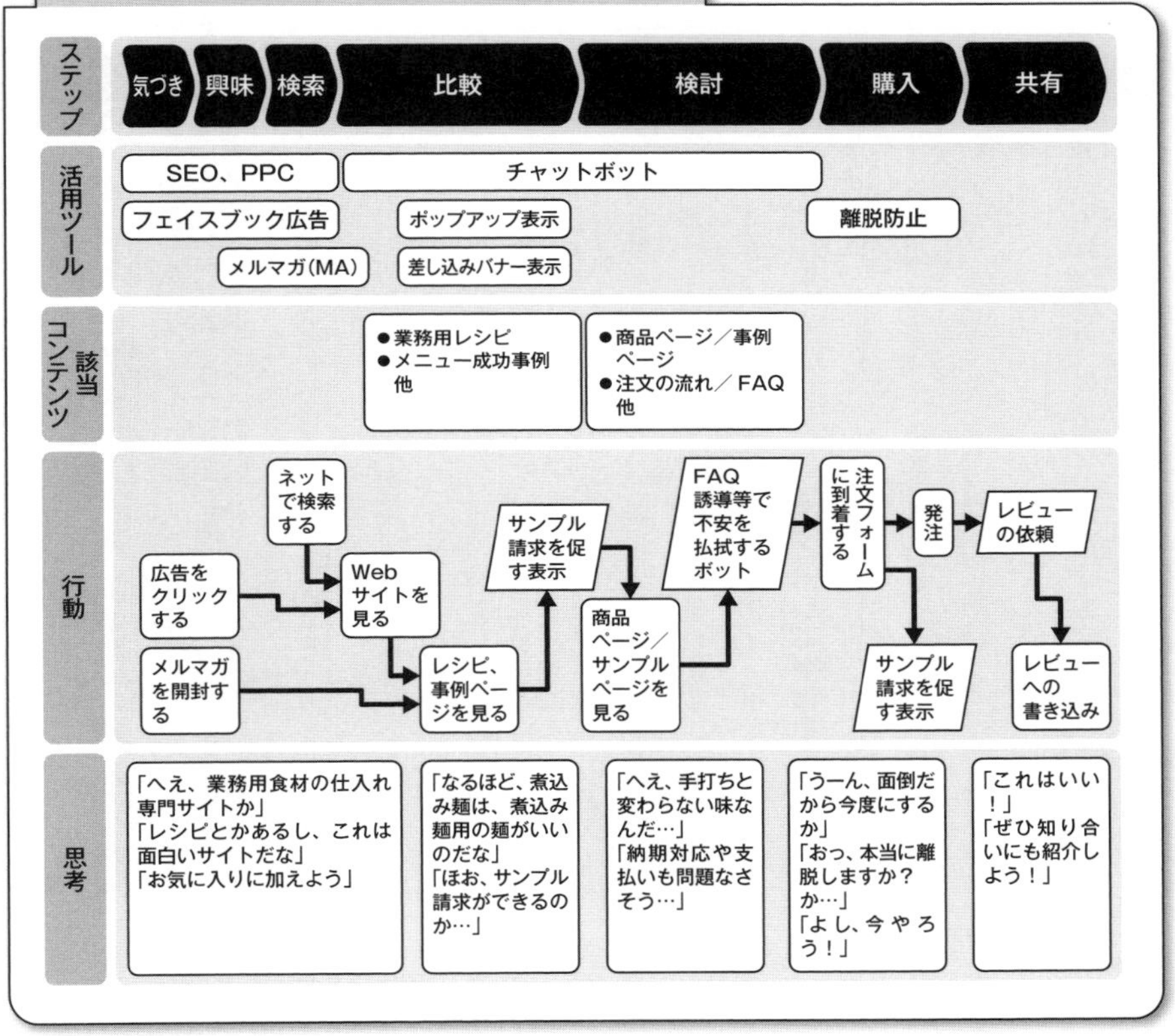

数値計画の例

20●●年●月期	単位	1月	2月	3月	4月	5月	6月	7月	8月	9月	10月	11月	12月	合計	月次平均
アクセス数	件	1,000	1,100	1,200	1,300	1,400	1,500	1,600	1,700	1,800	1,800	2,000	2,200	18,600	2,325
引き合い数	件	10	11	12	13	14	15	16	17	18	18	20	22	186	23
受注率	%	9	9	9	9	9	9	9	9	9	9	9	9	—	—
受注件数	件	0.9	1.0	1.1	1.2	1.3	1.4	1.4	1.5	1.6	1.6	1.8	2.0	17	2
受注平均単価	千円	1,000	1,000	1,000	1,000	1,000	1,000	1,000	1,000	1,000	1,000	1,000	1,000	—	—
新規受注	千円	900	990	1,080	1,170	1,260	1,350	1,440	1,530	1,620	1,620	1,800	1,980	16,740	2,093
リピート率	%	40	40	40	40	40	40	40	40	40	40	40	40	—	—
リピート受注	千円	360	360	396	432	468	504	540	576	612	648	648	720	6,264	783
トータル受注	千円	1,260	1,350	1,476	1,602	1,728	1,854	1,980	2,106	2,232	2,268	2,448	2,700	23,004	2,876
MA費用	千円	10	10	10	10	10	10	10	10	10	10	10	10	120	17
グーグル広告	千円	30	30	30	30	30	30	30	30	30	30	30	30	360	45
ヤフー広告	千円	30	30	30	30	30	30	30	30	30	30	30	30	360	45

section 08

押さえておくべきＷｅｂサイト5つの分類

コンテンツ制作・デジタルツール選定・導入のポイント

—膨大な種類の中からのデジタルツールの選定は、プロに相談しよう—

ここで言うコンテンツは、主にＷｅｂサイトがその中心となります。あらためて、デジタルマーケティングで中心に据えられるＷｅｂサイトは、

①コーポレートサイト
②ソリューションサイト
③アーンドメディアサイト
④アーンドメディア型ＥＣサイト
⑤ＥＣサイト

と大きく5つに分類することができます。

特に②〜④のサイトについては〝顧客価値〟の高いコンテンツを用意する必要があります。近年ではＥＣサイトにおいても、ＳＥＯ対策の観点で、商品情報を網羅するだけでなく、顧客価値の高いコンテンツが求められるようになっています。

◆コンテンツは「カスタマーサクセス」を意識して制作する

そして、ここで言う〝顧客価値〟とは、〝カスタマーサクセス（＝顧客成功）〟に結びつくコンテンツのことです。

たとえば「失敗しないキャンプ用品の選び方」、あるいは「工業用品のメンテナンスのポイント」「コストを下げるための建築設計のポイント」といったコンテンツが当てはまるでしょう。

ただ自社の商品の機能を説明して売り込むのではなく、何が顧客価値なのか、すなわちどのような情報がカスタマーサクセス（顧客成功）に結びつくのかを考えてコンテンツ制作を行なう必要があります。

◆膨大な種類のデジタルツール選定はプロに相談するのが無難

現在では膨大な数のデジタルツールがあふれています。デジタルツールとは、第4章でお伝えするマーケティングオートメーションをはじめとして、第8章でお伝えする各種Ｗｅｂ接客ツールやリモート商談ツール、さらに第9章でお伝えするＳＦＡ・ＣＲＭ等がその中心になります。

こうした各種デジタルツールは、コストが高いから高性能、コストが高い

Webサイトの分類

コーポレートサイト
自社の会社案内を目的としたWebサイトのこと。

ソリューションサイト
集客を目的としたWebサイトのこと。コーポレートサイトと比較して、より顧客価値の高い情報発信がなされている。

アーンドメディアサイト
集客と顧客育成（＝ナーチャリング）を目的としたWebサイトのこと。ソリューションサイトと同様に顧客価値の高い情報発信がなされているが、より「ストーリー」を訴求している。

アーンドメディア型ECサイト
アーンドメディアサイトとECサイト（通販サイト）を合わせたサイトのこと。例えば品揃えが少なく、自社商品だけでECサイトとしての成立が困難な場合に適用できる。

ECサイト
いわゆる通販サイトのこと

からよい、ということにはなりません。

たとえばマーケティングオートメーションの場合、ハウスリストの数など、押さえるべきポイントがツールによって異なります。

さらに技術革新のスピードも速く、気づくと劇的に安い新たなツールがリリースされていることも多々あります。

デジタルツールの選定、ならびに導入については、その業種業界で実績を持つプロに相談するほうが無難だと言えます。

section 09

デジタルマーケティング全社展開のための4つのステップ

デジタルマーケティングの全社展開・運用のポイント

―まずは社内の理解・共感を得ることが重要―

いよいよデジタルマーケティングが立ち上がり、運用をスタートすることになったら、次のことを行ないます。

①社内テスト運用
②社内発表会
③プレスリリース
④コンテンツの継続的更新・運用

まずは社内でテスト運用します。Webサイトが立ち上がったら、社内での関係者チェックはもとより、メールマガジンのテスト配信、マーケティングオートメーションのテスト運用を必要に応じて実施します。

◆社内からの共感が成否を握る

そして本格的運用が始まる時期に社内発表会を行ない、全社でデジタルマーケティングの内容を共有します。社内発表会の目的は次の通りです。

・内容を周知して理解してもらい、お客様など外部からの質問に対して的確な回答ができるようにする
・取り組みへの共感を得て、コンテンツ制作に必要な情報提供を依頼する
・デジタルマーケティングにより業務プロセスが変わる場合、その周知とオペレーションへの落とし込み

特に社内発表会で大切なことは、デジタルマーケティングの取り組みに対して共感を得ることです。

たとえば、デジタルマーケティングを通じて引き合いがあったり集客ができたとしても、現場の営業部門、あるいは販売部門がきちんとフォローしてくれなければ、業績アップにはつながりません。

④にも通じることになりますが、コンテンツを継続的に更新し続けていくためには、コンテンツの情報源ともなる現場の協力が欠かせないはずです。そのためにも、社内からの共感を得ることは不可欠なのです。

◆プレスリリースをうまく活用しよう

さらに新たなWebサイトが正式公開されたら、プレスリリースを発信します。プレスリリースとは報道機関に向けた情報の提供・告知・発表のことです。特に、業界の情報、顧客価値の

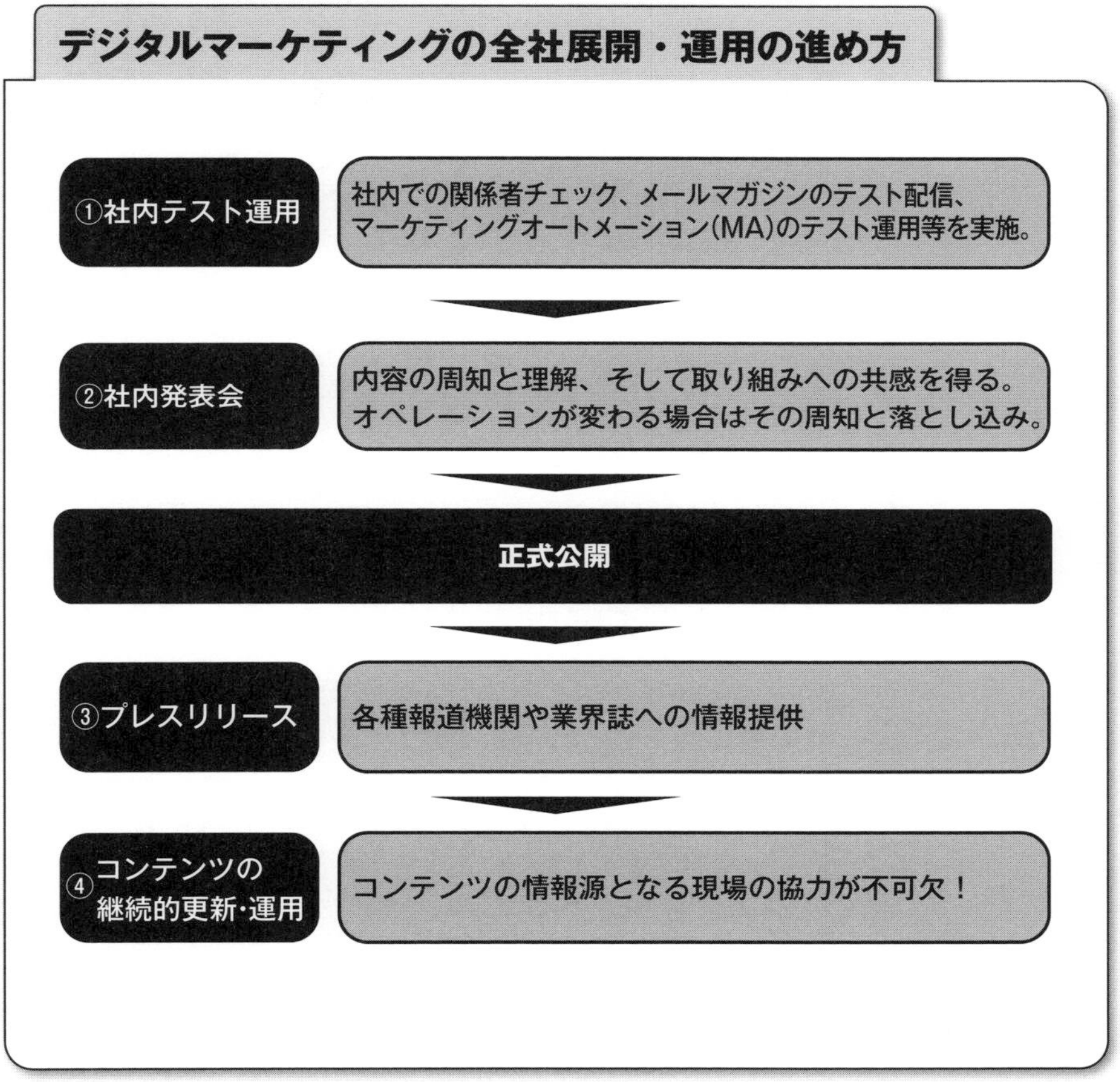
デジタルマーケティングの全社展開・運用の進め方
①社内テスト運用
社内での関係者チェック、メールマガジンのテスト配信、
マーケティングオートメーション(MA)のテスト運用等を実施。
②社内発表会
内容の周知と理解、そして取り組みへの共感を得る。
オペレーションが変わる場合はその周知と落とし込み。
正式公開
③プレスリリース
各種報道機関や業界誌への情報提供
④コンテンツの継続的更新・運用
コンテンツの情報源となる現場の協力が不可欠！

高い情報を発信するソリューションサイトやアーンドメディアサイトを立ち上げた場合、業界誌が取り上げてくれる可能性が高いので、ぜひ実施すべきです。業界誌あるいは各種報道機関は常に情報を探しています。プレスリリースは彼らにとっても貴重な情報源です。

section 10

社外リソースをうまく活用しよう

少人数の会社でもデジタルマーケティングは導入できる

今はアウトタレントの時代。クラウドソーシングの活用がカギ

デジタルマーケティング導入の際によく課題として持ち上がるのは、「我が社にはデジタルマーケティングを導入するだけの人材がいない」「リソースがない」「専任者をつけられない」といった話です。

厳しい言い方をすれば、こうした意見は単に変化を拒んでいるだけ、あるいは新しいことを受け入れることの否定から出てくるものです。

デジタルマーケティングの導入は、「できるか、できないか」ではなく、「やりたいか、やりたくないか」で考えるべきです。やりたいと思えば、従業員5名の会社でも成功しているケースはあります。

とは言え、精神論ではなく、合理的にデジタルマーケティングを導入・運用していくとなると、外部パートナーとの連携は不可欠です。デジタルマーケティングの専任者をつけられる会社は、一部の大企業を除いてごくわずかで、大半の会社においてデジタルマーケティングの担当者は、従来業務と兼務しています。

外部パートナーの選定のポイントについては前述の通りですが、いわゆる参謀役としての外部パートナー以外にも、現在はクラウドソーシングに代表される「アウトタレント（外部人材）」の活用が容易な時代になっています。

代表的なクラウドソーシングである〝クラウドワークス〟や〝ランサーズ〟の場合、数十万人を超えるフリー、あるいは副業のライターやデザイナー、プログラマーが登録しています。

たとえば、ソリューションサイトのコンテンツを制作する場合、該当する業種のライターをクラウドソーシングの中で募集して、テーマ設定あるいは商材情報など元になる最低限の情報を投げると、自社の社員のごとくライティングをしてくれます。費用も自社で社員を雇用、あるいはアルバイトを雇用することから考えればはるかに安価であり、何よりスポットで気軽に依頼できるのが魅力です。

少人数の会社でもアウトタレントでデジタルマーケティングの導入が可能！

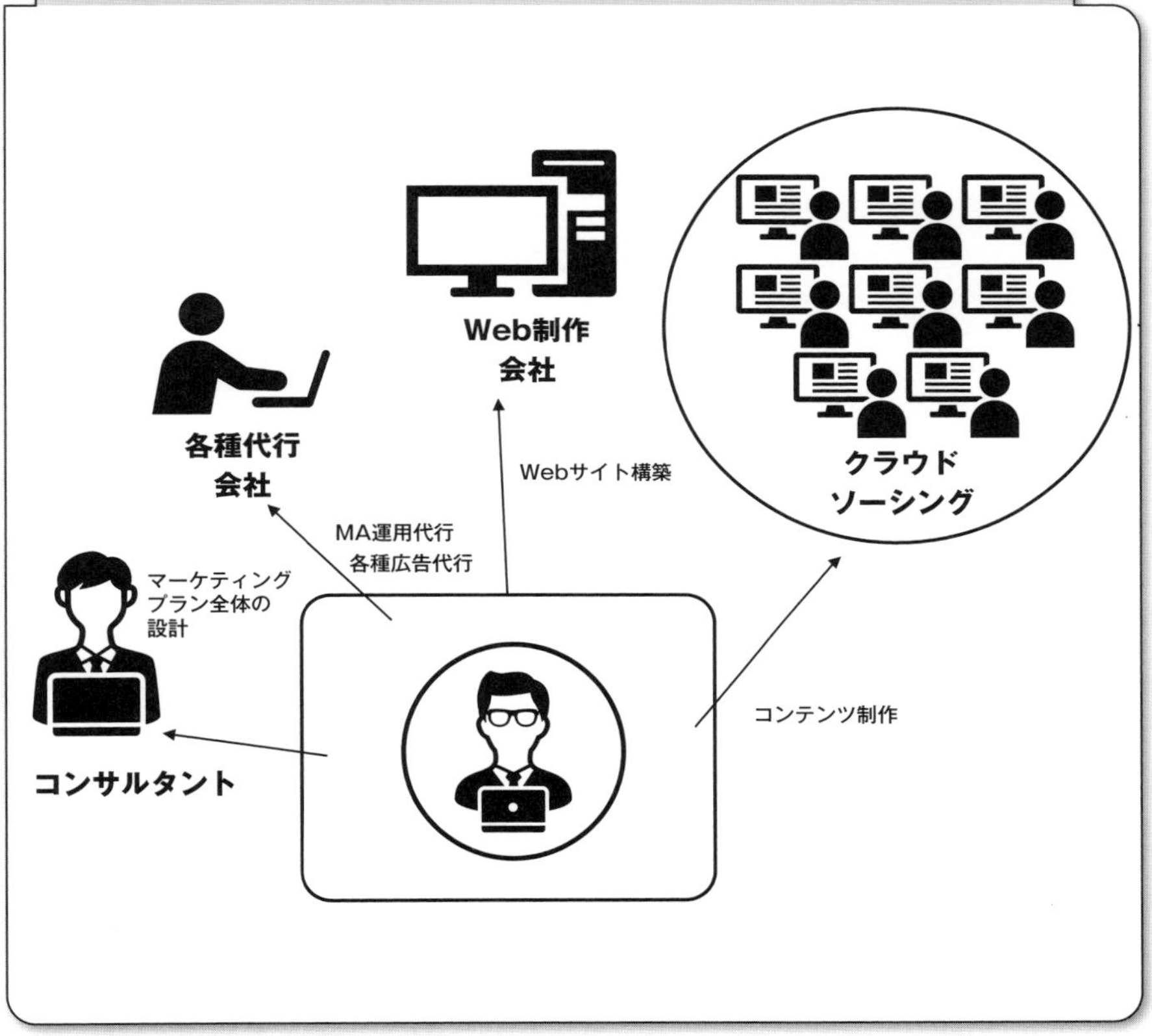

　また、参謀役としてのコンサルティングと同時に、コンテンツ制作代行やメールマガジン制作・運用代行、あるいはマーケティングオートメーションの運用代行までトータルで請け負う会社もあります。

　このように、現在はアウトタレント活用の時代です。すべてを社内でこなそうとするのではなく、うまく外部人材を使いこなすことをお奨めしたいと思います。

第3章

新規問い合わせをガンガン増やすWebサイトの作り方

Section

section 01

企画段階が最も重要

当たるWebサイトを作る上での前提条件

市場ニーズのあるテーマをキーワードから探し出す

Webサイトを制作する際は、その目的に応じて、全体の構成を設計します。商品・サービスを直接販売するなら通販サイト、問い合わせを獲得したいならソリューションサイト、情報発信から自社の認知を上げるならアーンドメディアサイトなど、最近では1社が目的に応じて複数のホームページを持つことも珍しくありません。

◆制作段階で調べておきたい検索ボリューム（検索件数）

Webサイトを一言で表現するなら、インターネット上にある店舗です。広告は人に見られることでその効果があり、現実世界では人通りの多さや、テレビの視聴率などが広告の露出に影響します。Webサイトの場合は、インターネットの検索エンジン上の検索ボリュームがこれに該当します。Webサイトを制作する際、そのコンテンツを表わすキーワードが毎月何件検索されているかは、必ず調べておきたい情報です。

◆検索エンジン上の検索ボリュームを調べることで、市場ニーズを把握

日本国内の代表的な検索エンジンは、グーグルとヤフーです。グーグルはキーワードプランナー、ヤフーはキーワードアドバイスツールというツールを使うことで、それぞれの検索エンジン上の検索数や競合性、地域（国内・国外）を簡単に調べることができます。

Webサイトを制作する際に、打ち出すコンテンツ内容のポイントとなるキーワードは、この検索ボリュームを意識することで、月次のアクセス数の目標設定にも役立てることができます。

検索ボリュームは、インターネット利用者の市場ニーズを反映した数値になるので、Webサイト制作段階で意識しておきたい点です。

◆市場ニーズの次に、競合サイトとそのコンテンツを把握

市場の検索ボリュームの次に押さえるべき点は、インターネット上の競合Webサイトの存在です。いかに力を入れたWebサイトを制作しても、そ

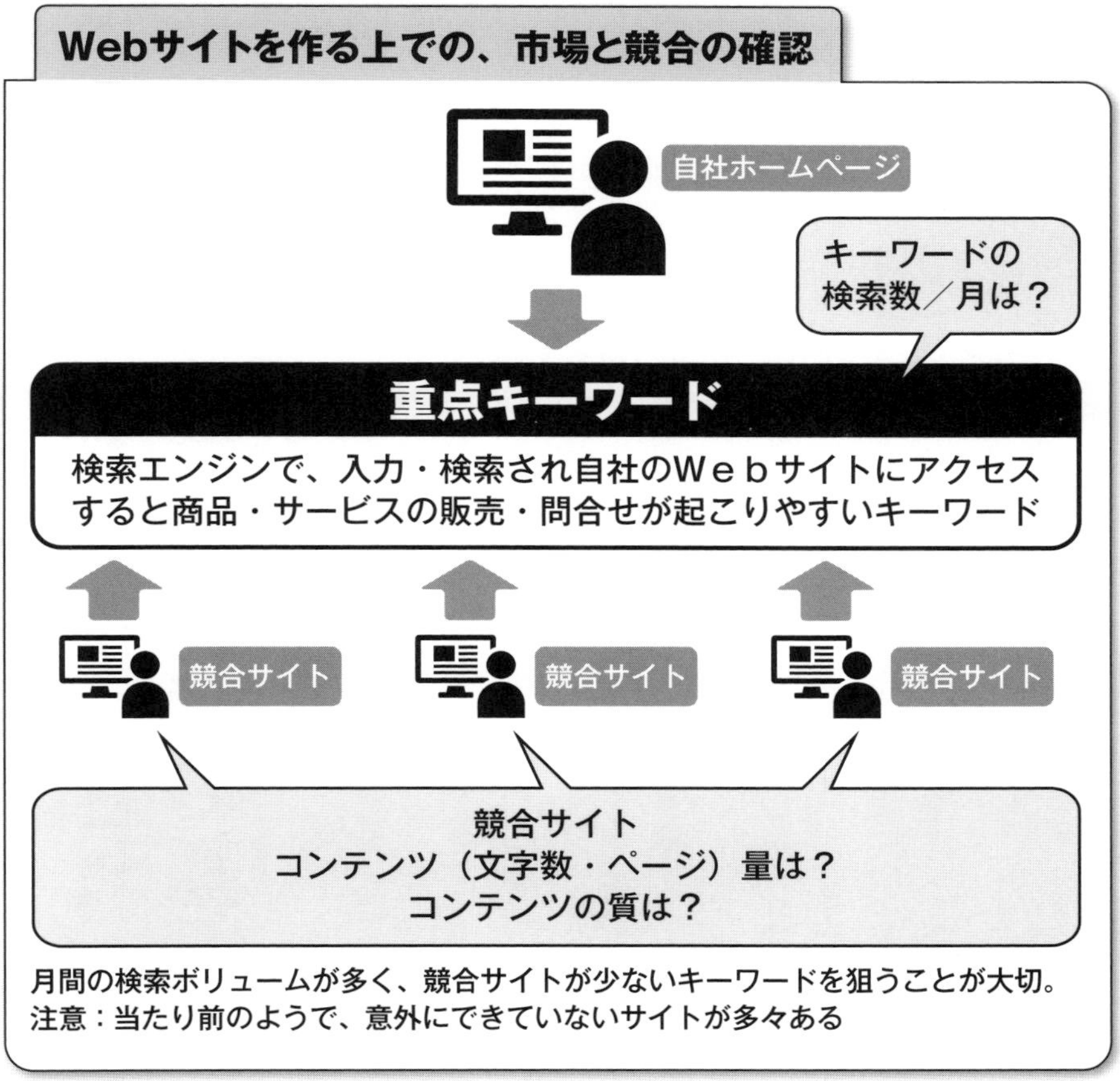

月間の検索ボリュームが多く、競合サイトが少ないキーワードを狙うことが大切。
注意：当たり前のようで、意外にできていないサイトが多々ある

れと類似したものがすでに存在していれば、その販促効果は大きく薄れます。

それを防止するために、「どんなキーワードで検索されたいか?」「そのキーワードで表示される競合サイトのコンテンツは?」を調べることが大切です。

競合のＷｅｂサイトのコンテンツを上回るＷｅｂサイトを制作することで、閲覧者からの支持を集め、販促効果を大きく伸ばすことが可能になります。

section 02

自社サイトを検索結果で上位に位置づけるには？

こんなサイトが検索されやすい！ SEO対策の基本

ユーザーにとって価値ある情報を追加し続けることが重要

　検索エンジンを使って特定のキーワードを検索すると、さまざまなＷｅｂサイトが表示されます。上位に表示されるＷｅｂサイトほどクリックされやすくなり、表示順位が３位以内でなければクリック率は５％を下回ります。このため、デジタルマーケティングの担当者は、少しでも自社サイトの表示順位を上げようとさまざまな取り組みをしています。

　こういった、表示順位を上げるためにＷｅｂサイトのコンテンツや構成を最適化することをＳＥＯ（Search Engine Optimization）と言い、サイトを制作する上で必ず押さえておきたい知識です。

◇グーグルとヤフー　上位に表示されやすいホームページは？

　２０２０年現在、グーグルとヤフーの検索エンジンの表示結果はほとんど同じです。これは、２０１０年末からヤフーがグーグルの検索エンジンを採用しているためです。つまり、グーグルの検索エンジンのしくみを理解すれば、双方に対応したＳＥＯを実践できるということです。

　ＳＥＯは時間とともにさまざまなルール変更が加えられ、現在に至ります。検索順位を決める要素は数多く存在し、一度にすべてに対応することは簡単ではありません。

　しかしＳＥＯには、「ユーザーにとって有益なオリジナルの情報を掲載したＷｅｂサイトが上位に表示される」という普遍的なルールがあります。この点さえ満たせば、多少、ＷｅｂサイトのＨＴＭＬの組み方が最適でなくとも、十分に上位表示を狙うことができます。実際に船井総研のクライアントの多くが、企業独自のコンテンツを継続的に掲載することで、特定分野で上位表示を獲得しているケースは珍しくありません。

◇ユーザーへ価値ある情報提供をすればSEO対策はOK

　ＳＥＯ対策は、項目数の多さとその内容、それぞれの効果を一から学ぶこ

検索エンジンの表示順位とクリック率

検索エンジンの表示順位は、クリック率に対して大きな影響力がある。具体的には、表示順位３位以内に入らなければクリック率は５％以下になる。

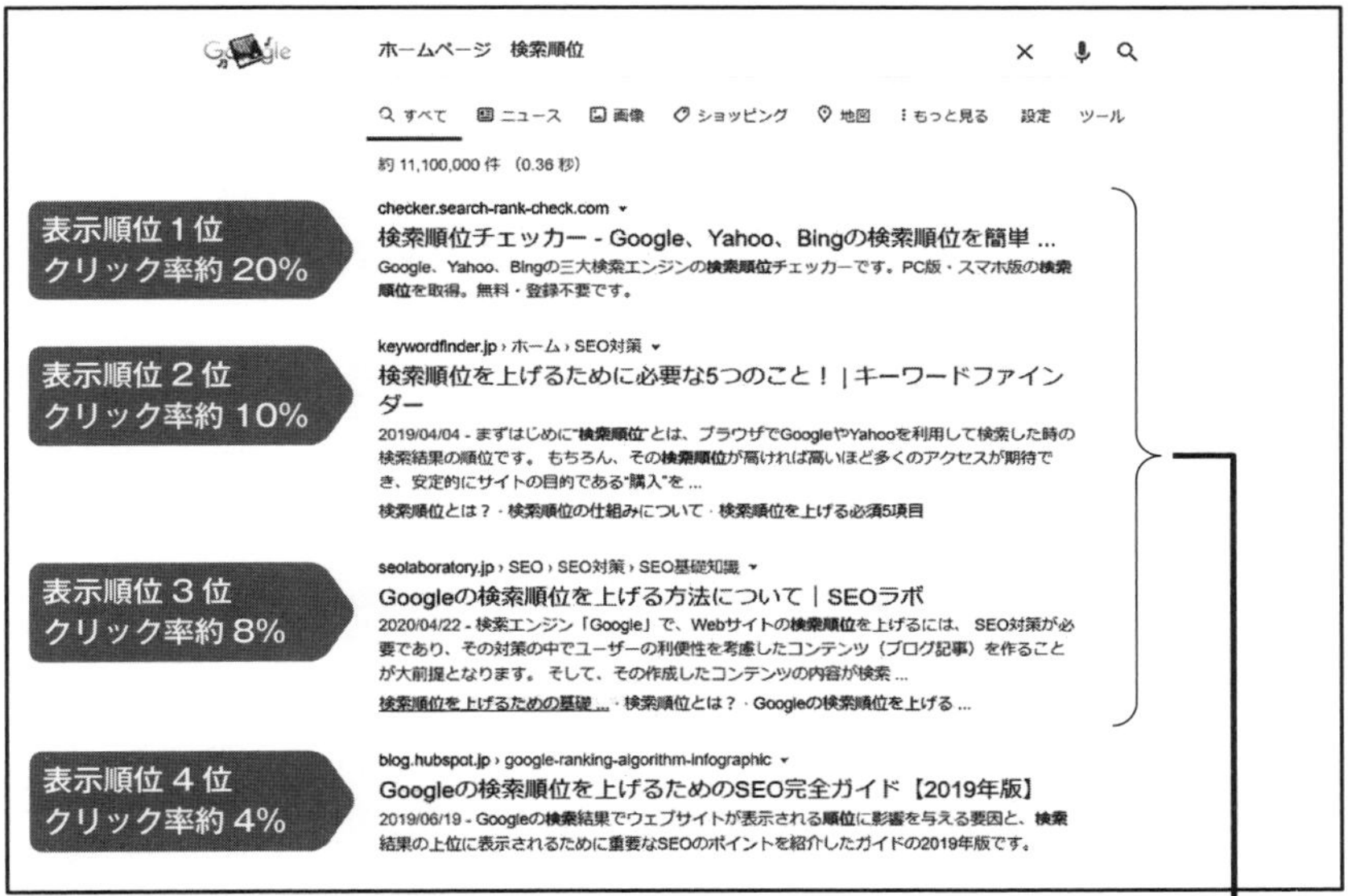
ホームページ　検索順位
すべて　ニュース　画像　ショッピング　地図　もっと見る　設定　ツール
約 11,100,000 件（0.36 秒）
表示順位１位 クリック率約 20%
checker.search-rank-check.com
検索順位チェッカー - Google、Yahoo、Bingの検索順位を簡単 ...
Google、Yahoo、Bingの三大検索エンジンの検索順位チェッカーです。PC版・スマホ版の検索順位を取得。無料・登録不要です。
表示順位２位 クリック率約 10%
keywordfinder.jp › ホーム › SEO対策
検索順位を上げるために必要な5つのこと！ | キーワードファインダー
2019/04/04 - まずはじめに"検索順位"とは、ブラウザでGoogleやYahooを利用して検索した時の検索結果の順位です。もちろん、その検索順位が高ければ高いほど多くのアクセスが期待でき、安定的にサイトの目的である"購入"を ...
検索順位とは？・検索順位の仕組みについて・検索順位を上げる必須5項目
表示順位３位 クリック率約 8%
seolaboratory.jp › SEO › SEO対策 › SEO基礎知識
Googleの検索順位を上げる方法について | SEOラボ
2020/04/22 - 検索エンジン「Google」で、Webサイトの検索順位を上げるには、SEO対策が必要であり、その対策の中でユーザーの利便性を考慮したコンテンツ（ブログ記事）を作ることが大前提となります。そして、その作成したコンテンツの内容が検索 ...
検索順位を上げるための基礎 ...・検索順位とは？・Googleの検索順位を上げる ...
表示順位４位 クリック率約 4%
blog.hubspot.jp › google-ranking-algorithm-infographic
Googleの検索順位を上げるためのSEO完全ガイド【2019年版】
2019/06/19 - Googleの検索結果でウェブサイトが表示される順位に影響を与える要因と、検索結果の上位に表示されるために重要なSEOのポイントを紹介したガイドの2019年版です。

※Google の検索エンジンの表示結果

上位３位以内に入らないと、クリック率は５％以下

とに非常に多くの時間を要します。そうした中で、細かなテクニックに頼るのではなく、世の中にいまだ配信されていない専門的で有意義なコンテンツを着実に制作することが、もっとも有効な手法と言えます。

まとめると、ユーザーに価値ある情報を継続的に配信していれば、必然的にＳＥＯ対策は行なえていると言えるでしょう。

詳細な情報が知りたい方は、開発元のグーグルがインターネット上で提供している「検索エンジン最適化（ＳＥＯ）スターターガイド」を参照してみてください。

section 03

顧客の課題解決に役立つサイト

問い合わせを10倍以上に増やすソリューションサイトとは？

自社商品・サービスが提供できる価値を顧客視点で捉え直す

いまやほとんどの企業が自社のWebサイトを持つようになりました。しかし、新規問い合わせがよく来るWebサイトもあれば、ほとんど来ないWebサイトもあるでしょう。その原因を「自社の商品・サービスに魅力がないから」と思いこむのは早計です。

そもそも自社の情報がお客様候補に正しく伝わっていない可能性のほうがずっと高いのです。そして新規問い合わせを大きく増やすには、自社の会社サイトだけではなく、自社の商品・サービスが提供する価値を正しく伝えるための「ソリューションサイト」が有効です。

◆会社案内サイトとも通販サイトとも異なるソリューションサイト

そもそもお客様はインターネット上の情報とどのように出会うのでしょうか。「うちは商圏内（あるいは全国区）で有名で、自分たちが提供している商品・サービスはほとんどの人に知られている」ということであれば、お客様は放っておいても自社のサイトに来てくれるかもしれません。でもほとんどのお客様は「どの会社でもいいから、まず自分の課題や困りごとを解決してくれる商品やサービスはないか？」と思ってインターネットやSNSで情報を検索します。これまで接触したことのない社名を検索することなどないのです。

では、どうすればいいのでしょうか。まず、企業のサイトには大きく3種類あります。会社案内サイトはあくまで会社の紹介サイトであり、新しいお客様向けには自社の商品・サービスを中心に組み立てる必要があります。会社を紹介する「コーポレートサイト」、インターネットで決済まで行なう「通販サイト」に加えて、お客様の課題・問題解決に役立つサイトのことを「ソリューションサイト」と呼びます。

◆ソリューションサイトは「お客様目線」で構築する

ソリューションサイトはお客様の目線でしっかり設計しなければなりませ

会社案内サイト、通販サイト、ソリューションサイトの違い

	会社案内サイト（コーポレートサイト）	通販サイト	ソリューションサイト
目的	会社紹介	商品・サービスの販売	お客様からの相談、見積の獲得
伝えるべきこと	・会社の詳細情報（代表者、従業員数、所在地など） ・採用関連情報	・商品・サービスの情報 ・ユーザーレビュー	・お客様の課題解決につながる情報 ・自社の商品・サービス情報
決済	インターネット上で完結しない	インターネット上で完結	インターネット上で完結しない
構築のポイント	・自社のことを知りたい人に不足なく情報を伝える	・商品・サービスの魅力を的確に伝える ・安心して購入できる ・品揃えや価格、品質面で他より優位性がある	・一目で提供している商品・サービスがわかる ・お客様の課題解決を真ん中に置いて設計する ・相談しても大丈夫だ、と思ってもらえるように信用・信頼感を訴求する

ん。たとえば洋服の染み抜きサービスを「大阪 染み抜き うまい」といったキーワードで探そうとしたときに、「〇×クリーニング」といった企業のサイトと「大阪 洋服完全染み抜きセンター」というサイトが検索結果に出てきたら、まずどちらのサイトから見るでしょう。大半の人が後者を見るのではないでしょうか。まさしくお客様がどういった課題を持っていて、自社の商品・サービスがどのようにその課題を解決し価値を示せるのかをソリューションサイトのサイト名や内容でしっかり伝えることが重要となります。「自社の商品・サービスをとにかく売りたい！」という視点ではなく、「お客様目線で見たときにどのようにお役立ちができるか」と正しくニーズを捉えることができると、新規問い合わせ数を会社サイト単独の時の数倍〜10倍以上得ることが可能になります。

section 04

トップページの作り方

Webサイトはトップページで9割が決まる！

ー何をしてくれるWebサイトなのか、瞬時にわかることが重要ー

Webサイトはトップページで9割が決まると言っても過言ではありません。たとえば折り込みチラシを見た瞬間、歩きながらランチのお店の見当をつけるとき、あるいは溜まったメルマガの件名を見たとき、いずれの場面でも「いま、自分が求めているものだろうか」と脳内で瞬時に判断しています。Webサイトにおいてもお客様は同じプロセスを経るものと考えておかなければなりません。

◇何のサイトか0・5秒でわかること

お客様がWebサイトを開いたときに、ここは何のサイトで、どういったものを提供してくれるのかが瞬時にわかるようにトップページを構築しなければいけません。通販サイトなのか、口コミサイトなのか、はたまた特定の課題を解決してくれるサイトなのか、といった具合です。前ページで述べたソリューションサイトが有効なのは、お客様の探しているテーマと合致したサイト名・内容で構築すると、お客様側もそれを見て瞬時に商品やサービスの内容を理解できるからです。一方で、何をしてくれるWebサイトか瞬時にわからなければ、お客様は別のWebサイトを探しに行ってしまうでしょう。トップページに動画を入れたり、見栄えのいい写真を入れることで、印象深くなる効果はあっても、それはWebサイトの成功と直接関係はありません。

◇もっとも慎重に設計すべきはホームページのファーストビュー

一般にトップページで表示された画面を見てWebサイトから離れる人の割合は、全体の40～60％ほどと言われます。トップページを開いたときに表示される画面のことを「ファーストビュー」と言い、このファーストビューで伝わる情報を元に、多くのお客様はサイトをさらに見るか、止めるかを判断しています。特に重要なのはナビゲーションの情報とメインビジュアル部の画像・テキストであり、一言一句をしっかり吟味する必要があります。

何をしてくれるＷｅｂサイトか一目でわかるようにする

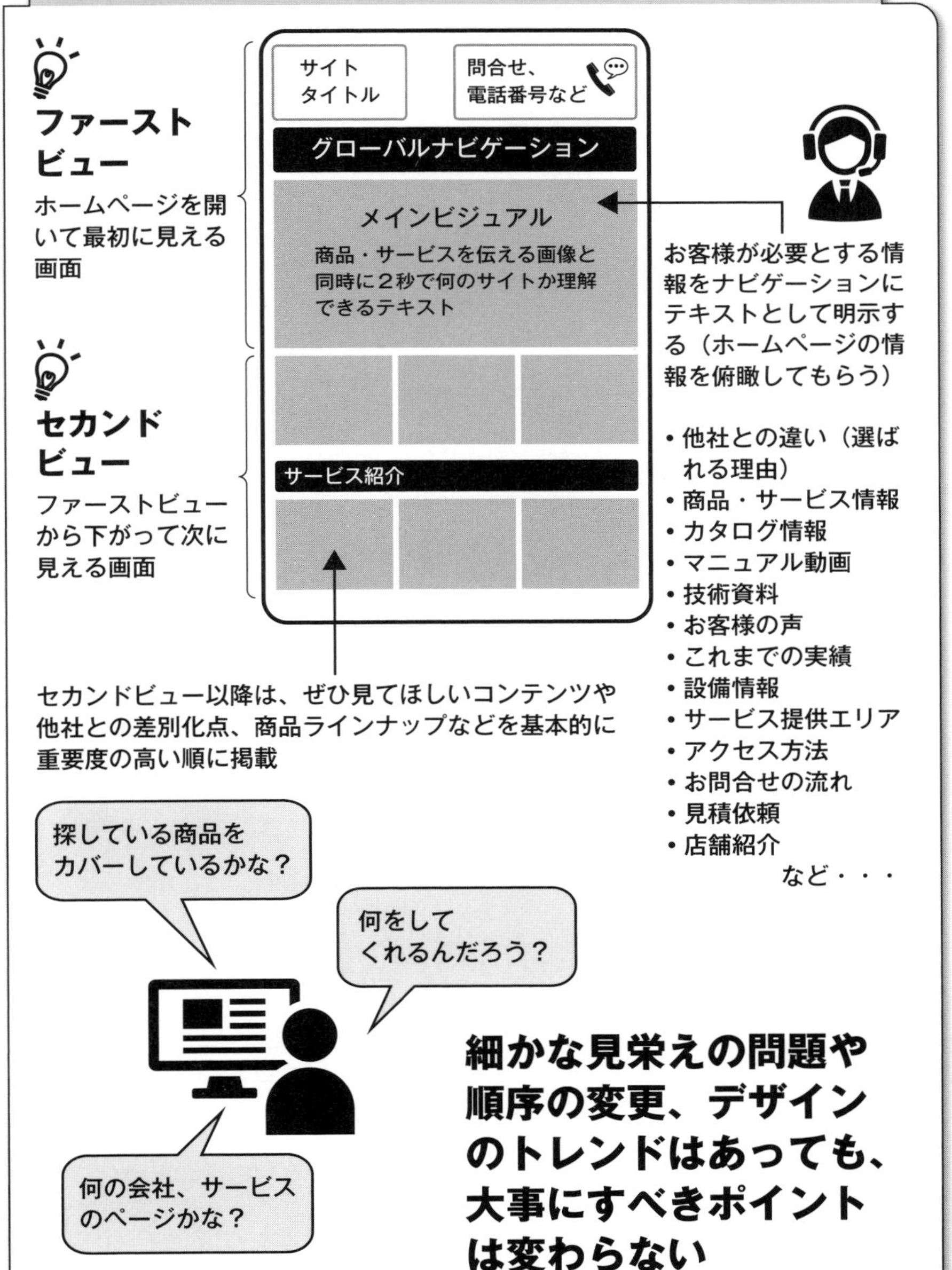
ファーストビュー
ホームページを開いて最初に見える画面
セカンドビュー
ファーストビューから下がって次に見える画面
サイトタイトル
問合せ、電話番号など
グローバルナビゲーション
メインビジュアル
商品・サービスを伝える画像と同時に２秒で何のサイトか理解できるテキスト
サービス紹介
お客様が必要とする情報をナビゲーションにテキストとして明示する（ホームページの情報を俯瞰してもらう）
・他社との違い（選ばれる理由）
・商品・サービス情報
・カタログ情報
・マニュアル動画
・技術資料
・お客様の声
・これまでの実績
・設備情報
・サービス提供エリア
・アクセス方法
・お問合せの流れ
・見積依頼
・店舗紹介
など・・・
セカンドビュー以降は、ぜひ見てほしいコンテンツや他社との差別化点、商品ラインナップなどを基本的に重要度の高い順に掲載
探している商品をカバーしているかな？
何をしてくれるんだろう？
何の会社、サービスのページかな？
細かな見栄えの問題や順序の変更、デザインのトレンドはあっても、大事にすべきポイントは変わらない

section 05

顧客視点でコンテンツを配置する

確実に問い合わせにつなげる誘導動線を意識しよう

―訪問者が迷わないサイト構造を意識する―

お客様がＷｅｂサイトに集まるようになったからと言って、すぐに問い合わせが発生するわけではありません。

◆お客様を迷わせないホームページ

「トップページへの戻り方がわからない」「ほかのコンテンツを見たいが、どこから移動できるかわからない」「運営会社を確認したいが記載が見当たらない」「どこから問い合わせればいいのかわからない」など、お客様が気になることと、次にとりたい行動に対して選択肢がわかりにくいＷｅｂサイトからは、お客様はすぐ去ってしまいます。

問い合わせフォームへはすべてのページから移動できるようにする、メールマガジン登録のバナーは常に画面の中に見えるようにするなど、お客様が迷わない（ストレスを感じない）ように構築することが重要です。

◆購買プロセスに応じた出口の導線を設定する

自社のＷｅｂサイトを訪れた人が常に問い合わせを行なう段階にあるとは限りません。たとえばあるサービスの購入を検討し始めたばかりの人が、たまたま見かけたＷｅｂサイトですぐに見積依頼をかけたり商談を予約することは考えにくいです。とりあえず情報収集をしている方にはメールマガジン登録や資料請求を促すなど、気軽に次のアクションを取ってもらえるように出口を設定することが重要です。

◆構築後もお客様の動きをチェックして改善する

Ｗｅｂサイトは作成・公開したらそれで終わりではありません。公開後も、お客様がＷｅｂサイト上でどのような動きをとっているか、定期的なチェックが必要です。特定のページで閲覧をやめる人が極端に増えていないか、ページをスムーズに移動できているかなど、グーグルアナリティクス等の分析ツールを使えば、データで把握、分析できます。期待した動きと実際の行動が異なっているならば、原因を見極めて改善することで、具体的な問い合わせ増へとつながっていきます。

問い合わせにつなげるための、お客様導線のチェックポイント

□グローバルナビゲーションはお客様に必要な情報を掲示しているか

□問い合わせのバナーやリンクはすべてのページに設置されているか

□問い合わせのバナーやリンクはどのような画面で見ても見やすいか、理解できるか

□サイトタイトル、各主要ページへのリンク（ナビゲーション）はすべてのページに設置されているか

□３クリック以内にどのページにもストレスなくたどり着けるか（サイト構造がシンプルか）

□今、サイトのどこにいるかわかるか（階層を示す「パンくずリスト」があるか）

□サイトデザインやページの基本的構成は全ページで統一されているか

□サイトの全体像を把握できるサイトマップはあるか

□各ページの最下部（フッター）には、次の移動先の選択肢が用意されているか

□導線を用意しすぎて、情報が氾濫しすぎていないか

section 06

Webサイトを簡単に編集・更新できる仕組み

ページを自社でどんどん増やせるCMSの活用方法

サイトは公開してからが本番。CMSでコンテンツを充実させる

Webサイトは「作って終わり」というものではありません。新しく製作したWebサイトは日々情報を追加していくことで、よりお客様から選ばれるサイトへと成長していきます。SNSやブログを更新するようにWebサイトの編集、情報追加を行なうことができる仕組みのことを、CMS(Contents Management System)と言います。

CMSでWebサイトを構築すると、特別な知識なしに誰でも新しくページを追加したり、既存のページを編集することができるようになります。CMSでひな形を設定しておけば複雑な商品やサービス、お客様の声、動画などの掲載ページも文章と写真を入力するだけで新しく作ることができるのです。

◆世界標準のCMS、ワードプレス

CMSには、無料で使えるものから、多くの機能を備えた有料のものまでいくつもの種類があります。

世界でもっとも使われているCMSの1つがワードプレスというCMSです。これは誰でも利用、修正できるオープンソースで開発・利用が進んでいる世界標準のCMSです。ワードプレス自体は無料で利用できます(サイトへのインストールはWeb制作会社に依頼する必要があります)。数多くの機能を後から付加できるプラグインという要素もあり、SEOの面でもグーグルから使用を推奨されるほど優れたCMSです。特殊な用途がなければ、このワードプレスでほとんどの企業のデジタルマーケティング用のWebサイトが構築できると言えます。

◆お客様が必要とする情報を、日々CMSを用いて追加する

CMSで追加していくページは、お客様の情報収集の参考になる、より問い合わせをしたくなる、自社への共感を抱くページにすることが重要です。

たとえばお客様の声、商品・サービスの選び方、各種事例、よくある質問など、お客様が必要とする情報をより豊富にしていくことが重要となります。

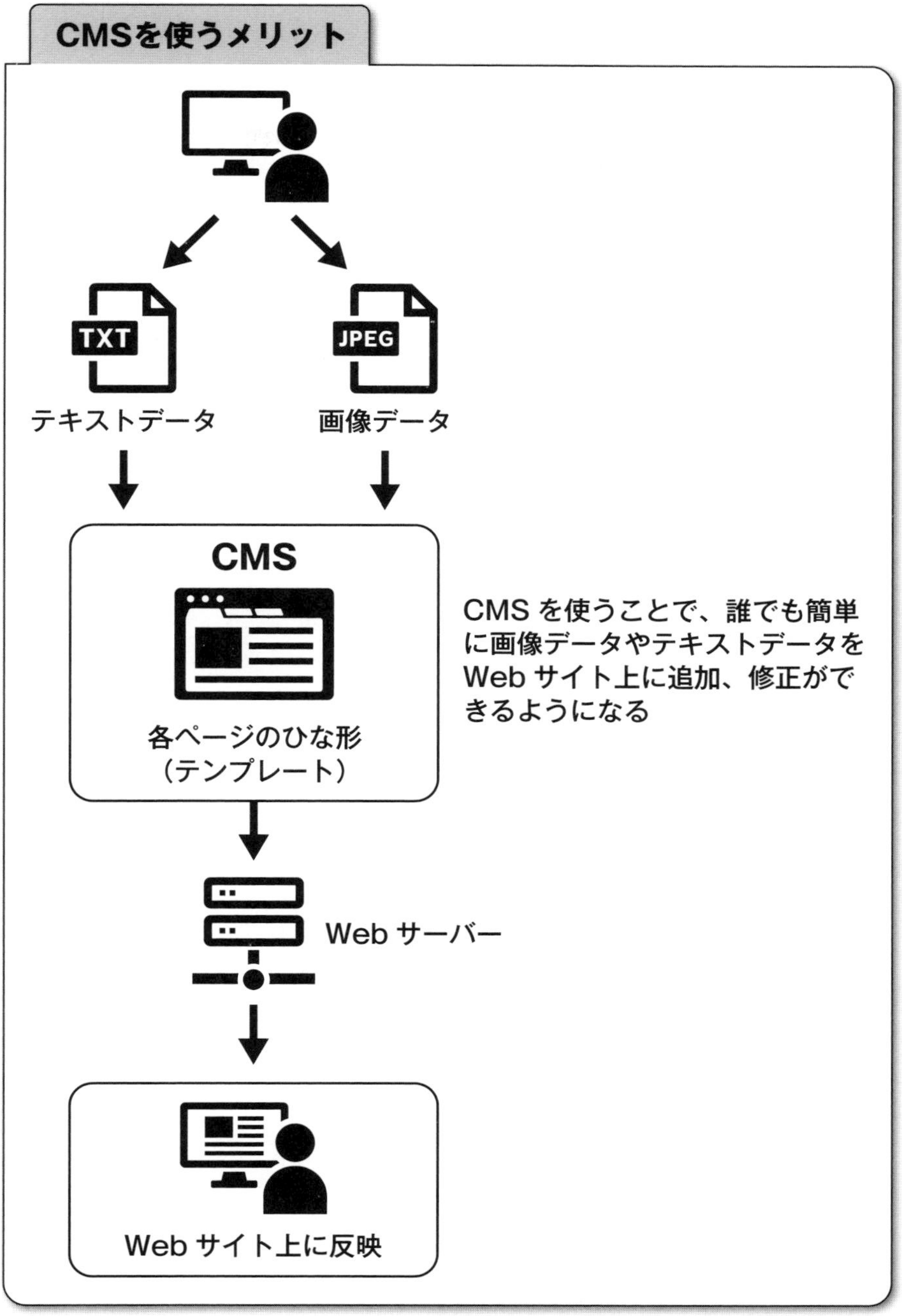
CMSを使うメリット
TXT
JPEG
テキストデータ
画像データ
CMS
各ページのひな形
（テンプレート）
CMS を使うことで、誰でも簡単に画像データやテキストデータを Web サイト上に追加、修正ができるようになる
Web サーバー
Web サイト上に反映

section 07

企画段階でしっかりと作り込む

SEO対策・インターネット広告を意識したサイト構造にしよう

成果を出すためには、デザインよりもサイト構造が重要

Ｗｅｂサイトは一度構築すると、後から修正する際に大きな工数が掛かってしまいます。ＳＥＯやインターネット広告のように時間や金銭的コストを掛けた際に、運用や効果検証のしやすさ、成果の出やすさに直結するので、Ｗｅｂサイト構築の際は最初に全体構造を意識して製作に取り組むことが重要です。

◆ディレクトリ構造をシンプル、かつ相互に結び付いた形にする

ＳＥＯ上で有効なサイト構成にするには、Ｗｅｂサイトの階層構造をシンプルにすることが有効です。図表の例では、サービス紹介ページの下に「産業別」という区分が、さらにその下に「自動車業界向けサービス」という記事が位置しています。このようにシンプルな構成にすることで、お客様自身も「いまどこにいるのか」がわかりやすくなり、自社もＷｅｂサイトの各記事を管理しやすくなります。特定のキーワードでの上位表示を狙って、記事を追加していく際にもサイト構造がシンプルに構築されていると、追加した内容と効果が検証しやすくなります。

◆インターネット広告の品質と成果を上げるためにもサイト構造は重要

インターネット広告（ＰＰＣ広告）をＷｅｂサイトに対して実施する場合、広告内容と広告からのリンク先の内容が合致していることが重要です。

さまざまな検索キーワードの背景には、それぞれ異なった情報検索ニーズがあります。それらを一律に同じページ（たとえばトップページ）に誘導するよりも、それぞれの検索キーワードから想定される商品やサービス紹介の個別ページや、各ページをまとめたカテゴリのページに誘導するほうが問い合わせにつながりやすくなります。

また、グーグルやヤフーの広告も広告の誘導先を常時観察しており、広告と誘導先がマッチすれば優良な広告と認識されてコストも下がります。

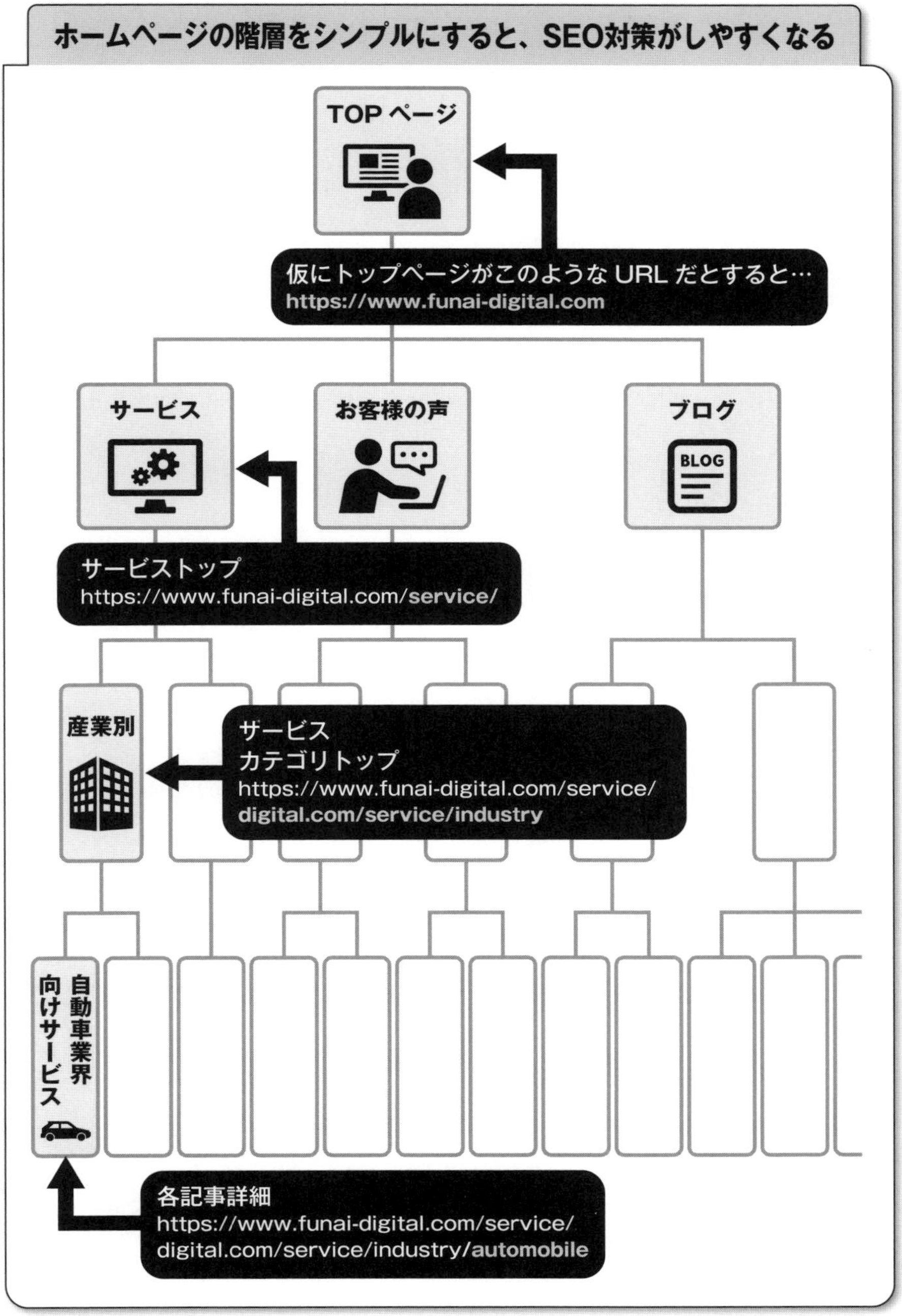
ホームページの階層をシンプルにすると、SEO対策がしやすくなる
TOP ページ
仮にトップページがこのようなURLだとすると…
https://www.funai-digital.com
サービス
お客様の声
ブログ
BLOG
サービストップ
https://www.funai-digital.com/service/
産業別
サービス
カテゴリトップ
https://www.funai-digital.com/service/
digital.com/service/industry
自動車業界向けサービス
各記事詳細
https://www.funai-digital.com/service/
digital.com/service/industry/automobile

section 08

動画は重要な集客・営業ツール

動画コンテンツ活用のポイント

―まずは手元のスマホで動画コンテンツを作ってみよう―

「百聞は一見に如かず」のことわざからもわかるように、単純なテキストよりも画像、画像よりも動画のほうがより多くの情報を受け手に伝えることができます。ユーチューブをはじめとした動画視聴が当たり前になった現在、動画コンテンツをいかに活用していくかが今後のマーケティングの重要ポイントになりつつあります。

◆動画は視覚・聴覚に訴える

動画の強みは視覚、聴覚、ならびにテロップ等の文字情報の3種類で情報認識してもらえることにあります。特に文字だけでは伝えきれない、商品やサービスのもたらす「コト」を表現するには最適なコンテンツ形態です。単純なスペックや商品・サービス説明を超えた価値を伝えていくためには、動画コンテンツを積極的に活用すべきであると言えます。

◆多額の機材や編集費用、撮影時間は必要なし!

いざ「動画コンテンツを作ろう」と思い立った時に、まず気になるのがコンテンツの品質ではないでしょうか。「他社と比べて品質はどうか」「TVCMほどとは言わないけど、きれいな動画を作らないとイメージダウンになるのでは」といった心配も当然です。

ですがSNS全盛の現在では、あらゆる場所に動画コンテンツがあふれています。スマートフォンでも十分きれいな動画が取れますし、多少の手振れやノイズは、当たり前のように許容し、多くの人が動画コンテンツを視聴しています。会社紹介や採用向けといった襟を正す必要のある動画は別として、動画コンテンツで重要なのは「何を伝えるか」です。見た目はきれいだけど中身のない動画ほど、お客様の時間を無駄にするコンテンツはありません。お客様の役に立つこと、興味深く感じてもらえる情報を、多種多様なテーマで用意することが今後重要になってきます。

◆SNSを通した動画広告は今後の重要集客チャネルになる

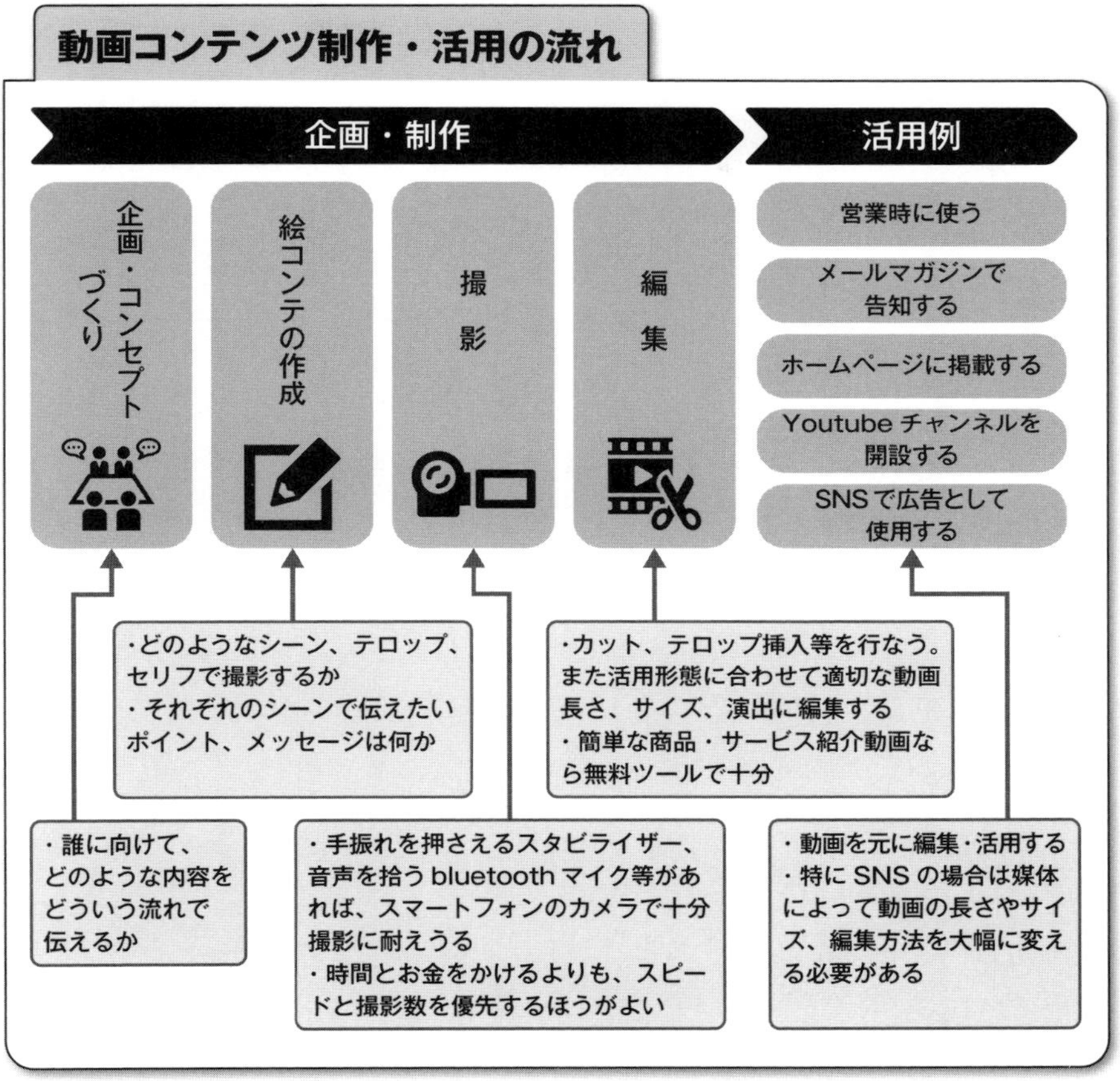

スマートフォンが普及し、多くの人がＷｅｂで情報検索するよりもアプリを通して情報を得ることが主流になりました。「レビューを探すならグーグル検索よりもインスタグラム検索」といった動きも加速しています。多くの人がＳＮＳで情報に接するようになったことで、ＳＮＳを集客のための広告媒体として活用できるようになりました。年齢や性別、居住場所、興味関心、普段どのような画像・動画を見るか、どんなタイプの人をフォローしているかなど、さまざまな情報を元に広告を出すことが可能になっています。

動画広告は少額から始めることができ、また表示・再生回数やどこまで再生したかなど、データをもとにした施策検証が可能であるため、きわめて合理的・効率的なマーケティングを実現できる可能性を秘めています。

section 09

Webサイトと LPの違い

簡単に作れるLP（ランディング・ページ）とは？

1つのページで自社商品・サービスを伝えて引き合いに結びつける

LP（Landing Page）とは広義にはお客様が自社サイトに着地（ランディング）するページを意味し、Webb検索やSNS、メールマガジンなどから自社サイトの中で最初に接触したページを指します。しかしデジタルマーケティングでの定義はもっと狭く、お客様を能動的に誘導するページをLPと呼びます。

◇LPで効果的に商品・サービスを伝え、反応を得る

Webサイトの中に、縦に長くて最後に「お申し込みはこちら」などのフォームがついたページを見たことはありませんか。1つのページの中で自社商品・サービスのメリットを伝え、お客様に対して資料請求や問い合わせを促すページは代表的なLPの例です。LPを用いれば、お客様に多くのページを見せる必要なく、問い合わせや資料ダウンロードといった「ゴール」にたどり着いてもらうことができます。

◇費用対効果、改善点の把握が容易

LPは1ページで完結するため、どこからWebサイトにたどり着き、どのようにページを見て、ゴールに至ったか（あるいは至らなかったか）を簡単に分析することができます。そのためどのような流入経路がよいか、どんな広告がゴールにどれだけつながったかといった点を数字で評価して、次のアクションや改善につなげることができます。

◇CMSでひな形を決めておけば、簡単に自社で作成も可能

LPを作るためには、お客様が必要としている情報、自社が伝えたい内容を最適な順番で、かつ過不足なく伝える必要があります。AIDMA（アイドマ）の法則といった昔から確立されたフレームワークに沿って、あらかじめCMSのひな形を構築することで、自社で簡単に制作することができます。新しい商品・サービスや商圏に応じてすぐに構築できるため、素早いマーケティングと相性がいいのもLPの特長です。

ランディングページの目的は、1つのページで必要な情報を伝えてゴールへ誘導すること

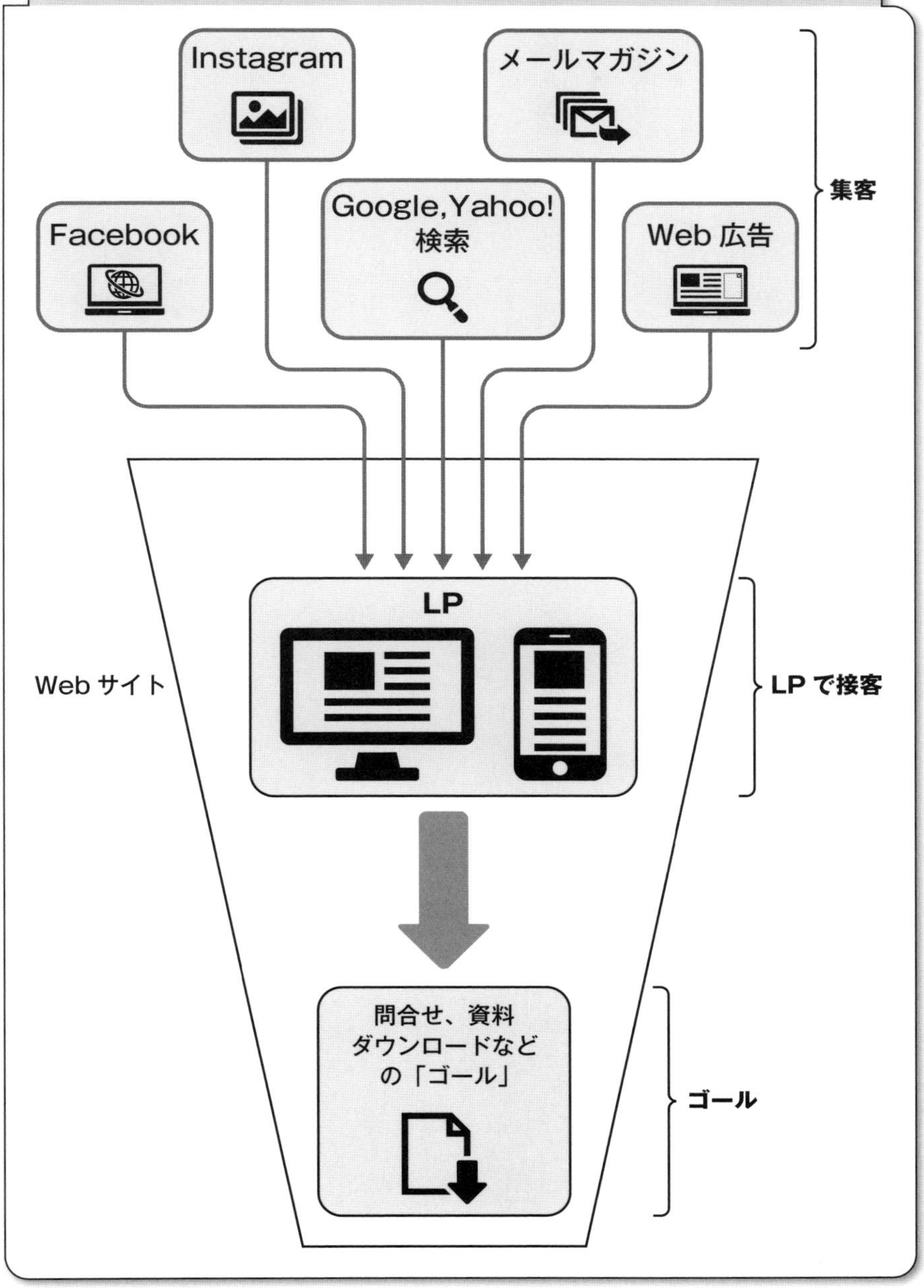

section 10

検索エンジン対策の最重要テーマ

これから対応必須のSSLとモバイルファーストについて

――顧客の個人情報保護とスマホに対応していないサイトは生き残れない――

グーグルは検索エンジンのユーザーにとっての安全性と操作性を重要視しており、都度その内容に沿った検索エンジンのアップデートをしています。

◆顧客の個人情報を守るSSL対応

Webサイトの目的でもっとも多いのが、新規顧客から問い合わせを獲得することです。その際に顧客は氏名や住所などの個人情報を入力し、運用する企業にデータを送信します。この送受信データを暗号化する仕組みをSSL（Secure Sockets Layer）と言います。

グーグルのブラウザであるグーグルクロームでは、SSLに対応していないホームページには、URLアドレスの横に「保護されていない通信」と表示されるようになりました。

また、グーグルは公式ブログにSSL化（https）したページを優先的にインデックス（検索エンジンが認識）すると発表しています。このことからも、安全性を高めるSSL化は必須事項と言えるでしょう。

◆モバイルファーストに対応する

近年グーグルは、「モバイル ファーストインデックスのベストプラクティスに準拠したサイトの移行を開始した」と発表しました。この意味は、「今後はモバイル版のコンテンツをインデックスに使用する」というルール変更です。

モバイルファーストのルール変更に対応するために、Webサイトに「レスポンシブル化」を実施することが有効です。レスポンシブル化とは、PCやタブレット、スマートフォンなど表示サイズが変わっても都度最適な表示サイズに合わせることです。

仮に自社のサイトはPCで閲覧されることが圧倒的に多くても、今後はSEO対策上、レスポンシブル化が必須になります。

Webサイトの改修・新設時には、PC基準ではなくモバイル基準で考えてみることが、今のスタンダードとなっているのです。

セキュリティ対策と必須の SSL

インターネットブラウザの約 50%近くのシェアを持つ GoogleChrome では、SSL 対応・非対応のホームページが一目でわかるようになっている。

SSL **対応** のホームページの URL 部分

SSL **非対応** のホームページの URL 部分

カーソルを合わせると、下記のような警告文が表示される

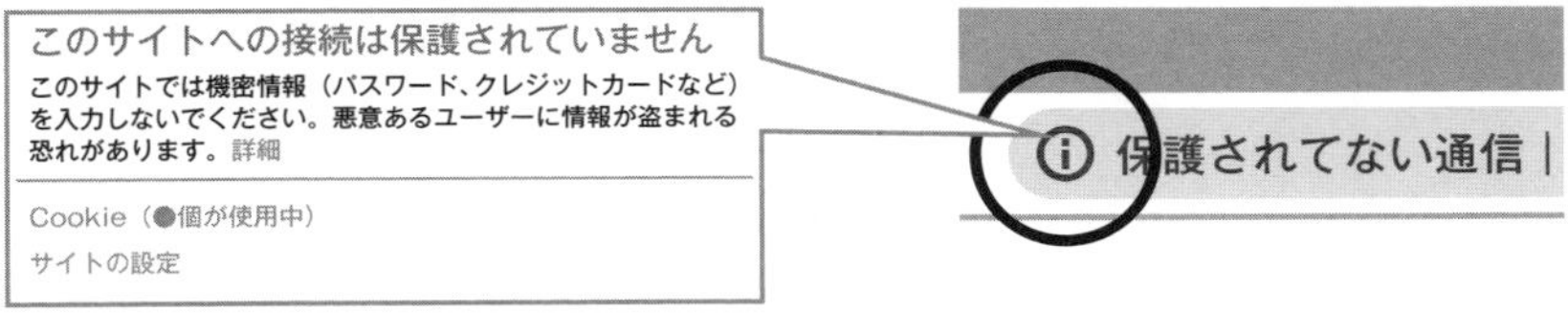

スマホ画面にも、PC画面にも適性サイズになるレスポンシブル

同じサイトでも、PC 画面・スマホ画面・タブレット画面でも、画面サイズに合わせてホームページを表示させる。視覚・SEO の両面で必ず実施すべき取り組み。

PC 画面

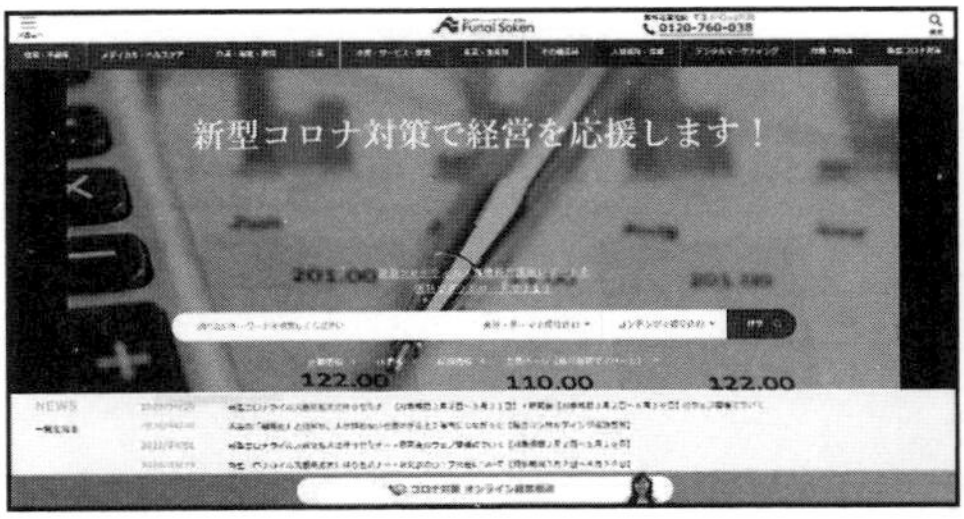

タイトル：経営コンサルティングなら
株式会社船井総合研究所
URL：https://www.funaisoken.co.jp/

スマホ画面

section 11

事例 3つのサイト開設で数千万円の商談を獲得した老舗バルブメーカー

兵庫県尼崎市に本社を置く東亜バルブエンジニアリング（東証二部上場）は、1922年創業の老舗バルブメーカーです。同社のバルブは主に原子力・火力発電所やコンビナート等で使用されています。特に同社のバルブは「高温」「高圧」といった過酷かつ絶対に失敗が許されない環境で使用される特殊なバルブです。

◆東日本大震災で迫られたデジタルマーケティングの必要性

高い技術力で市場から高く評価されていた同社が変革を迫られたのが、2011年に起きた東日本大震災です。この時の原発事故がきっかけとなり、原発の新設計画がすべてストップしました。既存の原発の稼働率も大きく低下し、同社としては新たな事業の柱が求められることになりました。

そこで同社では受託試験事業を新たな事業として立ち上げることを決めました。国内でも同社しか保有していないような高温・高圧・蒸気試験に対応した試験設備を有効活用するためです。

しかし新規事業だけに同社も販路を持っていません。どうやって受託試験のお客様を集めればいいのか？

そこで同社が注目したのが、Webサイトを活用した新規開拓です。

さらに受託試験事業の新規開拓だけでなく、同社が持つ「高温」「高圧」「蒸気試験」といった技術に対して、世の中にどんなニーズがあるのか、Webサイトを活用すれば市場調査もできるのではないかと仮説を立てました。

◆ニッチ市場で思いがけない成果

そこで同社では3つのソリューションサイトを開設しました。

自社が保有する特殊試験設備を活用した受託試験サービスサイト「TEST LABO」、高温・高圧の特殊バルブに関するメンテナンスや特注バルブ製作相談を受ける「バルブソリューション」、国内でも数社しか手掛けることができない、特殊材料の鋼の鋳物技術を訴求する「鋳鋼技術ラボ」の3サイトです。

老舗バルブメーカーが新たに開設したウェブサイト

新たに開設した３つのソリューションサイト

出典：https://valve-solution.toavalve.co.jp/

出典：http://cast-steel-tech.toavalve.co.jp/

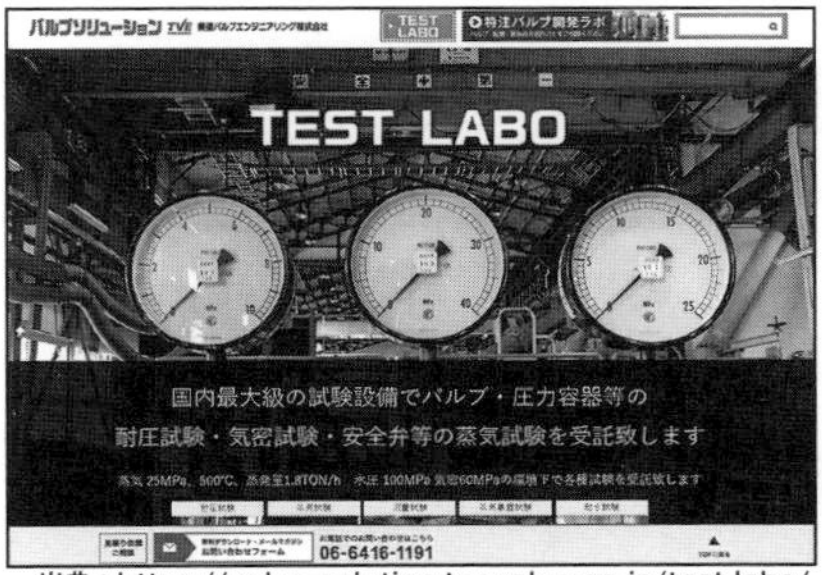

出典：https://valve-solution.toavalve.co.jp/test-labo/

自社製品のメンテナンス事例や
お客様の課題解決の事例を紹介

出典：https://valve-solution.toavalve.co.jp/

一連のソリューションサイトを立ち上げた結果、同社の新規事業である受託試験事業には毎月数件のテスト依頼の引き合いがコンスタントに入るようになりました。「高温」「高圧」「蒸気試験」の分野はかなりニッチなテーマだと考えていたところ、思いのほかニーズがあることがわかりました。

また、従来はまったく取引がなかった業界からバルブの現地メンテナンスの引き合いが入ったり、数千万円にものぼる特注バルブの案件を受注するなど、同社ではデジタルマーケティングに強い手ごたえを感じています。今後は動画コンテンツを拡充させるなど、デジタルマーケティングのさらなる強化を進めていく方針です。

同社の事例から、成熟業界であってもデジタルマーケティングは極めて有効であることがわかります。

第4章

営業・販売の生産性を劇的に上げるMA（マーケティングオートメーション）導入のポイント

Section

section 01

MAができることを理解する

マーケティングオートメーション（MA）とは何か？

MAはデジタルマーケティングの中核的存在

マーケティングオートメーション（MA）はデジタルマーケティングの中核的なツールであると言えます。ここではマーケティングオートメーションで一体何ができるのかを、わかりやすく説明します。

◆MAにできることとは？

MAを導入することにより、見込み客の購買意欲を高め、かつ顧客のニーズを把握することができるようになります。その上で、自動的に購買意欲に応じた施策、あるいはニーズに適合した施策を自動的に打つことができ、営業あるいは販売の生産性を劇的に高めることができます。

実務的に、MA運用の中心はメールマガジンになります。MAにできることをメールマガジンを軸に説明すると、大きく次の3つになります。

①自社が配信するメールマガジンを、誰が開封したかがわかる

②そのメールマガジンを開封した人が、自社のWebサイトのどのページをどれくらい閲覧したかがわかる

③メールマガジンを開封した人のみに、別のメールを自動で送る。あるいは自社のWebサイトの特定のページを閲覧した人に別のメールを自動で送るといったことが自動で行なえる。

まず①、②の機能により、お客様が自社に対してどんなニーズを抱えているのかがわかります。さらに③の機能で、ニーズを抱えているお客様に対し、次の行動を促す施策を自動的に行なうことができます。これがMA運用の基本です。

◆導入に失敗しない2つのポイント

ただし、MAを導入したものの、思ったように使いこなせていない、といった声も少なからず聞こえてきます。

筆者が80社を超える企業のMA導入プロジェクトに関わってきた経験から言えるのは、押さえておくべき2つのポイントを外してしまうと、MAの導入はうまくいかないということです。その2つのポイントについて、次項以降で述べていきます。

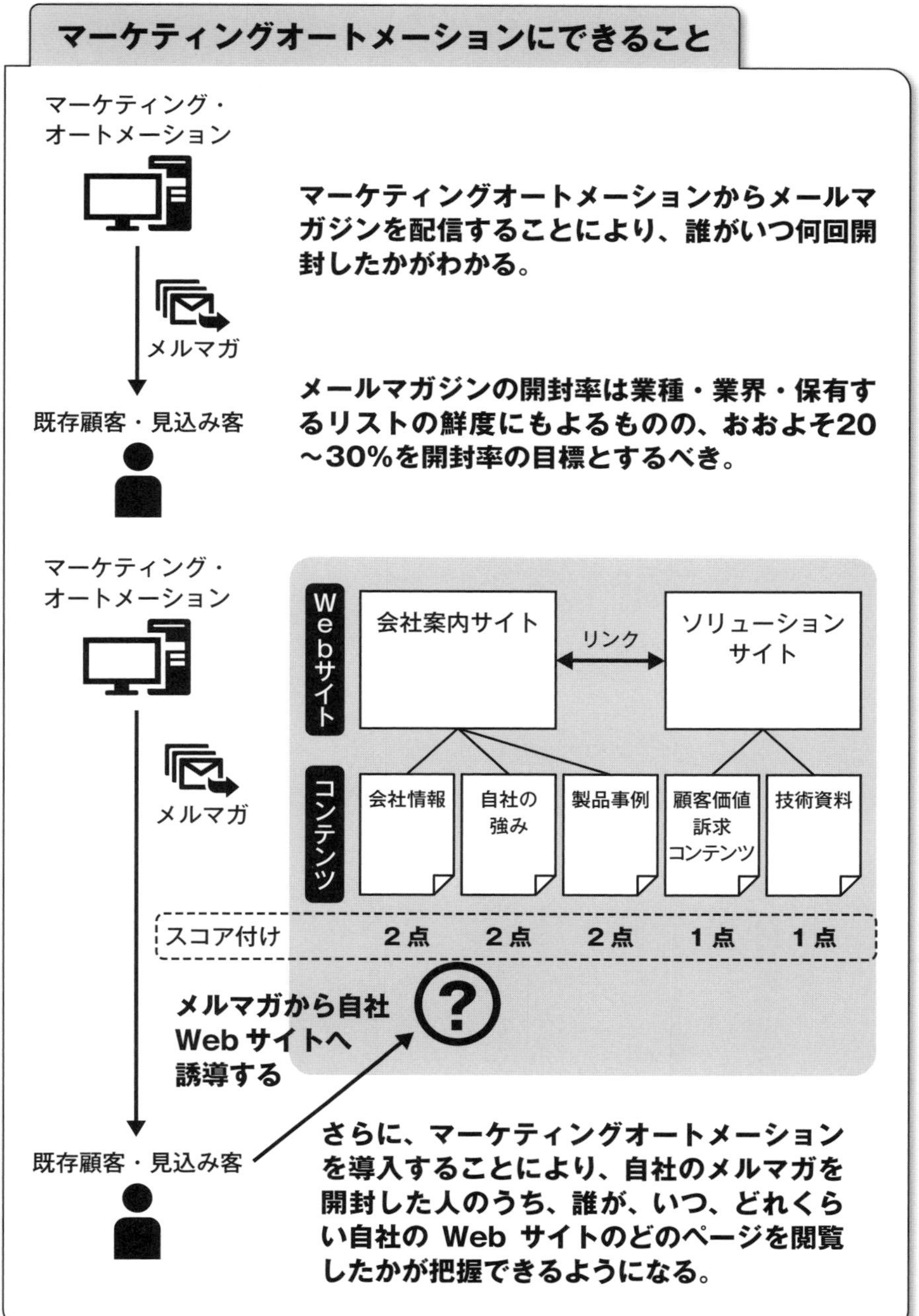
マーケティングオートメーションにできること
マーケティング・
オートメーション
メルマガ
既存顧客・見込み客
マーケティングオートメーションからメールマガジンを配信することにより、誰がいつ何回開封したかがわかる。
メールマガジンの開封率は業種・業界・保有するリストの鮮度にもよるものの、おおよそ20～30%を開封率の目標とするべき。
マーケティング・
オートメーション
メルマガ
Webサイト
会社案内サイト
リンク
ソリューションサイト
コンテンツ
会社情報
自社の強み
製品事例
顧客価値訴求コンテンツ
技術資料
スコア付け
２点
２点
２点
１点
１点
メルマガから自社Webサイトへ誘導する
既存顧客・見込み客
さらに、マーケティングオートメーションを導入することにより、自社のメルマガを開封した人のうち、誰が、いつ、どれくらい自社の Web サイトのどのページを閲覧したかが把握できるようになる。

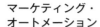

section 02

MA導入に失敗しないポイント①

顧客の購買プロセス

顧客の購買プロセスに対応したコンテンツを揃えておくことが必須

MAの導入に成功するためにもっとも大切なことは、「顧客の購買プロセス」に対応したコンテンツを用意することです。具体的には、Ｗｅｂサイトを用意しなければなりません。

◆「認知」に必要なソリューションサイト

「顧客の購買プロセス」の最初のプロセスが「認知」です。認知に必要なのが、第３章でご紹介したソリューションサイトです。

送られてきたメールマガジンを開封して、ＵＲＬをクリックしたとします。その時に表示されるホームページが普通の会社案内サイトだったとすると、「ふーん、こないだ名刺交換したあの会社ね」としかなりません。

ところが第３章で例示したようなソリューションサイトが目の前に表示されると、「おっ、この会社はこんな専門分野を持っているんだ！」と、より認知されることになります。「認知」には、この「おっ！」というリアクションが必要なのです。

２番目のプロセスは「情報収集」です。つまり「この会社はどんなことができるのかな」あるいは「このテーマについて知りたかったんだよな」といったことに対応するコンテンツです。

ちなみに、この段階の人にアプローチをかけても具体的な商談や購入が生まれることはまずありません。「情報収集」のプロセスに対応するコンテンツを用意しておくことによって、自社のファン作り、信頼感の醸成を行なうのがこの段階です。

３番目のプロセスが「比較検討」です。このプロセスになると顧客は「今、取引している業者とどう違うのか」「ここに依頼して本当に大丈夫か」といったことを検討する段階になっています。

◆抽出すべきは「比較検討」段階の見込み客

そして、まさにマーケティングオートメーションで抽出すべきはこの段階

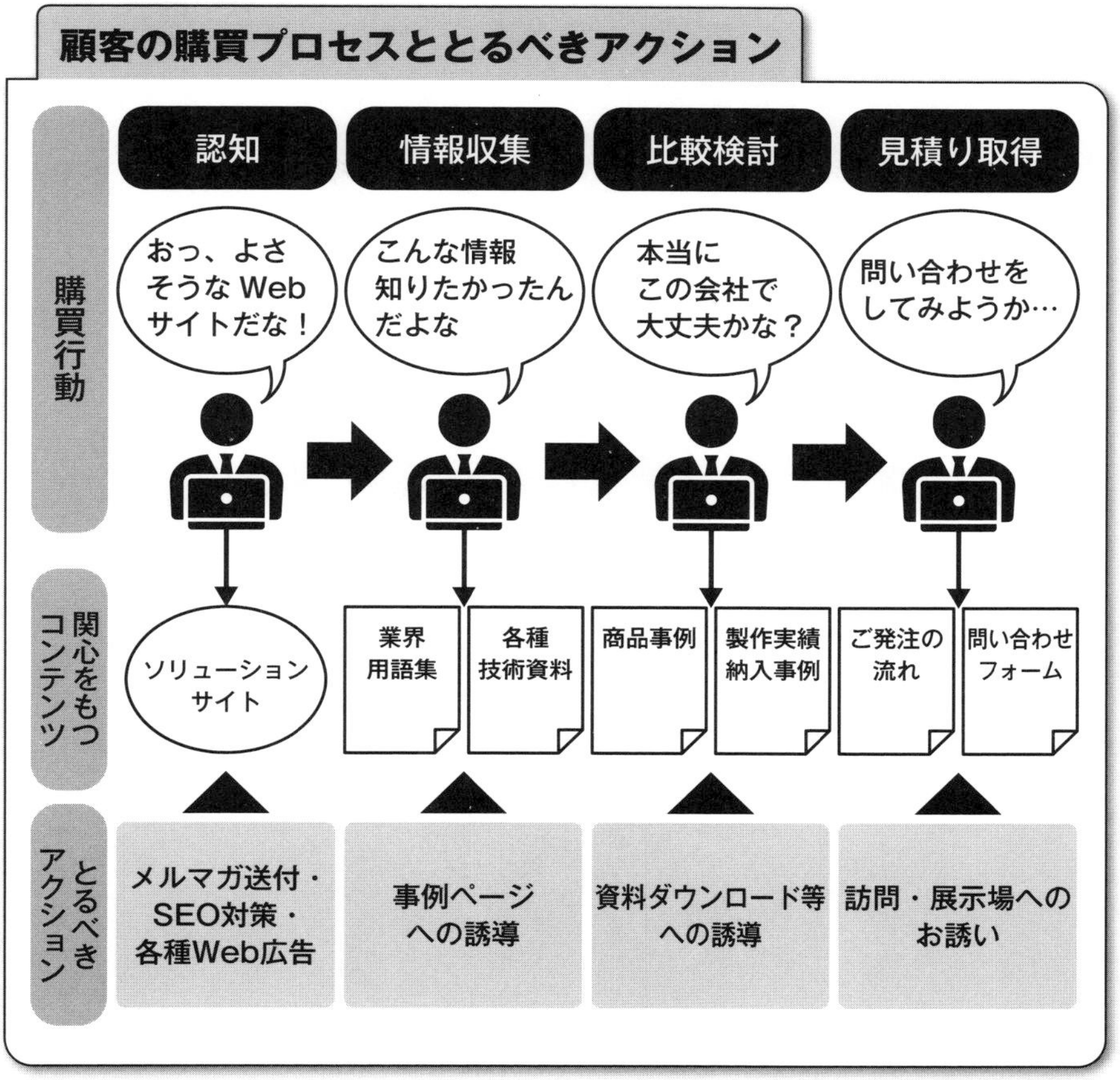

の顧客であり、この段階の顧客に何らかのアプローチをかけることで具体的な商談や購入が発生することになります。

もちろん、このまま放置しておいても４番目のプロセスである「見積り取得」に至る可能性もありますが、ＢtoＢビジネスのように既存取引業者の存在が考えられる場合、この段階でアプローチしなければ商談や購入が自社にこない可能性もあるからです。

また上の図に示す通り、「顧客の購買プロセス」の段階ごとに打つべき施策は変わってきます。こうした各種の施策を自動で行なえるのがマーケティングオートメーションの便利なところです。

section 03

MA導入に失敗しないポイント②

営業ファネル

―購入に至る可能性の高い見込み客を抽出する―

MAの導入に成功するために2番目に大切なことは、「営業ファネル」を意識した運用です。

◆「ハウスリスト」から始まる営業ファネル

ファネルとは日本語で〝じょうご〟の意味です。

左の図に示す通り、最初に存在するのが自社の見込み客リストである「ハウスリスト」です。「ハウスリスト」に対してメルマガを配信した場合、開封率のモデル数値は20〜30％です。

さらにメルマガを開封してくれた見込み客（＝リードと言います）のうち、具体的に商談や購入に発生する可能性のあるリード、すなわち前項で述べた顧客の購買プロセスの「比較検討」に至っている可能性のあるリードの割合のモデル数値は、メルマガを開封した人のさらに20％です。

この、具体的に商談や購入に発生する可能性があるリードのことを、MQL（Marketing Qualified Lead）と言います。直訳すると「マーケティング部門が認めたリード」という意味であり、いわば〝営業にトスをあげるべき〟リードと言うことができます。

さらにこのMQLのうち、営業部門が「これは具体的な商談や購入になりそうだ」と、営業部門が認めたMQLのことをSQL（Sales Qualified Lead）と言います。MQLがSQLに変わるモデル数値は30％です。

このように、ハウスリストに始まりメルマガの配信・開封・MQLの抽出、SQL化と、まさに〝じょうご〟のようにだんだん先が細くなっていきます。ですからこれを「営業ファネル」と言うのです。

◆自社の有望顧客を自動的に見つけ出してくれる

ちなみに、一般的に自社が保有する見込み客リストのうち、具体的な商談や購入に発展する有望顧客の割合は、わずか1〜1・5％程度と言われています。

前述のファネルで計算すると、メル

営業ファネルとは？

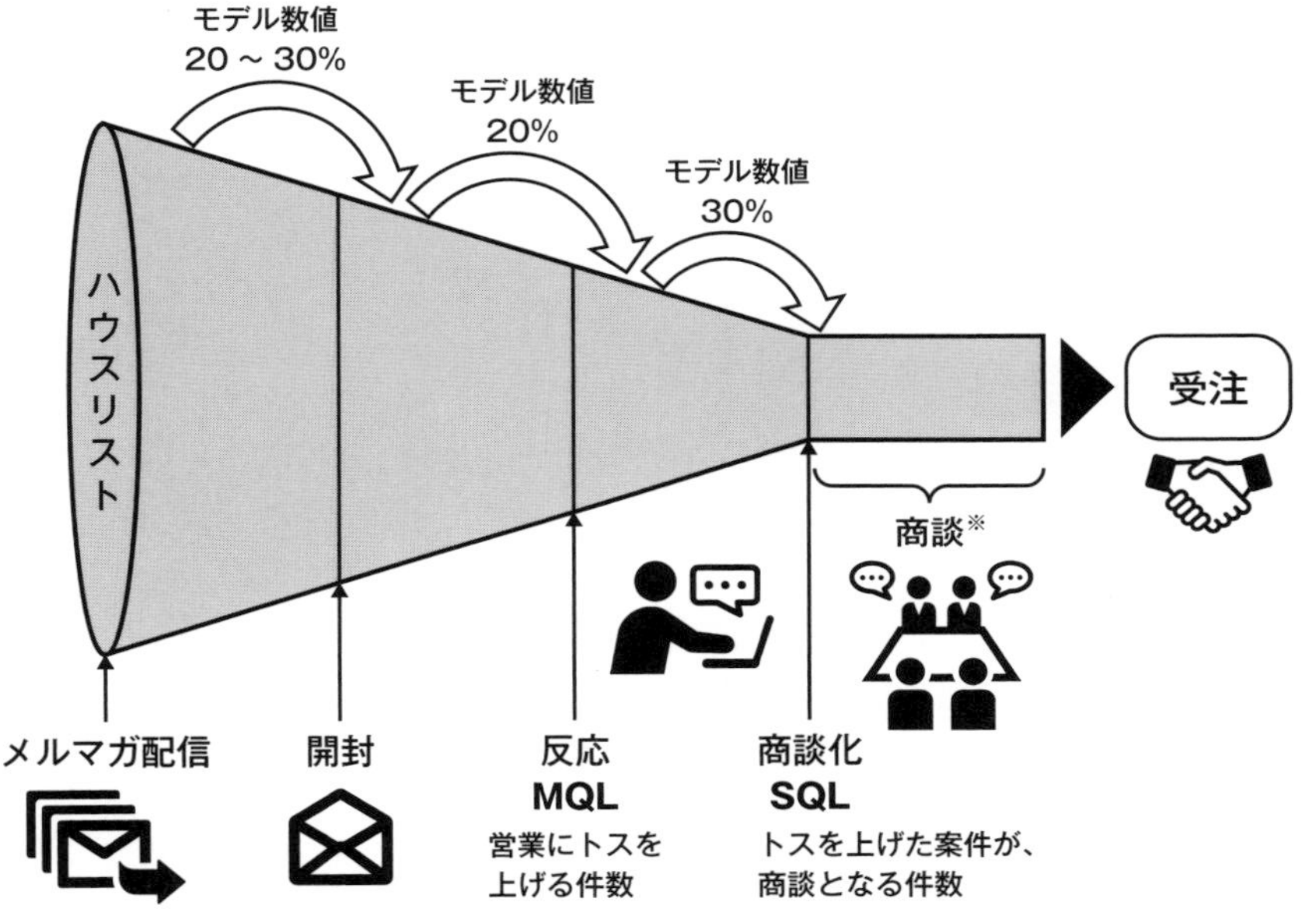

※商談とは下記BANTを満たす案件のことを指します。

- **B**：budget（予算）：予算が明確であること
- **A**：authority（キーマン）：キーマンが明確であること
- **N**：needs（必要性）：購買の動機が明確であること
- **T**：timed（納期）：納期が明確であること

マガ開封率20％×MQL率20％×SQL率30％＝1・2％と、このファネルの数値と一般論がだいたい適合することがわかります。

そしてマーケティングオートメーション運用の最大のポイントは、このMQLをいかに効率的に抽出するかにあります。

MQLを抽出するためには、次項から述べる大きく2つの方法があります。

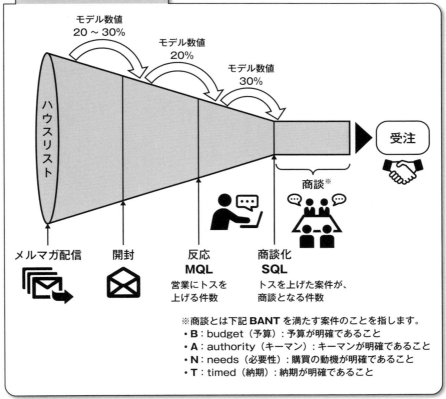

section 04

MA運用のポイント①

ステップメール

ステップメールでホワイトペーパーのダウンロードを促そう

ＭＡでＭＱＬを抽出する方法の１つに、「ステップメール」という手法があります。

◆特定の人に自動的にメールを送る

これはメールマガジンを開封し、かつＵＲＬをクリックして特定のＷｅｂページを閲覧した見込み客に対して、メールを送る手法です。

左の図に示す通り、メールマガジンを閲覧し、かつメールマガジンのＵＲＬをクリックした人のみに自動的にメール（＝ステップメール）を配信することが、多くのＭＡのシステムで可能になっています。

ステップメールの文面・見せ方は極力個人からの私信のようにするといいでしょう。左の図の例で言えば、「より詳しい資料はこちらからダウンロードいただけます」と、読み手を次のステップに誘導する文面になっていることがわかります。

◆ダウンロードした人の半数から3割が問い合わせに至る

このダウンロード用の資料のことを、マーケティング用語では「ホワイトペーパー」と言います。一般的に、ホワイトペーパーをダウンロードした人の半数から3割が問い合わせに結びつくと言われます。

したがってホワイトペーパーをダウンロードした見込み客は、かなり商談や購入となる確度の高い見込み客であると判断でき、これが前項で述べたＭＱＬ抽出の１つの判断基準となります。

このステップメールと資料ダウンロードの手法を実行しようとすると、あらかじめＷｅｂサイトにも「資料ダウンロードページ」を作っておく必要があります。またステップメールで誘導する先として、資料ダウンロードだけではなく、たとえば「注文の流れ」といった、前述の「比較検討」に至った見込み客が閲覧すると想定されるページも考えられます。

いずれにせよ、こうした運用を想定してＷｅｂサイトそのものを構築しておく必要があるのです。

ステップメールとは？

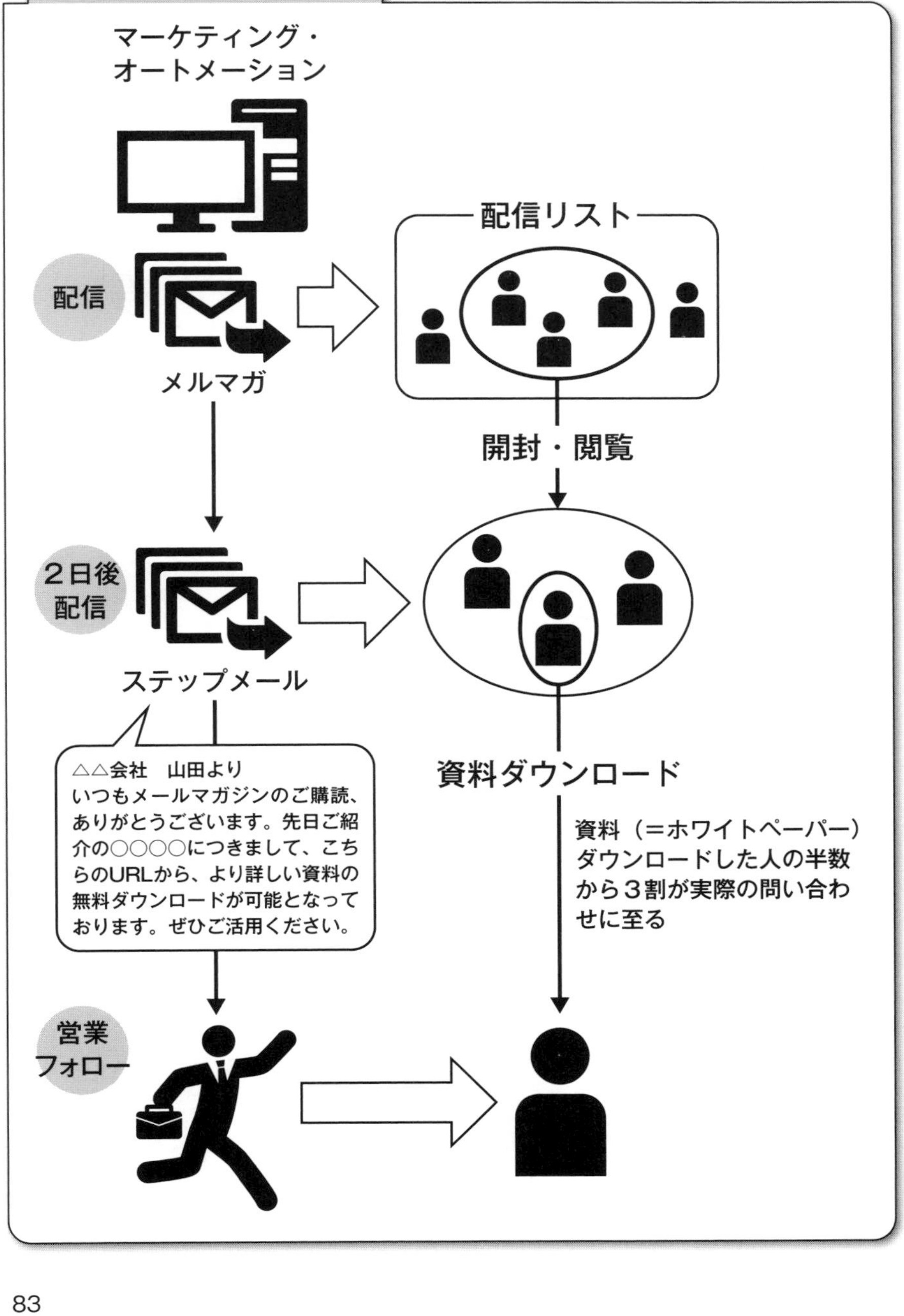
マーケティング・
オートメーション
配信
メルマガ
配信リスト
開封・閲覧
2日後
配信
ステップメール
△△会社　山田より
いつもメールマガジンのご購読、ありがとうございます。先日ご紹介の○○○○につきまして、こちらのURLから、より詳しい資料の無料ダウンロードが可能となっております。ぜひご活用ください。
資料ダウンロード
資料（＝ホワイトペーパー）ダウンロードした人の半数から３割が実際の問い合わせに至る
営業
フォロー

section 05

MA運用のポイント②

スコアリングと閲覧履歴

スコアリングと閲覧履歴からMQLを判断する

また、MAでMQLを抽出する方法としてよく使われるのが「スコアリング」という方法です。

◇あらかじめスコアを設定しておく

多くのMAで、あらかじめWebサイトの各ページに「このページを閲覧したら○点」といった具合にスコアを設定することが可能になっています。

前述の「顧客の購買プロセス」の考え方に準じて、あらかじめ「比較検討」あるいは「見積り取得」の段階に至った見込み客がよく閲覧すると想定されるWebページほど、高いスコアを設定しておきます。その上で、たとえば左の図のように「スコアが10点を超えた見込み客に対してアプローチをかける」ということをあらかじめ決めておくのです。

◇スコアリングに加えて重要な「閲覧履歴」の把握

ただし、スコアリングだけではMQLの抽出に万全とは言えません。なぜなら前述の「顧客の購買プロセス」でいうところの「情報収集」の段階の人が、いわゆる業界用語集や技術資料などを大量に閲覧し、スコアだけが高く出ているケースもあるからです。いかにスコアが高かったとしても、「情報収集」の段階の人にいくらアプローチをかけても商談には至りません。

したがって、スコアだけで判断するのではなく、見込み客ごとに「閲覧履歴」を確認して、「事例」「注文の流れ」といった「比較検討」の段階に至った見込み客が閲覧するであろうWebページを閲覧しているかどうかを確認する必要があります。

ハウスリストが数百件あるいは数千件のレベルであれば、スコアの高い見込み客の閲覧履歴を目視で確認する作業は不可能ではありません。しかしそれが数万件を超えるレベルになると目視による確認は困難であり、前項で述べたステップメールの活用といった、文字通り自動化（オートメーション）が必要になります。

スコアリングと閲覧履歴

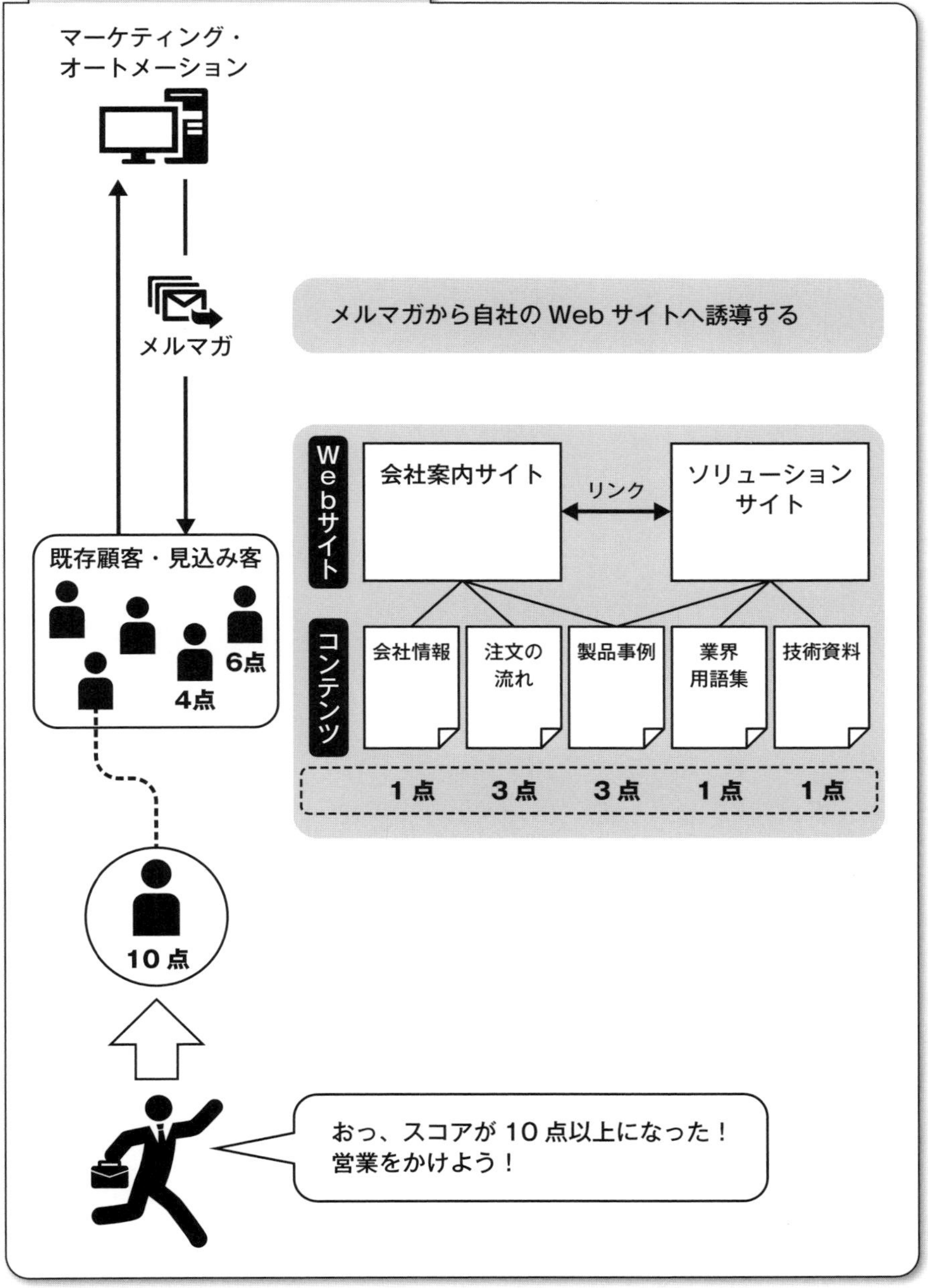
マーケティング・
オートメーション
メルマガ
メルマガから自社の Web サイトへ誘導する
Webサイト
会社案内サイト
リンク
ソリューション
サイト
コンテンツ
会社情報
注文の
流れ
製品事例
業界
用語集
技術資料
1点
3点
3点
1点
1点
既存顧客・見込み客
6点
4点
10点
おっ、スコアが 10 点以上になった！
営業をかけよう！

section 06

MA運用の基本、メールマガジンのポイントを理解する

開封・クリックされやすいメールマガジンの作り方

―目標は開封率30％。最大のポイントはメールマガジンのタイトル―

ＭＡを運用する上では、「こちらが配信したメールマガジンが開封される」ことが第一歩となります。したがって、ＭＡの運用では「メールマガジンの開封率を上げる」ことがまず重要になります。

◇重要な「開封率」と「クリック率（回帰率）」

開封率の目安は業界・業種によって異なりますが、だいたい20～30％が目標数値とされています。

次に開封されたメールマガジン本文を読んでもらい、本文中にあるＵＲＬをクリックしてもらい、自社のＷｅｂサイトに誘導する必要があります。これを「クリック率」あるいは「回帰率」と言います。

「クリック率」あるいは「回帰率」のモデル数値は、メールマガジン配信数全体の３～５％と言われています。

「開封率」と「クリック率」あるいは「回帰率」を上げるポイントについて左図に示します。

◇メールマガジンのタイトルは「価値訴求」型

メールマガジンの開封率にもっとも影響を及ぼすのがタイトルです。

メールマガジンのタイトルのつけ方のポイントは、できるだけ「価値訴求」の内容にするということです。

具体的に、相手に商品やサービスを提供する時に伝えるフレームワークとして、ＦＡＢというのがあります。これは次の３文字の略語からくるものなのですが、

①機能：Feature
②利点：Advantage
③利益：Benefit

メールマガジンのタイトルは、できるだけＦＡＢのうちＡかＢ、すなわち「利点」あるは「利益」を訴求して、できれば具体的な数字を入れるとより効果的になります。

また「○○産業　山田より」といった、個人の私信のように見えるタイトルも、メルマガ然としたタイトルより開封率が高くなります。

開封されやすいメールマガジンの作り方

メールマガジンの開封率を上げるポイント

①タイトルを価値訴求（FAB フレームワークでいう A：利点 B：利益の訴求）にして、できるだけ具体的な数値を入れる。
②タイトルを私信のような見せ方をする。
③プリヘッダーを入れる(プリヘッダーとは、メールのタイトルに続いているテキストのこと)。
④タイトルにお客様の氏名を入れる。
⑤差出人を個人のメールアドレスにする。

クリック率・回帰率を上げるポイント

①メールマガジンの本文に画像あるいは動画を使用する。
②メールマガジンのヘッダーの部分にリンクするURLをセットしておく。ヘッダー部のリンクURLはクリックされやすい。
③リンクURLをわかりやすく表記する。

メールマガジンの例

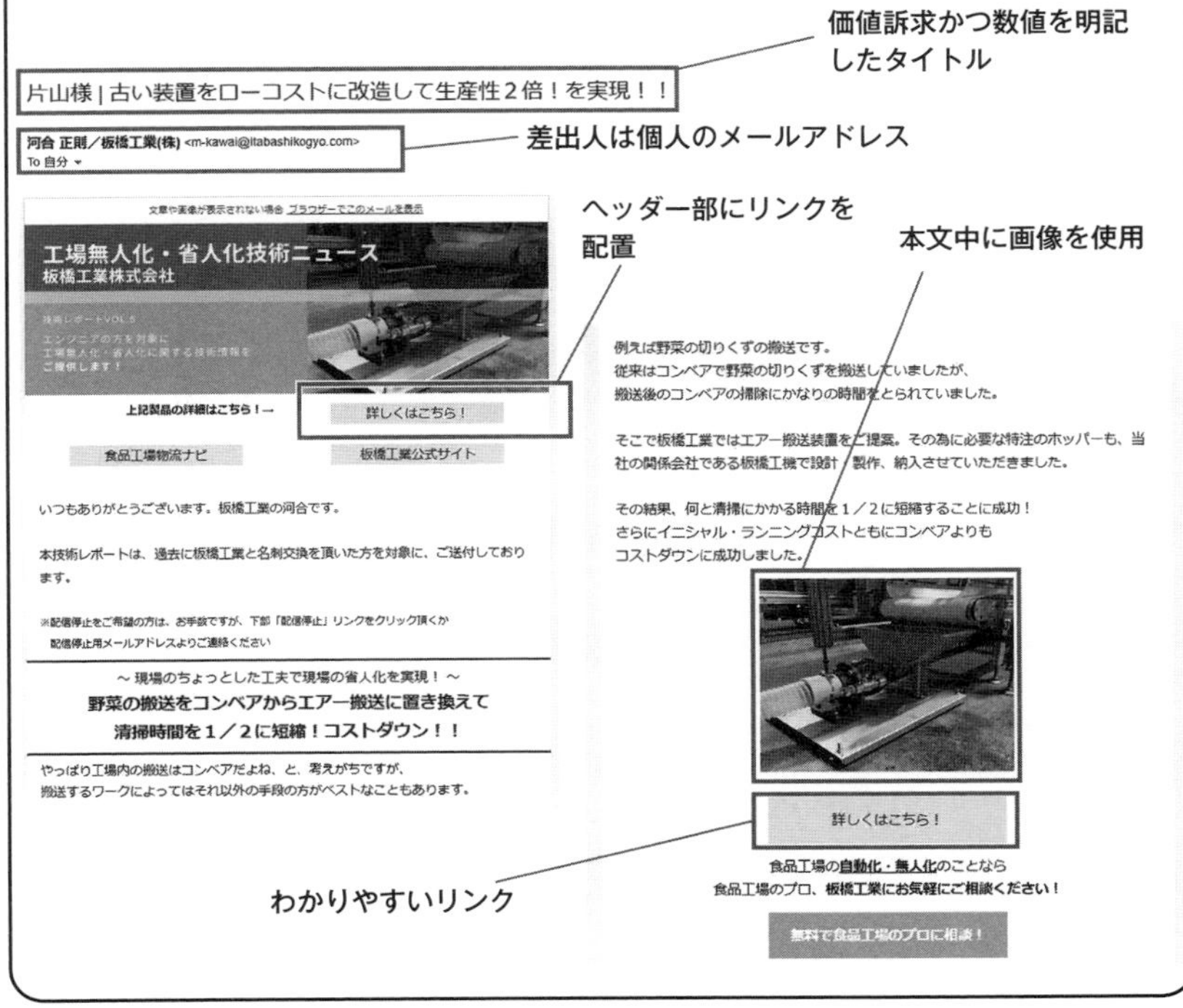

section 07

マーケティングオートメーション選定のポイント

数多くのベンダーの中から最適なMAを選ぶには

自社のハウスリストの数と営業体制で選ぶべきMAが変わる

現在はMAが一種のブームになっていることもあり、国内外の多くの会社がマーケティングオートメーションのシステムを提供しています。

MAを選定する上で留意すべき点は大きく次の2つです。

①自社が保有するハウスリストの数
②自社の営業フォロー体制

◆リストの件数でスペックが決まる

MAの多くが、クラウドによるサブスクリプション（月次課金）の仕組みをとっています。高額なシステムだと月次60万円くらい、安価なシステムだと月次数万円から中には無料のものもあります。

自社のハウスリストが数万件から数十万件以上存在する場合は、いわゆる目視で閲覧履歴を確認して営業フォローをかける、といった運用は極めて困難です。したがって運用の大半をシナリオを組んだ上で自動化する必要があり、このケースだと高額なシステムが求められます。

ただし自社が保有するハウスリストが数百件から数千件ということであれば、目視を中心とした運用のほうが効率的であり、このケースであれば比較的安価なシステムであっても問題はありません。

◆営業フォロー体制の中身で、選定すべきシステムが変わる

少人数の会社で、マーケティングと営業を同一人物が担当しているケースであれば、どのようなシステムを導入しても大きな問題はありません。

ただし複数人数以上の営業担当者を抱え、マーケティングの担当者と営業部隊が分かれている場合は、前述の閲覧履歴やスコア結果等を顧客別にまとめた「レポート」の出力機能がないと、運用が困難になります。

最近では世界的なSaaS（ソフトウェア・アズ・ア・サービス）ベンダーが、極めて低価格ながらハイエンドのシステムと変わらないスペックを有しているケースもあり、一概に価格だけでスペックは判断できません。

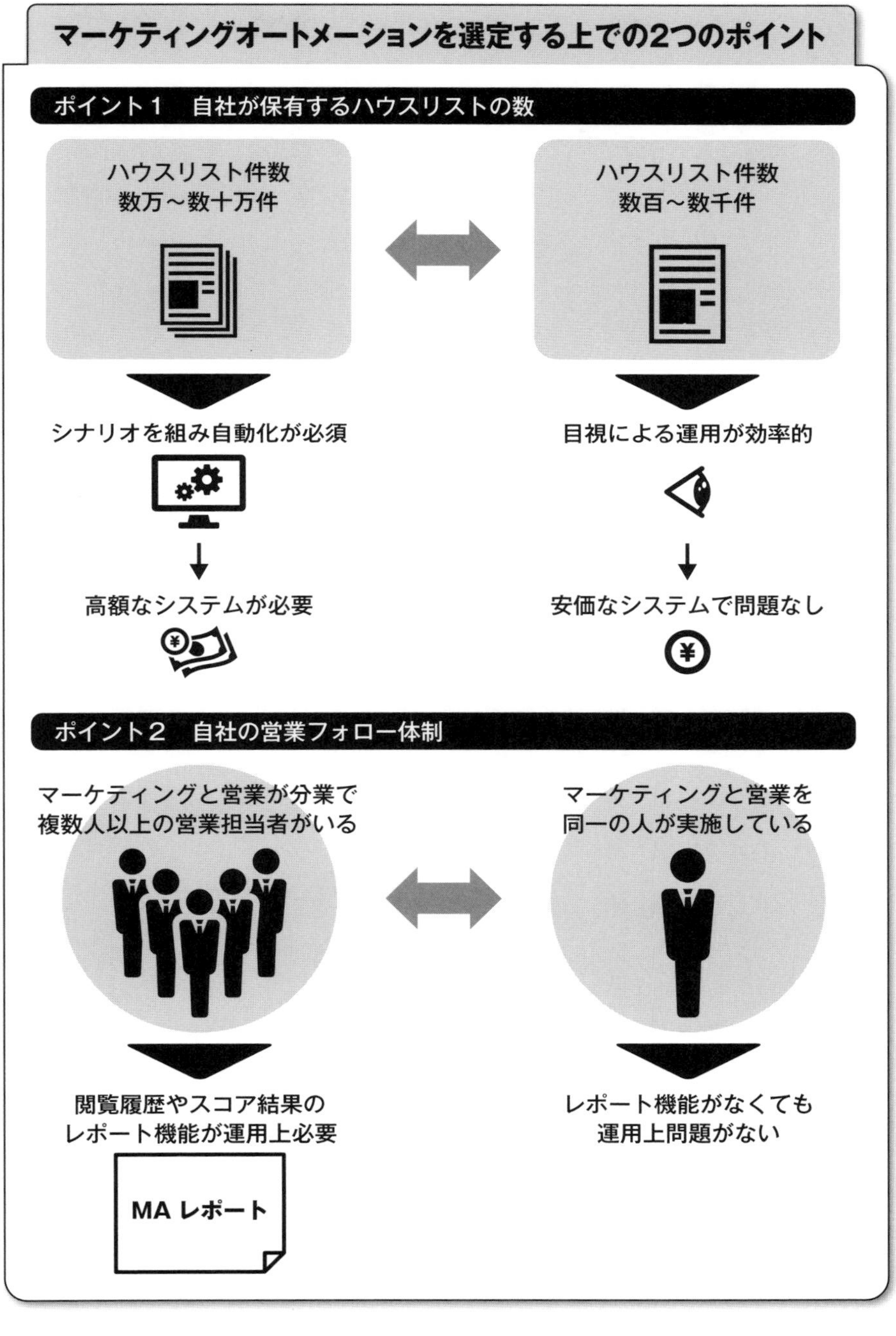
マーケティングオートメーションを選定する上での2つのポイント
ポイント１　自社が保有するハウスリストの数
ハウスリスト件数
数万～数十万件
ハウスリスト件数
数百～数千件
シナリオを組み自動化が必須
目視による運用が効率的
高額なシステムが必要
安価なシステムで問題なし
ポイント２　自社の営業フォロー体制
マーケティングと営業が分業で
複数人以上の営業担当者がいる
マーケティングと営業を
同一の人が実施している
閲覧履歴やスコア結果の
レポート機能が運用上必要
MAレポート
レポート機能がなくても
運用上問題がない

section 08

80社を超えるMA導入支援からわかったこと

マーケティングオートメーションの導入がうまくいかない本当の理由

―機能に大きな差はない。運用で9割が決まる―

　本章冒頭でも述べた通り、私は80社を超える会社のMA導入支援を手掛けてきました。また毎月数多くの経営相談を受けています。そうした中で「MAを導入したもののうまくいかない」というケースの大半の原因は、システムの機能や性能に起因するものではなく、運用に起因するものです。

◆あらためて、MA導入に失敗しない2つのポイント

　78～81ページでも述べた通り、MAの導入に失敗しないためには次の2つのポイントを最低限押さえておく必要があります。

①顧客の購買プロセスに対応したコンテンツを用意しておくこと

②営業ファネルを意識してMQLの定義を明確にしておくこと

　まず①についてあらためて補足をするなら、Webサイトを何ら改良することなく、MAだけ導入しても、運用はまずうまくいきません。なぜなら多くのWebサイトが現行のままだと「顧客の購買プロセス」に対応していないからです。

　次に②について述べると、MQLの定義をあらかじめ定めた上でコンテンツ設計を行なわなければ運用はうまくいきません。82ページで述べた通りホワイトペーパーのダウンロードをもってMQLとするのか、あるいは84ページで述べた通り閲覧履歴の中身で判断するのか、さらにMQLそのものをいかに営業担当者に伝えるのか、といったこともあらかじめ考えておく必要があります。

◆運用で9割が決まる

　前項でも述べた通り、世の中にはMAのシステムが数多く出ていますが、実は大半のシステムが機能面にそれほど大きな差がありません。特に世界レベルでシェアを獲得しているようなシステムであれば、機能面で大きな違いはありません。前述したように、マーケティングオートメーションは運用のポイントを押さえて実施することが成功につながるのです。

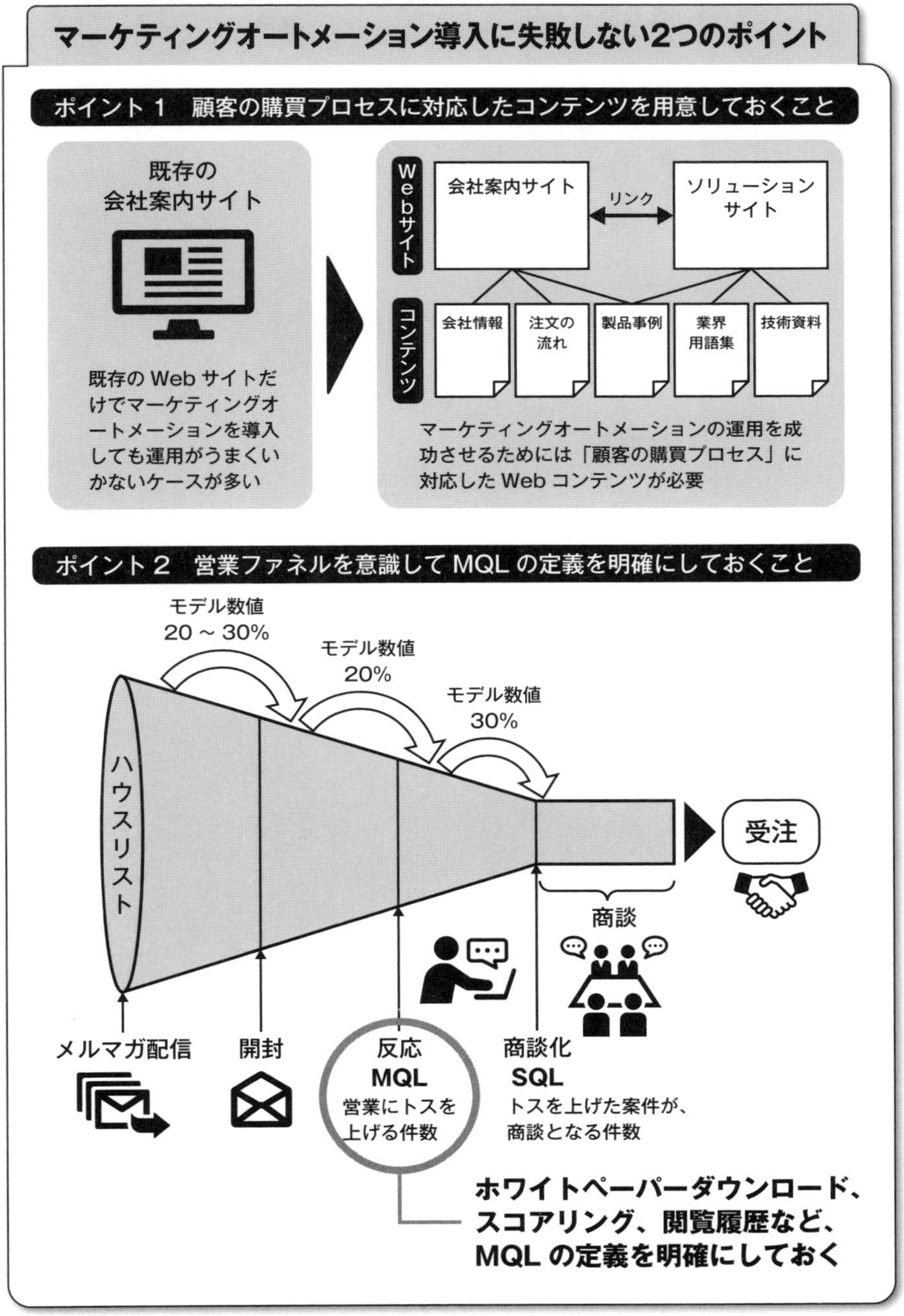
マーケティングオートメーション導入に失敗しない2つのポイント
ポイント１　顧客の購買プロセスに対応したコンテンツを用意しておくこと
既存の
会社案内サイト
既存の Web サイトだけでマーケティングオートメーションを導入しても運用がうまくいかないケースが多い
Webサイト
会社案内サイト
リンク
ソリューションサイト
コンテンツ
会社情報
注文の流れ
製品事例
業界用語集
技術資料
マーケティングオートメーションの運用を成功させるためには「顧客の購買プロセス」に対応した Web コンテンツが必要
ポイント２　営業ファネルを意識して MQL の定義を明確にしておくこと
モデル数値
20 ～ 30%
モデル数値
20%
モデル数値
30%
ハウスリスト
受注
商談
メルマガ配信
開封
反応
MQL
営業にトスを上げる件数
商談化
SQL
トスを上げた案件が、商談となる件数
ホワイトペーパーダウンロード、スコアリング、閲覧履歴など、MQL の定義を明確にしておく

section 09

事例 アポ成功率3倍以上、高額案件を受注した包装資材商社

東京都板橋区に本社を置く板橋工業は、全国9拠点に展開する包装資材商社です。主力商品の包装資材だけでなく、省力化・無人化エンジニアリングも手掛けており、その提案力・技術力にも定評のある会社です。

◆過去の展示会で獲得した古い名刺をMAで蘇らせる

同社の課題は、毎年出展している展示会で獲得した名刺の活用でした。というのは、展示会が終わった直後であれば展示会で獲得した名刺でアポを取ることは比較的容易です。ところが展示会が終わってから2年以上も経つと、相手も展示会で名刺交換したこと自体を忘れているので、アポが取れなくなります。

せっかく費用と工数をかけて展示会に出展して、膨大な数の名刺が手元にあるのに、それが活用できていないのは大きな機会損失だと同社の河合社長は考えていました。

そこでMAの導入を決断しました。

MAを機能させるためには「顧客の購買プロセス」に対応したソリューションサイトが必要です。そこで立ち上げたのが「食品工場物流ナビ」です。

◆ソリューションサイトから数千万円の引き合い獲得も

そして87ページでも紹介したメールマガジンを月に1回配信。メールマガジンを開封後、サイトを熱心に閲覧してくれているお客様に対しては営業担当からフォローの連絡を入れるようにしています。

その結果、従来の展示会リストで新規アポを取っていた時と比べて、アポの成功率が3倍以上に上がりました。

お客様も「毎回メルマガ見てるよ」といった反応があるなど明らかに自社のファンが増えていることを実感しています。

導入後ほどなくして、MAがきっかけで数百万円の工事案件を受注、またソリューションサイト経由で数千万円の引き合いが来るなど、同社ではその成果を実感しています。

アポ率を3倍に高めたソリューションサイト「食品工場物流ナビ」

出所：食品工場物流ナビ／ https://shokuhinkojo-butsuryu-navi.com/

section 10

事例 50社の新規開拓と受注単価130%を実現した電子部品・プリント基板メーカー

静岡県浜松市に本社を置くアート電子では、プリント基板を中心とした電子部品の製造業であり、顧客の電子機器開発を支援しています。

同社の特徴は電子機器の試作開発に特化し、高周波回路・電源回路のアナログ回路から、マイコン・ＦＰＧＡ設計などのデジタル回路まで、製品化を見据えた設計・開発のサポートを行なっている点です。

◆インサイドセールスの活用で営業を徹底効率化

同社ではＭＡを通じて毎月メールマガジンを配信し、その結果からインサイドセールスが電話あるいはメールフォローを行ない、確度の高い案件だけを営業担当につなぐという社内体制を構築しています。そこで活用しているのがステップメールです。

メールマガジンを開封後、特定の条件を満たした見込み客にステップメールを複数回配信し、自社のコンテンツに興味関心を持っている見込み客に絞り込んでインサイドセールスがアプローチをかけます。その上で訪問・説明を求めているお客様については営業担当者が訪問します。

◆ソリューションサイト「ノイズ対策.COM」で毎月60件の引き合い！

こうした同社のデジタルマーケティングで威力を発揮しているのが、ソリューションサイト「ノイズ対策.COM」です。プリント基板などの電子機器はノイズの影響を受けやすく、ノイズは常に開発者を悩ませる問題になっています。こうした問題に対しての解決策を提案しているのが、ノイズ対策.COMです。

同サイトから毎月60件前後の引き合いが発生しており、同社の新規開拓の武器になっています。同社ではこのソリューションサイトをコンテンツとしてＭＡを運用し、この取り組みを開始してから50社もの新規開拓に成功しています。またＭＡを導入した結果、受注単価が１３０％向上するという成果を出しています。

毎月60件の引き合いがあるソリューションサイト「ノイズ対策.COM」

出所：ノイズ対策 .COM ／ https://www.noise-counterplan.com/

第5章

Webサイトへのアクセスを増大させるSEO対策とPPC広告のポイント

Section

section 01

SEO、PPC広告とは何か？

SEOとPPC、それぞれの特徴

アクセス数を伸ばし、引き合いを増やすために押さえてくべきこと

Webサイトを多く人に閲覧してもらうために重要なのが、検索結果画面の上位に表示されることです。上位表示を実現する方法は大きく2つあり、1つ目がSEO：検索エンジン最適化、2つ目がPPC広告です。

◆SEOとは

SEO（Search Engine Optimization）とは、検索エンジンで特定のキーワードが検索された際、Webサイトを上位に表示するための対策です。このSEOを行なう上で絶対に押さえておきたいポイントが次の3つです。

①オリジナルコンテンツの追加
②被リンクの獲得
③HTMLの最適化

検索結果を決めるアルゴリズムは、常にユーザー視点で改善されています。そうした変化がある中でも、変わらずに重視されているのがこの3つです。

◆PPC広告とは

PPCとはPay Per Clicksの略で、クリック数に対して課金される広告です。グーグルでは「グーグル アドワーズ」、ヤフーでは「ヤフー広告」と言い、国内のインターネット広告はこの2つが主流になります。

PPC広告は、あらかじめ「キーワード」と「入札単価」を設定しておき、検索エンジン上でそのキーワードが検索されると、自社のサイトが表示されるという仕組みです。設定しておいたPPC広告によってWebサイトが表示され、クリックされれば費用が発生しますが、クリックされなければ費用は発生しません。PPC広告は「クリック課金型広告」と言います。

自社のサイトを表示する条件を非常に細かく設定でき、表示する広告文を複数用意できることも大きな特徴です。

PPC広告のほか、リスティング広告と呼ばれるユーザーの趣味嗜好（普段見ているページのコンテンツ）に沿って表示させる広告も存在し、インターネット広告は今やテレビ広告よりも取扱い額が大きくなっています。

◆SEOとPPC広告の特徴

SEOとPPC広告の比較

	即効性	継続性	ランニングコスト	タイトル・説明文の柔軟性
SEO	× 検索エンジンの認知されるまでに最低１ヵ月以上	◎ 上位に表示されれば、比較的安定して上に表示され続ける	無料 SEO 自体に費用かからない ※作業工数は発生	× １ページに１つのタイトルと説明文
PPC広告	◎ 広告設定をすれば、最短１日で上位表示が可能	× 広告を止めると、表示はされなくなる	発生 1クリックごとに都度課金が発生 ※１クリック 300 円以上のキーワードもあり	◎ １ページに複数のタイトル・説明文表記が可能

※「ホームページ作成」と入力し、検索した表示結果

Ｗｅｂマーケティングを展開していく上では、ＳＥＯとＰＰＣ広告それぞれの特徴を理解し、場面場面で正しく選択することが大切です。

たとえば、Ｗｅｂサイトをオープンしてすぐに検索結果の上位に表示させたい場合は、ＰＰＣ広告が有効です。

一方、毎月の課金費用を払いたくない場合はＳＥＯを選択することになります。ＳＥＯの場合、毎月の費用はかかりませんが、オリジナルコンテンツを数ヶ月から半年間、追加し続けて、自然検索で上位に表示されるようになります。またＳＥＯは一度上がると表示順位が下がりにくいという特徴もあります。

どちらもＷｅｂマーケティングに有効な手法ですので、担当者は状況に合わせて適切に選択することが大切です。

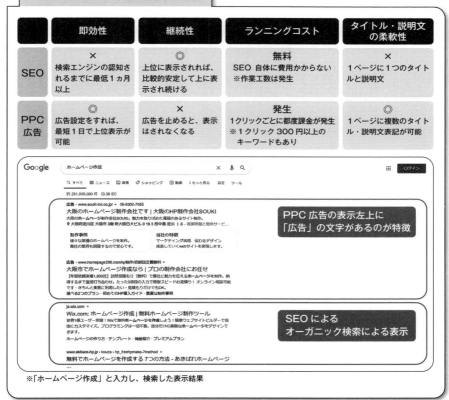

section 02

グーグルのSEOについての基本的な考え方

SEOの基本的概念であるグーグルが掲げる10の事実

―グーグルのSEOを理解することが検索エンジン対応のルール―

グーグルの検索エンジンの表示結果を決めるルール（＝検索アルゴリズム）を理解すれば、ＳＥＯを理解したと言っても過言ではありません。もう1つの大手検索エンジンであるヤフーは、グーグルのアルゴリズムを採用しているからです。

◆グーグルのSEOについての基本姿勢

「ユーザーにとって有益なオリジナルの情報を掲載したＷｅｂサイトが上位に表示される」、これがグーグルのＳＥＯに対する基本姿勢で、検索エンジンが世に登場してから一貫しています。つまり、ユーザーが有益な情報を得ることできるＷｅｂサイトが自然と上位に表示されるというものです。検索アルゴリズムの変更は、この基本姿勢を強化するために行なわれています。

◆押さえておくべき3つのポイント

自社のＷｅｂサイト構成を考える上でもっとも大切にしたいのは、高品質なコンテンツです。ここで言う高品質とは、①専門性、②権威性、③信頼性を指します。

①専門性とは、他では得られない専門的な知識の記述です。その分野の実務者の視点や専門家の記事が評価される傾向にあります。

②権威性とは、（量の充実を満たした上で）その分野に絞ったＷｅｂサイトである、被リンクの獲得数が多い、Ｗｅｂサイトに歴史があるなどです。

③信頼性とは、運用している側の情報が明記されていることです。たとえば、自動車メーカーの設計者が書いた記事であれば人が信頼するように、「閲覧者が信頼できる情報」は最低限押さえておく必要があります。

◆どこまでもユーザーファースト

コンテンツ以外にも、ＨＴＭＬの各種タグの設定、ページごとの階層、画像容量の最適化（容量が大きい画像は、完全に開くまで時間がかかる）、ＰＣやスマホ、タブレット、どんなデバイスでも見やすい画面サイズになっているかなど、Ｗｅｂサイト制作の段階で実施すべき点も多く存在します。

SEO のヒントになる Google が掲げる 10 の事実

Google は公式サイトの中で、「Google が掲げる 10 の事実」を公開しています。この内容を読めば、SEO の考え方の理解も深まります。

タイトル：Google について | Google-Google
URL：https://www.google.com/about/philosophy.html?hl=ja

Google 公式検索エンジン最適化(SEO)スターターガイド

Google は閲覧者が求める情報を上位に表示することを大切にしています。それに沿ったガイドラインは、Google の公式サイト内に紹介されています。

タイトル：検索エンジン最適化（SEO）スターターガイド -Search Console ヘルプ
URL：https://support.google.com/webmasters/answer/7451184?hl=ja

section 03

Ｗｅｂサイトには規格がある

Ｗｅｂサイト構造の規格団体「Ｗ３Ｃ」とは何か？

―制作会社に依頼する際に役立つＷ３ＣのＨＴＭＬ構造―

　世の中には多種多様な規格があり、規格が整備されていることで、さまざまな混乱を避けることができます。

　たとえば、コンセントは国内だけでなく海外でも規格があり、我々は事前に調べてさえおけば現地で電化製品を使用するのに困ることはありません。工業でもＪＩＳという規格があり、このＪＩＳ規格に沿って書かれた図面は、どの企業でも正しく理解できます。

　Ｗｅｂサイトにも同じような規格があり、この規格に沿って制作することで、ＳＥＯ強化や保守メンテナンスを行ないやすくなります。

◆標準規格化団体であるＷ３Ｃ

　Ｗｅｂサイトを制作する際に使われるＨＴＭＬ技術は、当初から明確な規格・ルールがあったわけではありません。規格やルールがなければ、「使いにくい」「安全性が低い」などの問題が発生しても、どのように改善すればよいかの判断が難しくなります。

　このような問題が起こらないように創設された非営利団体が「Ｗ３Ｃ(World Wide Web Consortium)」です。Ｗ３Ｃは「ウェブの父」と呼ばれるティム・バーナーズ＝リーが１９９４年から活動をはじめ、スムーズな開発や品質の向上を目的としてＷｅｂ技術の標準化を行なっています。専門的な知識を持つ技術スタッフと大手企業を含む会員組織によって審議・検討された後、新しいＷｅｂの標準化規格が勧告されます。

◆ＨＴＭＬ構造のチェック

　Ｗ３Ｃから勧告された標準化仕様は、多くのＷｅｂサイト制作会社が参考にしています。

　いくら見た目が立派なＷｅｂサイトだったとしても、内部構造がこのＷ３Ｃに準拠していなければ、思うように検索エンジンで上位に表示されないなど、さまざまな弊害が出ることになります。次項で述べる「ＨＴＭＬタグ」についても、Ｗ３Ｃに準拠する考え方です。

　制作会社にＷｅｂサイトの構築を依

HTML 構造をチェックするページ

ホームページのアドレスを入れるだけで、HTML 構造をチェックできる。結果は “Error” や “Warning” など、該当箇所を教えてくれる。

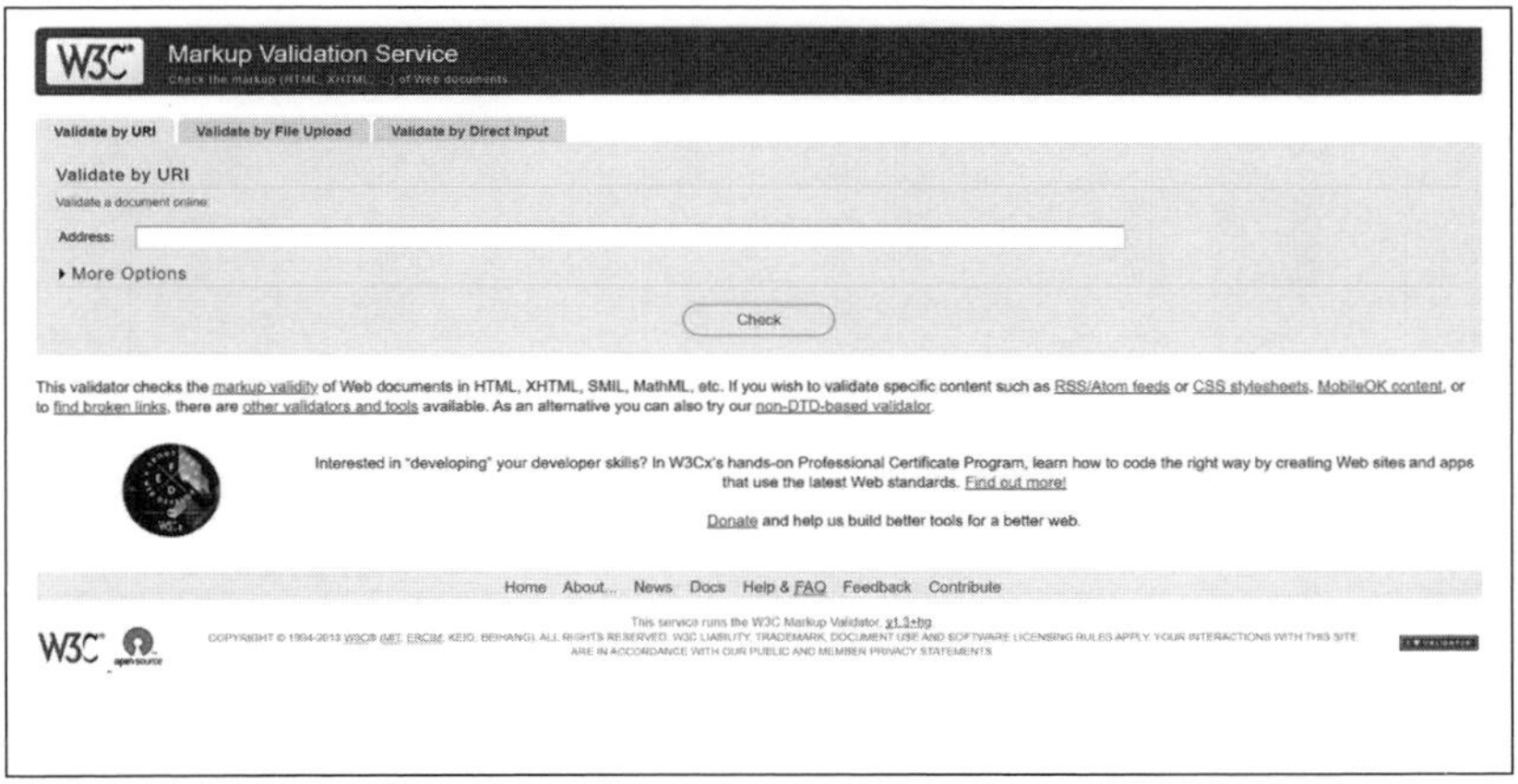

タイトル：The W3C Markup Validation Service
URL：http://validator.w3.org/

頼する際は、前述のＨＴＭＬタグの考え方も含めて、Ｗ３Ｃに準拠して構築する旨を明確に伝えておく必要があります。

　制作されたＷｅｂサイトが正しく作られているかのチェックもＷ３Ｃのサイト内で確認できます。制作会社によっては、このチェックサイトの結果を、お客様への納品時の品質チェック要件としても使っています。

　２０２０年現在、ＨＴＭＬの最新バージョンは５・２です。規格の中身は知らなくとも、Ｗ３Ｃの存在やＷｅｂ規格があることを知っているだけで、Ｗｅｂサイトの制作を依頼する際にトラブルや品質問題の発生を防止できると言えるでしょう。

section 04

SEOを強化する主要HTMLタグとは？

主要なHTMLタグの種類と特徴

━Webサイトのことを強化できる3つのHTMLタグ━

WebサイトはHTML（Hyper Text Markup Language）というプログラミング言語で制作されます。この言語の特徴に、タイトル部分や説明文のプログラミング箇所が検索エンジン上で直接見られるという点があります。これらHTMLタグは、「文字の強調」「リンクを張る」などの機能を持ち、SEOにも影響を与えます。

◆SEOに関係する3つのタグ

SEOを目的とするHTMLタグは次の3つです。

① title
② description
③ h1～h6

titleタグは、最も重要なタグです。検索結果画面の中で、大きな文字で表示され、検索者が最も目にするタグでもあります。titleタグの適正な文字数は30文字以内で、その文字数の中でページ内コンテンツをシンプルに要約する必要があります。また、titileタグのSEO強化のために、コンテンツの主要キーワードを必ず入れるという有名なルールがあります。

titleタグの次の大切なタグが、ページ内コンテンツの要約文であるdescriptionです。検索結果画面ではWebサイトの説明文としてtitleタグの下に表示されます。検索結果では115文字程度の表記になり、その文字数の中でtitleとページ内コンテンツの関連性を持った要約文章を作成します。descriptionタグもtitleタグも単体ではなく、それぞれの関連性を踏まえて決定します。

◆知らないと差がつくh1～6タグ

強調タグのhタグは、Webサイトの中で見出しなどに使用されます。検索エンジンも強調タグと認識していますので、titleタグ同様に主要キーワードを入れることが重要です。hタグには1から最大6まで使用でき、順番に使用していきます。titleタグはページ全体を要約するタグであり、hタグはページ内のブロックを要約したタグと言えるでしょう。

主要タグの検索エンジン上の表示場所

主要タグは SEO 対策としても効果だけでなく、検索結果上で検索エンジンの利用者に直接見える文字で情報を伝える。

🖥 PC の検索表示

www.funaisoken.co.jp▼

経営コンサルティングなら株式会社船井総合研究所中小企業 ...

株式会社船井総合研究所は、全国の中小企業、中堅・大手企業への経営コンサルティングを行っております。各業界業種の専門コンサルタントが 500 名以上在籍し、戦略立案から現場への落とし込みまで一貫して担うことができます。

title タグ

meta description タグ

📱 スマホの検索表示

www.funaisoken.co.jp▼

船井総研

title タグ

株式会社船井総合研究所は、全国の中小企業、中堅・大手企業への経営コンサルティングを行っております。各業界業種の専門コンサルタントが 500 名以上在籍し、戦略立案から現場への落とし込みまで一貫して担うことができます。

meta description タグ

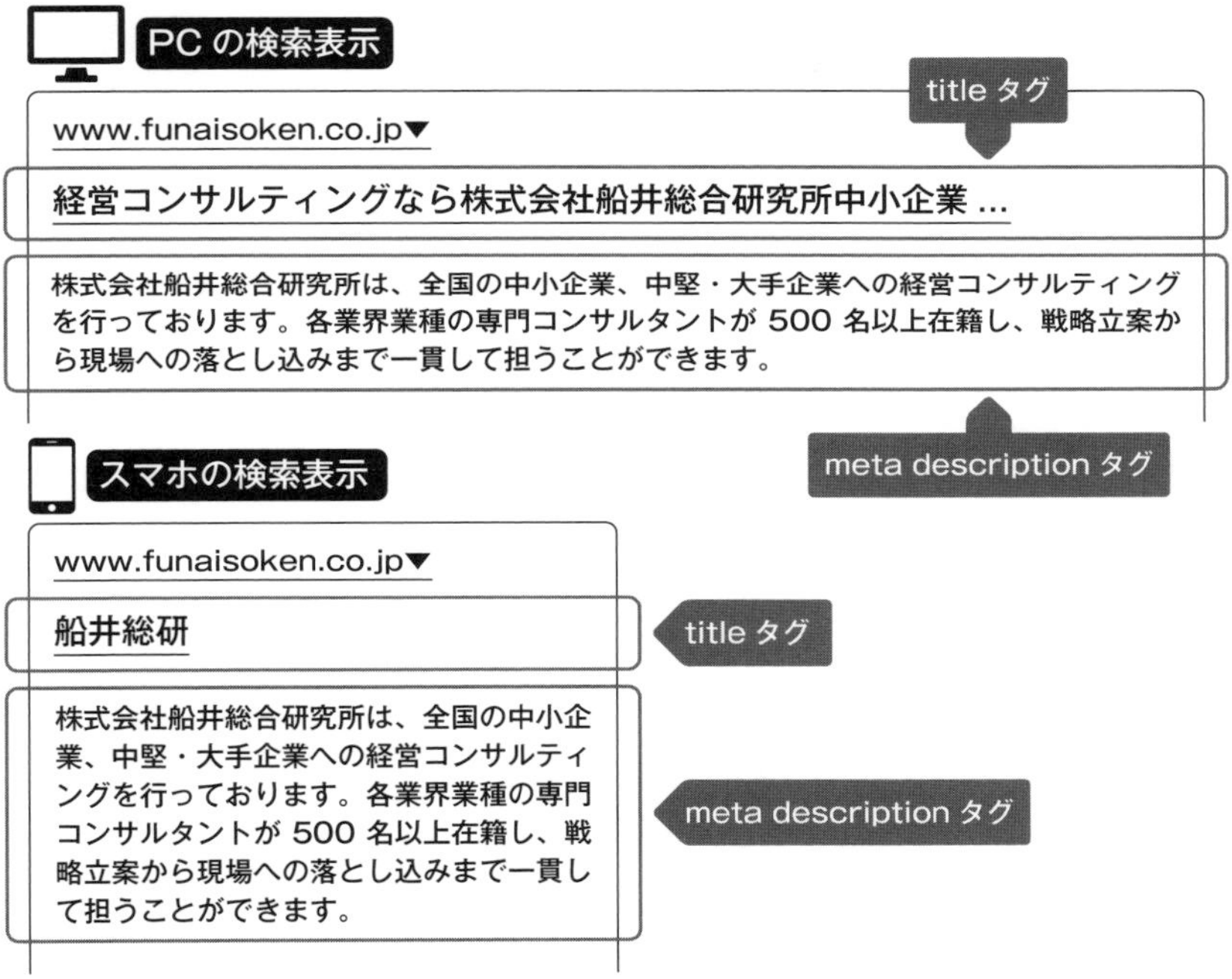

主要タグの SEO 上の注意点と適正文字数

役割と書き方と適正文字数		
title タグ	タイトルには主要キーワードを入れること。ページ内のコンテンツをシンプルに表現する。	30 文字以内
description タグ	タイトルとページ内コンテンツに関連性をもった上で、文章を構成する。	100 ～ 120 文字
h タグ	h1 から最大 h6 まで設定可能。ページ内の見出しを意味し、そのテキストが重要であることを示す。タイトルの内容に関連したテキスト文であること。	30 ～ 50 文字

SEOライティングを理解する5つのポイント

section 05

SEOに適したライティングのポイント

―Webサイトのちょっとした文章でアクセス数が大きく変わる―

適切なライティングは、SEOのすべての手法の中でもっとも有効な手段と言えます。多くのキーワードで1位に表示されているWebサイトに共通するのは、コンテンツが高品質（専門性、権威性、信頼性がある）であることです。自社が狙っているキーワードの表示順位を上げようと思っても、権威性と信頼性を劇的に上げることは容易ではありません。しかし専門性であれば、書き方次第で十分に高めることができ、自社が狙うキーワードで上位表示させることも十分に可能です。

◆SEOのライティングのポイント

SEO対策はグーグルのアルゴリズムに沿って行なうことが基本です。そのためには、次の5つは絶対に押さえておく必要があります。

①オリジナルコンテンツであること
②タイトル・ディスクリプションに関連する専門語句を使う
③1ページ1テーマで書く
④1ページ、最低500字以上のテキストで構成する
⑤主語・動詞・目的語・補語（SVOC）を明確に

この5つを押さえた上で、継続的にコンテンツをアップすれば、必ず狙っているキーワードの順位は上がります。

◆ライティングの際のポイント

コンサルティングの現場で多くあがる質問が「オリジナルコンテンツとは？」で、そうした質問に対してはシンプルに「コピペの文章でなく、主語が入れ替わったら意味が通じなくなる文章です」と回答しています。

左ページ下の例をご覧ください。価値が低いとされる文章では「日本酒」という主語を「ワイン」に置き換えて読んでも違和感がないことがわかります。

一方で、価値の高いとされる文章は主語を入れ替えると文章に違和感が発生します。

このような「主語を入れ替えると意味が通じなくなる文章」が専門性の高い文章と判断されるのです。

SEO ライティングの基本

Web サイトにおけるライティングは、ページ内に訪れた人の見やすさの点と、SEO に反映影響するクローラーの視点があります。ここでは、後者の SEO の注意点記載します。

① オリジナルコンテンツであること

- 専門性、権威性、信頼性を意識する
- 他の Web サイトのコピーペーストでない
- 主語が入れ替わっても意味が通じる文章は書かない

② タイトル・ディスクリプションに関連する専門語句を使う

- 主要キーワードに共起語と関連語を使用する

③ 1ページ1テーマで書く

- 1 つのページに複数のテーマを書かない

④ 1ページ、最低 500 字以上のテキストで構成する

- 文字数稼ぎではなく、オリジナル文章で文字数をいれる

⑤ 主語・動詞・目的語・補語（SVOC）を明確に

- 人だけでなくロボットも読みやすい文章にする

SEO ライティングのよい例と悪い例

価値の高いライティングの例

近年では日本酒の海外輸出が伸びています。なんとフランスでは、ワイングラスに日本酒を注いでお客様に提供しているミシュランのレストランもあるくらいです。特に野菜や魚をベースとした料理と日本酒が合うとの評価で、きめの細かい日本酒ならではの味わいが、ワインにも通じるところがあるようなのです。

価値の低いライティングの例

日本酒は食事の際に飲まれるお酒として一般的です。数多くの種類があり、食べる料理によってとっておきの１本を選びたいものですね。

section 06

キーワードによって表示するWeb広告

リスティング広告のポイント

キーワードと広告文の関係を理解すればリスティング広告がわかる

リスティング広告とは、検索連動型広告とも呼ばれ、ユーザーが検索エンジンで検索したキーワードに連動して配信する広告です。デジタルマーケティングにおいて、SEOと並ぶWebサイトの主要な集客方法です。ここでは、リスティング広告の運用におけるポイントを解説します。

◆キーワード設定におけるポイント

キーワード設定における注意すべきポイントとしては、次の2つが挙げられます。

①「軸」と「サブ」を意識したキーワード設定

キーワード設定には「軸」と「サブ」を意識することが重要です。たとえばオーダースーツの専門店が、「オーダースーツ安い」という語句でキーワード設定した場合、「オーダースーツ」がメイン、「安い」がサブとなります。その上で、成果につながる「サブ」の語句を洗い出すこと、さらに言い換えられる「メイン」の語句を発掘することがキーとなります。

②適切なマッチタイプの設定

マッチタイプには、「完全一致」「フレーズ一致」「絞り込み部分一致」「部分一致」の4種類があります。適切なマッチタイプを設定することで、機会損失を防ぎながら、無駄打ちを防ぐことができます。運用当初は部分一致で設定し、除外キーワードをこまめに追加。その中でコンバージョンにつながるキーワードがわかれば、より絞り込んだマッチタイプを活用していくのがいいでしょう。

◆広告文におけるポイント

リスティング広告においてキーワードと並んで重要になるのは、当然ですが広告文です。ポイントとしては、次の3つです。

①広告グループ1つにつき、常時3つ以上の広告文を設定する

リスティング広告はAIを活用しており、AIが効果的な広告文を選んで配信します。このAIの機能を活かすため、広告グループ1つにつき3つ以

「軸」と「サブ」を意識したキーワード設定

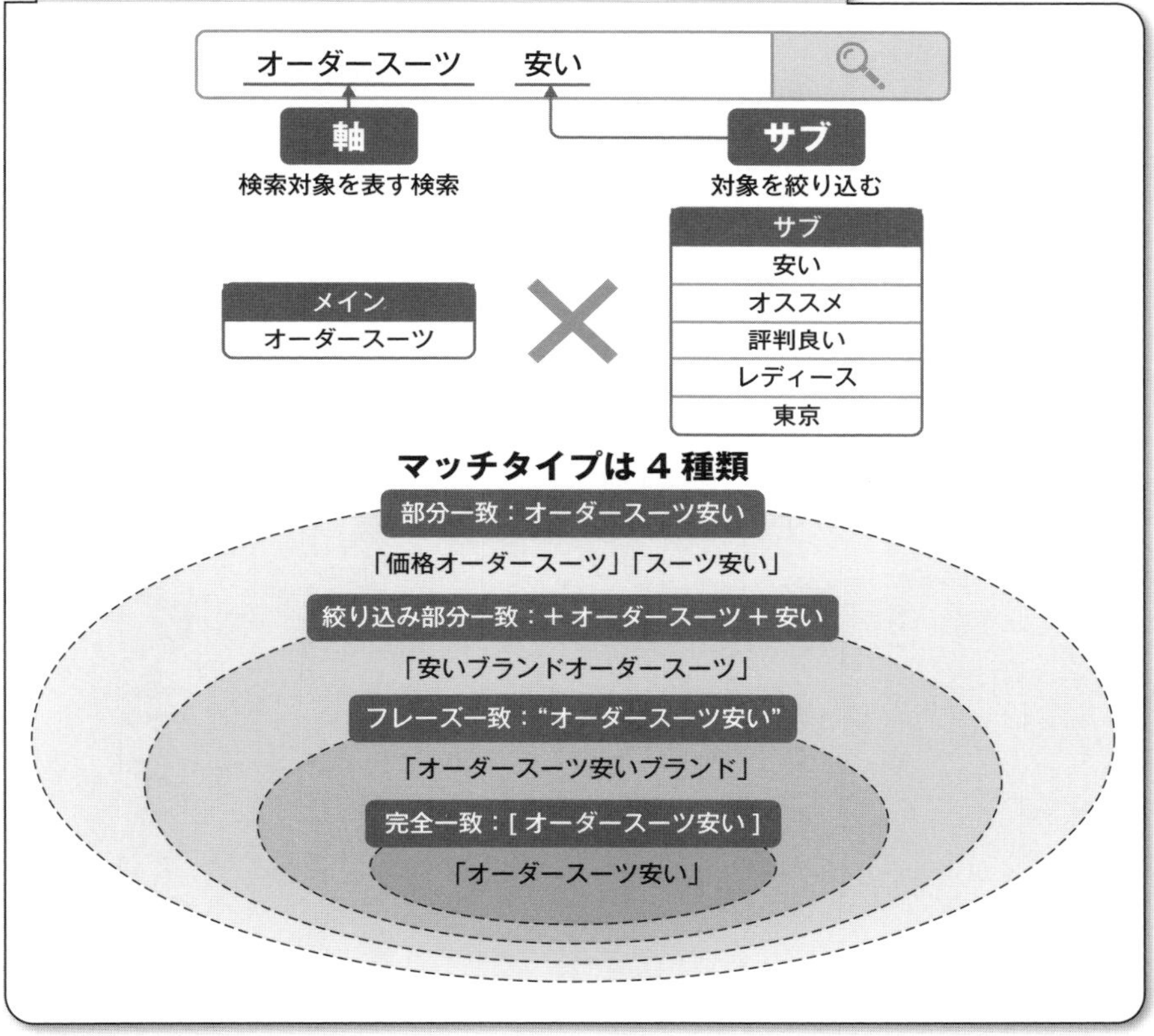

上の広告文を用意します。そして、もっとも成果の出ていない広告文を定期的にテコ入れする形でブラッシュアップを続け、常時3つ以上設定されている状態を維持します。

②キーワードを広告文に盛り込む

当然のことながら、検索したキーワードと広告文に齟齬があると、広告が表示されてもクリックされません。また、リスティング広告の質の指標となる「品質スコア（ヤフー広告では「品質インデックス」）」も低くなってしまいます。広告文にはキーワードを盛り込みましょう。

③広告表示オプションは可能な限りすべて設定する

広告表示オプションは、品質スコアの加点ポイントとなります。また検索結果画面における専有面積も広がりますので、可能な限り必ずすべて設定するようにしましょう。

section 07

ディスプレイ広告のポイント

ユーザー属性に対して告知できるWeb広告

文字だけでなく画像や動画でターゲットユーザーへリーチする

ディスプレイ広告とは、Webサイトやアプリなどの広告枠に画像や動画、テキストなどで表示される広告のことです。検索語句に連動するリスティング広告が顕在的ニーズを持つ層に対する広告とすれば、ディスプレイ広告は潜在的ニーズを持つ層へ、そのニーズを気づかせることができる広告と言えます。

◆ポイントは「ターゲットとクリエイティブ」

ディスプレイ広告のポイントは、「ターゲット」と「クリエイティブ」の2点です。

ターゲットは、性別や年齢、地域だけでなく、ユーザーの興味・関心のあるカテゴリからも選定することができます。

なお、次項で詳しく取り上げますが、「リマーケティング広告」のように、一度Webサイトを訪れた人に対して配信することもできます。さらにディスプレイ広告のターゲティングは、「誰に対して配信するのか」だけでなく、「どこに配信するのか」も選定できます。具体的には、どのWebサイトやアプリに対して配信するのかを選ぶことができるということです。

◆ディスプレイ広告の成否はクリエイティブが握る

ターゲット以上にディスプレイ広告で重要となってくるのが、クリエイティブです。クリエイティブとは、広告文だけでなく、画像や動画も含めた広告を構成する要素すべてを指します。

先述の通り、ディスプレイ広告のユーザーのニーズは、リスティング広告のそれに比べて潜在的なものです。そのニーズをユーザー自身に気づかせるために、広告文は「価値訴求」の内容にする必要があります。つまり、単に「特徴」を述べることに終始するのではなく、ユーザーにとっての「利益」を訴求したものにすることが必要です。

さらに当然のことながら、ディスプレイ広告はリスティング広告に比べて文字数が限られます。その中で「利益」

「ターゲット」と「クリエイティブ」が成否のポイント

ターゲット

誰に？
性別
年齢
興味・関心
配信地域
デバイス
訪問履歴の有無

どこに？
Web サイト（URL で指定可）
アプリ（カテゴリごとに指定可）
YouTube（動画やチャンネルで指定可能）

クリエイティブ

※Google 広告での一例

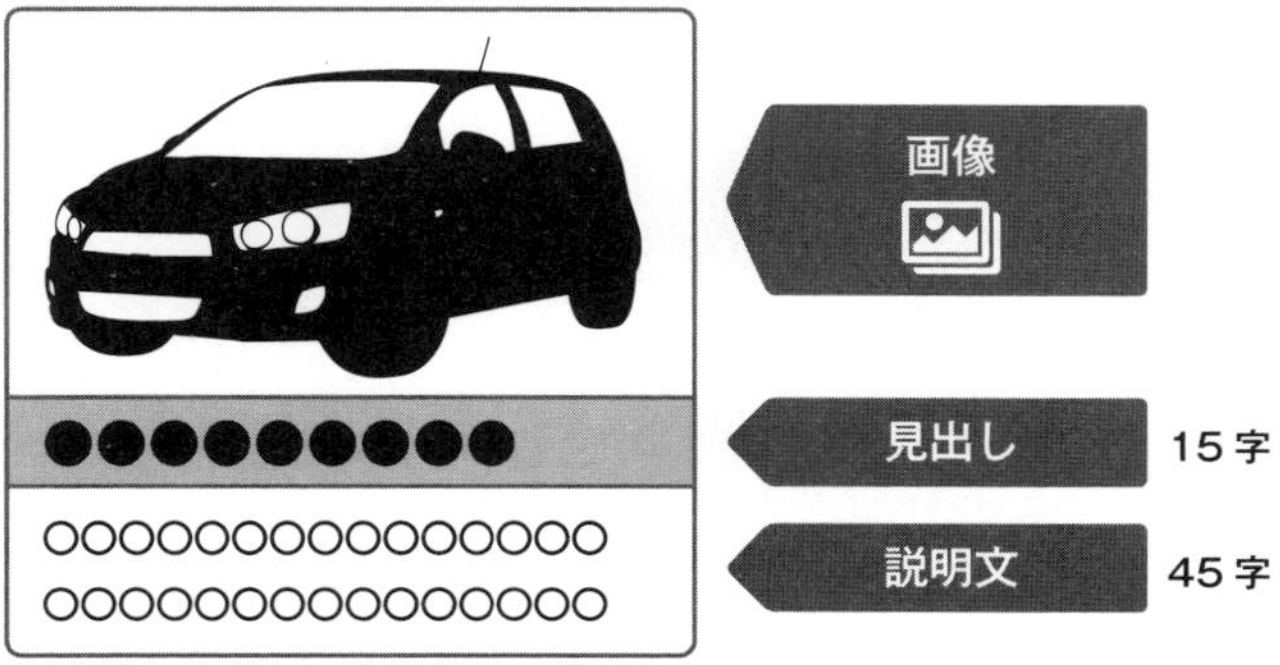

をわかりやすく訴求するようなキャッチコピーも必要になります。

もちろん、ディスプレイ広告のクリエイティブを構成する画像も重要です。予算があるなら、デザイナーなど専門業者に外注するのもいいでしょう。予算に余裕がない場合も、グーグル広告ではストックフォトの無料画像が使用できますので、そこからイメージに合致する画像を選択するといいでしょう。

section 08

ユーザーを追いかけるWeb広告

リマーケティング広告のポイント

一度の閲覧で問い合わせに至らない90%のユーザーに再リーチする

どれほどよくできたWebサイトでも、訪問者のうち実際の引き合い（＝コンバージョン）に至るのはわずか数%です。つまり大半の人は一度の訪問ではコンバージョンしないと言えます。

そこで活躍するのが、リマーケティング広告です。

リマーケティング広告とは、一度Webサイトを訪問してくれた人を追跡して、再度訪問を促す広告を配信するものです。リターゲティング広告とも呼ばれます。

◆グーグルアナリティクスのデータを利用する

リマーケティング広告におけるポイントは、一度訪問してくれた人の中でもどのような人に対して配信するのか。ページにリマーケティング用のタグを埋め込むことで、タグの埋め込まれたページを訪れた人のリストが作成され、そのリストに対して広告を配信することができます。さらにそこから、特定のページだけを見た人などとセグメンテーションも可能です。

特にグーグル広告の場合、グーグルアナリティクスのタグをリマーケティング用のタグとしても使用できます。これにより、流入経路や期間内における訪問回数、さらにはコンバージョンしているか否かなど、より細かな条件でセグメンテーションすることができます。

なお、リスト作成時はボリュームに注意が必要です。セグメントが細かくなり過ぎると、配信対象者が限定され、広告がほとんど配信されないまま終わることになります。

◆BtoBでは資料請求を促す

一般消費者を対象とするBtoCビジネスでは、リマーケティング広告の活用で即時の売上向上につながることも十分ありますが、BtoBビジネスは購買までに長いプロセス、多くの意思決定を経るので、リマーケティング広告を配信しても、即時的な効果が見込めないことが少なくありません。

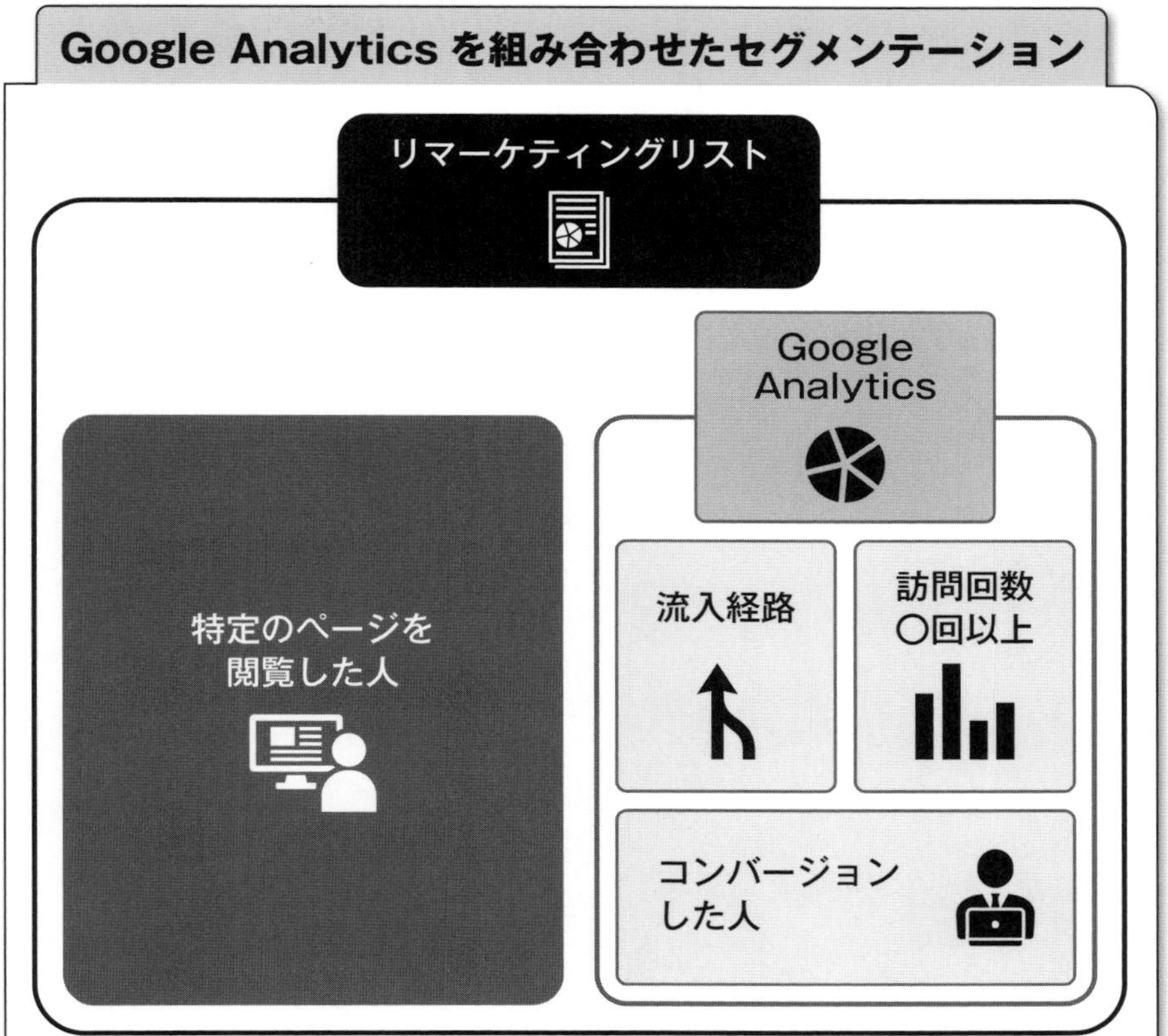

Google Analytics を組み合わせることで、より精緻なセグメンテーションが可能になる

そこでＢtoＢビジネスの場合、リマーケティング広告の内容を単なるサイト誘導ではなく、資料請求を促す内容にすることがポイントです。資料請求により、購買までの意思決定がより円滑に進むことが期待できます。

section 09

グーグルマップで業績を向上させる

対応必須のMEO対策とは何か？

店舗を検索するユーザーへ効果的にアプローチできる

MEOとは「Map Engine Optimization」の略です。この項ではなぜMEO対策が必須なのか、どのように対策すればよいのかについて述べます。

◆背景は「ローカル検索」の増加

「ローカル検索」とは、ユーザーが店舗や場所に関する検索をした際に、現在地付近のものを検索結果として表示する仕様のことです。つまり、東京と北海道それぞれで「ラーメン屋」と検索しても、検索結果が異なることになります。そしてグーグルの調査によると、ローカル検索は10年前に比べて350倍まで増加しているようです。

皆さんも店舗などを検索した際に、検索結果に地図が表示された経験があるのではないでしょうか。これは、ローカル検索において、その店舗や場所までの経路がわかる地図が頻繁に活用されるためです。その証拠にグーグルの調査によると、実際に店舗に行きたい場合、77%ものユーザーがまずそこまでの経路を確認するそうです。

つまり、ローカル検索の増加が地図の活用の頻度を大幅に増加させ、そのためMEO対策が必須となっているということなのです。SEO同様、ユーザーは地図の検索結果の中でも表示順位が上位のものから閲覧します。

◆MEO対策のポイントは「関連性・距離・知名度」

ローカル検索の表示順位は、「関連性」「距離」「知名度」の3つの要素で判断されます。そのため、より関連性が高いと判断された場合、近い場所より遠い場所のほうが上位に表示されるケースもあります。

グーグルにおけるMEO対策は、「グーグルマイビジネス」を活用して行ないます。店舗などをグーグルマイビジネスに登録した上で、キーワードを盛り込みながらビジネス情報を具体的に入力することで、「関連性」の向上につながります。もちろん「距離」も一要素であるので、グーグルマイビジネス上の所在地は正確である必要があります。

ローカル検索時に表示される地図

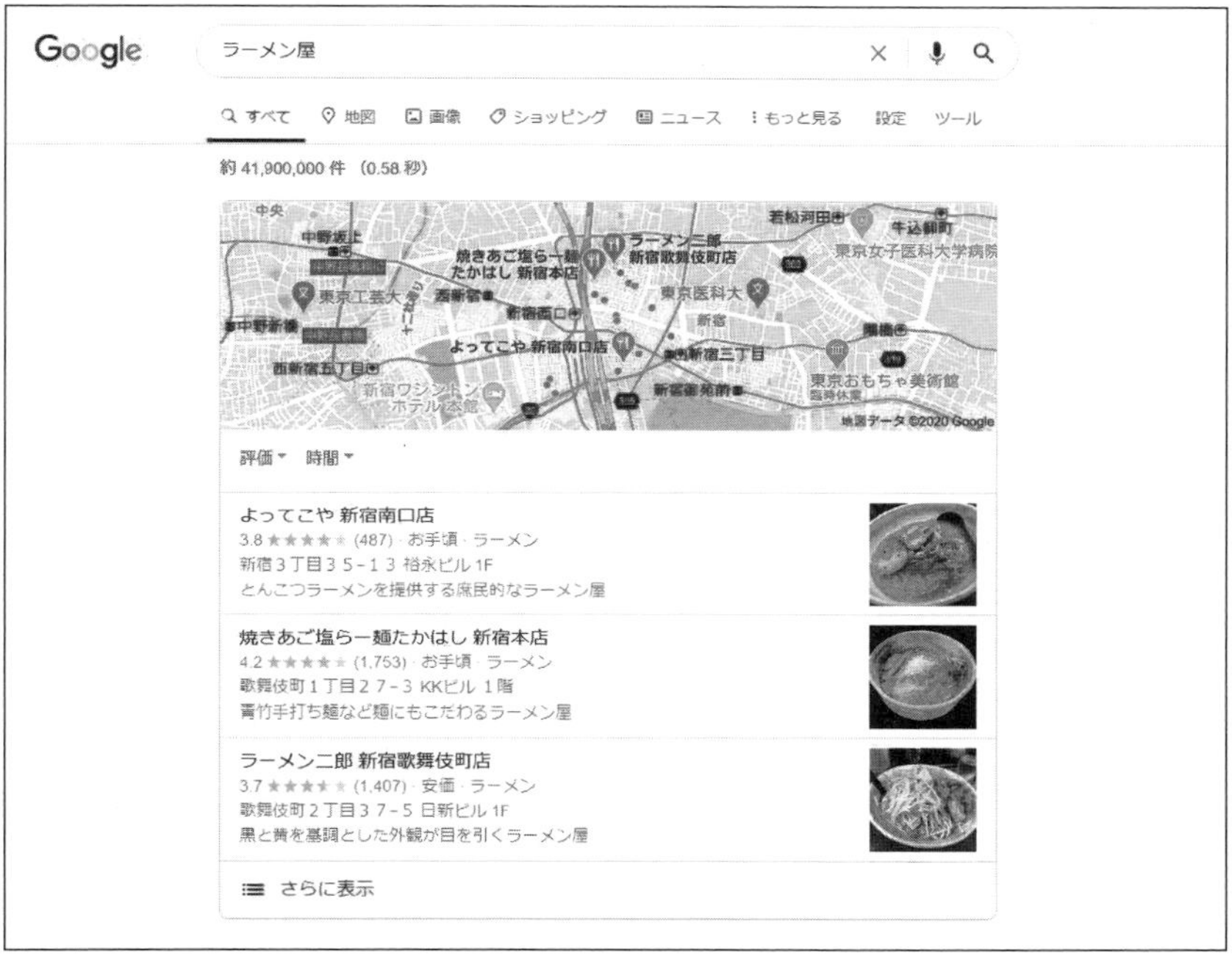

※新宿区で、「ラーメン屋」と入力し、検索した表示結果

さらにＳＥＯ対策もＭＥＯ対策における「知名度」の向上につながります。そのため、ＭＥＯ対策とＳＥＯ対策は並行して行なう必要があります。

さらに、表示順位が上がりユーザーに検索結果を閲覧してもらった時に満足感・安心感を与えられるよう、外観や内装の写真の追加、口コミへのこまめな返信も不可欠です。これらすべてをグーグルマイビジネス上で行なうことができます。

なおヤフーの場合は、これらを「ヤフープレイス」で行なうことができます。

section 10

事例 販促費0円で年間8000万円の新規取引を獲得した板金加工業

ここではソリューションサイトを立ち上げ、販促費を一切かけずに、年間8000万円以上の継続取引を獲得している事例を紹介します。

◆インターネットに存在していない自社サービスをアップ

　愛知県西尾市にある板金加工業のマエショウは、2016年後半に自社のサービスに特化したソリューションサイトを制作しました。インターネット上に存在していない分野であった屋外盤（屋外に設置する電気機器や通信機器を格納するBOX）に特化したコンテンツを中心に構成。他の板金加工業のWebサイトによく見られる自社設備ではなく、業界知識や技術サービスを中心に打ち出しました。

◆ホームページの強化は、若手社員のSEO：記事追加のみ

　立上げ当初の1ヵ月のセッション数は500件程度で推移。そこからセッション数・コンバージョン数の増加のために、自社が狙いたいキーワード（仕事につながるキーワード）のSEO対策を実施。具体的には、若手社員が中心となって、1ページ500文字以上のオリジナルコンテンツを追加しはじめました。その結果2017年の1年間でホームページのインデックス数（検索エンジンに認知されたページ数）が188件から238件に増加。狙っているキーワードの順位も100位圏外からトップ5に上昇し、月々の見積依頼がコンスタントに来るようになりました。

　自社の得意な技術サービスに関連する引き合いを獲得できるようになり、10ヶ月間の引き合い数は57件。そこから14社と54回の見積依頼を受けました。その結果、約8000万円の新規取引を獲得し、取引先となった14社のうち11社と継続的な取引を続けています。

　屋外盤 設計・製作.COMの事例は、ホームページのポジショニングと主要項目とキーワードに焦点を当てた、SEOの王道と言えるでしょう。

販促費が 0 円の SEO による継続取引先の開拓

自社の強みを表現したＷｅｂサイトを作成し、若手社員を中心にコンテンツ追加のみで、法人顧客を開拓。優良取引先との取引で 8000 万円/年の売上を実現した事例。

製作したＷｅｂサイト

タイトル：屋外盤のことなら屋外盤設計・製作 .COM｜マエショウ
URL：https://www.maesyou.com/

SEO によるＷｅｂサイト数値とキーワード順位

集客サイト 数値一覧		2016年12月	2017年6月	2017年12月	2018年6月	2018年7月	2018年8月	2018年9月	2018年10月
1	セッション数	460	853	912	2,581	2,844	2,262	2,798	3,191
2	ページビュー数	4,505	2,447	2,107	4,719	5,161	4,896	4,827	5,300
3	コンバージョン件数（資料請求）	0	3	1	0	2	3	2	1
4	コンバージョン件数（見積・相談）	1	2	2	3	2	3	3	8
5	インデックス数	188	209	238	246	250	276	257	259
キーワード		2016年12月	2017年6月	2017年12月	2018年6月	2018年7月	2018年8月	2018年9月	2018年10月
1	屋外盤	17位	1位	2位	1位	1位	1位	1位	1位
2	屋外盤 設計	1位	1位	1位	1位	1位	1位	1位	1位
7	屋外 配電盤	15位	5位	4位	3位	3位	3位	3位	4位
9	屋外 分電盤	100位以下	25位	23位	7位	9位	3位	6位	6位
10	屋外 筐体	100位以下	20位	9位	9位	8位	11位	8位	2位

2018 年の 1 月から 10 月までのＷｅｂサイトからだけの売上額

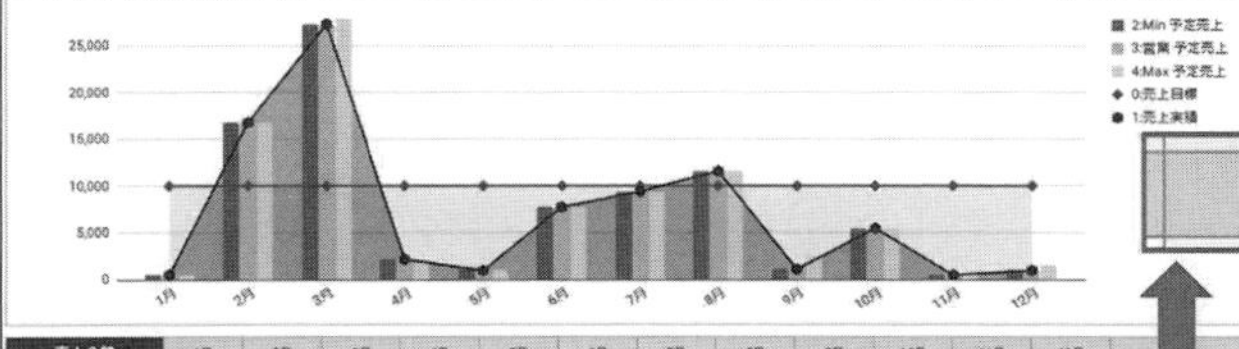

売上金額	1月	2月	3月	4月	5月	6月	7月	8月	9月	10月	11月	12月	
0:売上目標	10,000	10,000	10,000	10,000	10,000	10,000	10,000	10,000	10,000	10,000	10,000	10,000	120,000
1:売上実績	530	16,764	27,286	2,160	986	7,731	9,384	11,568	1,100	5,450	482	98	84,421
2:Min 予定売上	530	16,764	27,286	2,160	986	7,731	9,384	11,568	1,100	5,450	482	980	84,421
3:営業 予定売上	530	16,764	27,316	2,160	986	7,731	9,384	11,568	1,440	5,450	482	1,008	84,819
4:Max 予定売上	530	16,764	27,886	2,160	986	7,731	9,384	11,568	2,460	5,430	482	1,530	86,931

売上実績　単位：千円

84,421

＜結果＞

期間：2018年1月～10月

引合件数：57件
新規受注企業数：14社
受注見積件数：54件
継続取引社数：11社

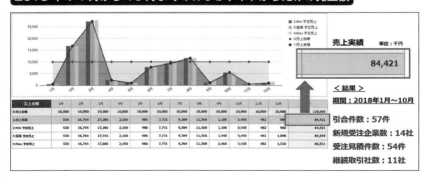

第6章

フェイスブック・LINEほかSNS活用と広告のポイント

Section

01 マーケティングにおけるSNS活用の重要性
02 主なSNSの分類とそのポイント
03 フェイスブック活用のポイント
04 インスタグラム活用のポイント
05 ツイッター活用のポイント
06 LINE活用のポイント
07 フェイスブック広告活用のポイント
08 インスタグラム広告活用のポイント
09 事例 SNSで年間400名のセミナー受講者を集めた士業グループ

section 01

SNSが重視される背景

マーケティングにおけるSNS活用の重要性

スマホユーザーに欠かせないSNSによる価値観と行動の変化

パソコンに加えてスマートフォンやタブレットなど、デジタルデバイスが普及したことで、コンテンツの利用方法や利用シーンは、かつてない速さで変化しています。総務省による通信利用動向調査（平成30年）から、インターネット利用者の79・2％がスマートフォンを持ち、64・5％がタブレットを持っていることがわかります。情報媒体としてよく比較されるテレビ視聴と比べても、平日・休日、世代によって差はあるものの、インターネットの利用時間のほうが長いとされるデータもあります。

これは、「スマホファースト」「スマホオンリー」と言われるように、スマートフォンとの接触回数・時間がともに増えてきているということです。朝起きてから寝る直前までスマホを確認しているような方も多いのではないでしょうか。

◆スマホ普及で増えるSNSユーザー

スマホの普及に伴い、情報収集の手段としてフェイスブックやインスタグラム、ツイッター、LINEなどSNS（ソーシャルネットワーキングサービス）が急速に普及しています。平成29年情報通信白書によると、日本における代表的なSNSであり経年比較可能なLINE、フェイスブック、ツイッター等6つのサービスのいずれかを利用している割合は、2012年の41・4％から2016年には71・2％にまで上昇しており、スマートフォンと合わせてSNSの利用が社会に定着していることは間違いありません。

◆SNSによる価値観と行動の変化

SNSが台頭したことによって新たなトレンドが生まれています。それは「思い出」よりも「承認・称賛」を求めるという価値観です。「あそこに行って写真を撮って、加工してSNSにアップすれば『いいね』と『シェア』がもらえる」と考えて、承認・称賛を求めて行動する、これが最近のトレンドです。

主な情報通信機器の保有状況（世帯）（平成22年〜平成30年）

スマートフォンを保有している世帯の割合が約８割まで増加し
固定電話（64.5%）・パソコン（74.0%）を保有している世帯の割合を
上回っている

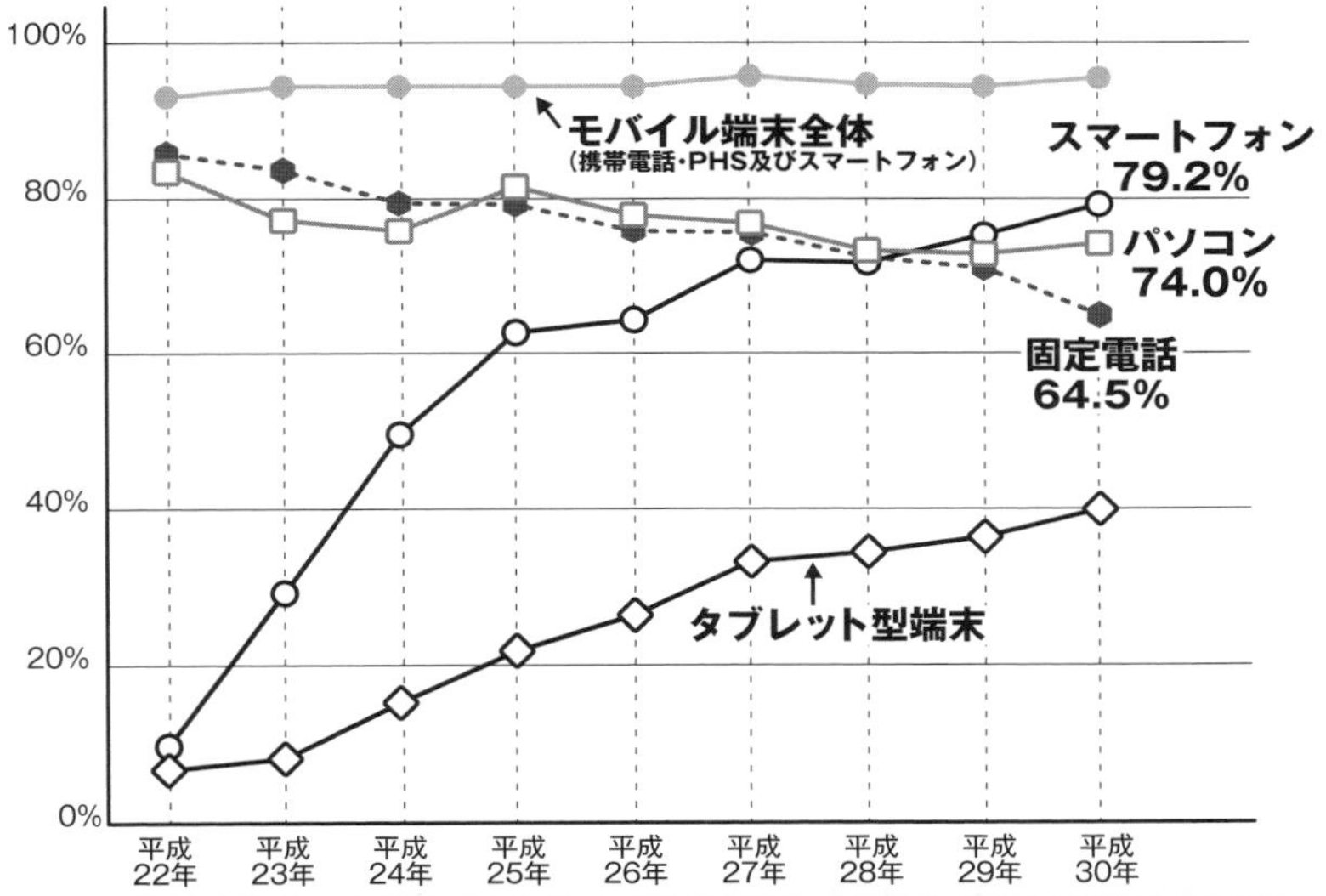

※当該比率は、各年の世帯全体における各情報通信機器の保有割合を示す。

出所：総務省「通信利用動向調査」（平成30年）

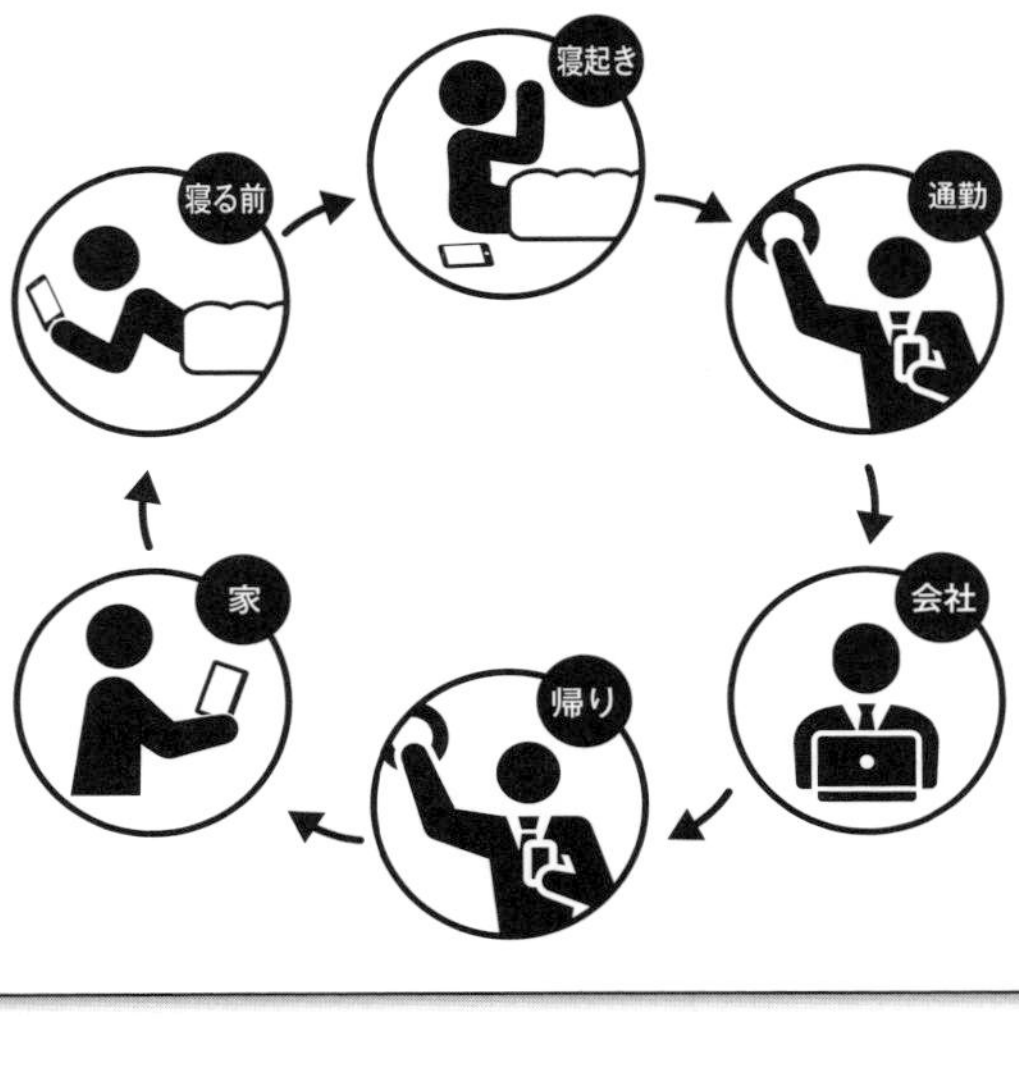

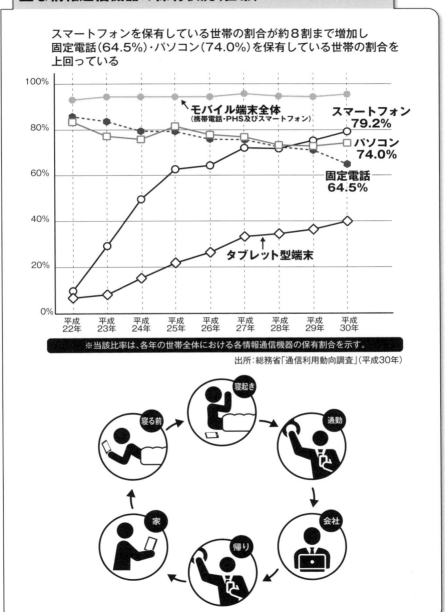

section 02

SNSにはその特徴や押さえるべきポイントがある

主なSNSの分類とそのポイント

フェイスブック、インスタグラム、ツイッター、LINE——特徴とユーザーが異なる

では、主なSNSの分類とそのポイントを紹介します。

◆フェイスブック

フェイスブックは実名で実際の知り合いとインターネット上でつながり、交流するサービスです。ユーザー数は世界最大で、国内月間利用ユーザーは２８００万人。フェイスブックは「１人1アカウント」をルールとしているので、ユーザー数は利用者数とほぼイコールと考えられます。デイリーアクティブ利用者数は世界で16億２０００万人（２０１９年9月）と、全SNSの中でダントツのトップ。個人が特定されているSNSということもあり、「友達の友達」といった概念などユニークな拡散性があります。また、匿名のSNSに比べて広告ターゲティングを行ないやすいという特徴があります。

◆インスタグラム

写真や動画を使ったシンプルな仕様が人気のSNSです。いわゆる〝インスタ映え〟と言われるように、スマートフォンで撮影した写真や動画を簡単に美しく投稿できるのが特徴です。また、「#（ハッシュタグ）」をつけて投稿することで、関連性の高い投稿を検索できる機能が多用されており、インスタグラムから〝タグる〟という言葉も登場しました。「ググるからタグるへ」シフトしているとも言われています（グーグルで検索することを「ググる」と言います）。国内月間アクティブアカウント数は３３００万人で、男性が43%、女性が57%と女性比率が高いことも特徴です。また、日本の利用者がハッシュタグ検索をする回数は、グローバル平均の3倍というデータもあります。最近では写真や動画を配信できるストーリーズが人気であり、ECサイトへのリンクを設置できるサービスも提供され始めています。

◆ツイッター

１４０文字でつぶやくツイートの手軽さが人気のSNSです。画像や動画の投稿も可能。全世界のアクティブユーザーは増加傾向にあり、1億４５００万

主なSNSの特徴

	Facebook	Instagram	Twitter	LINE
ユーザー名	実名	匿名	匿名	匿名
情報公開範囲	オープン／クローズド	オープン／クローズド	オープン	クローズド
拡散性	○友達・友達の友達まで	△フォロワーのみ	◎リツイートにより全く知らない人にまで	× 特定の友達のみ
文字制限	なし	なし	140文字以内	なし
国内ユーザー数	2,800万人	3,300万人	4,500万人	8,300万人

人気SNS別国内月間アクティブユーザー数

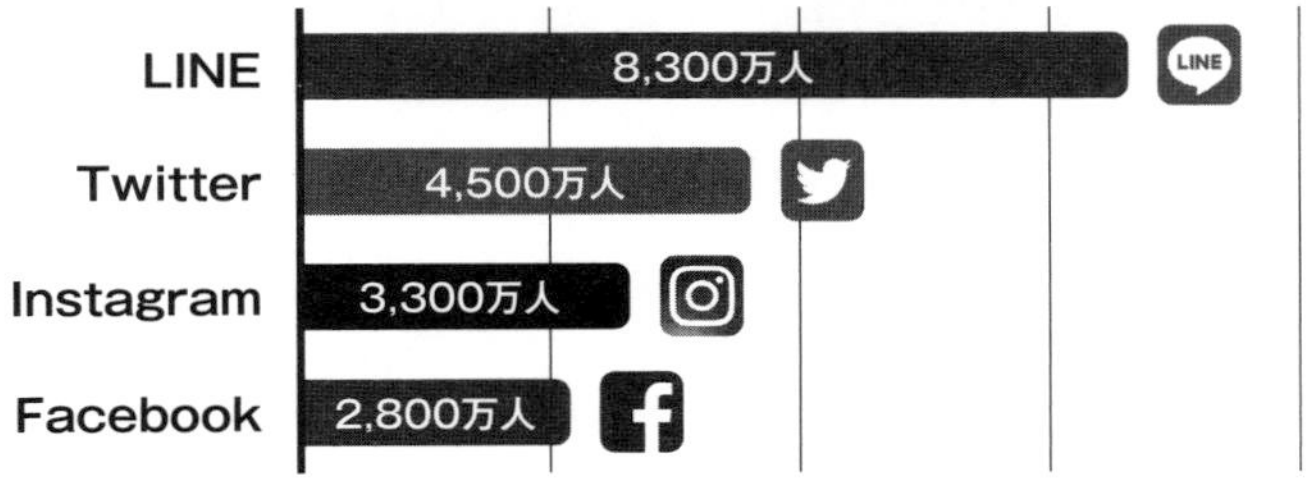

人（2019年9月）。日本国内では4500万人と発表されています（2017年10月）。10代から20代の利用者が多く、若年層向けのSNSマーケティングを検討している企業に適しています。

◆LINE

日本国内でもっとも多くのユーザー数を誇るSNSです。LINEの公式発表によると、国内の月間アクティブユーザー数は8300万人（2019年12月）にものぼります。毎日使用している人数はおよそ86％となります。クローズド型のSNSとして友達・家族などのやり取りで使われることからスタートして、今ではLINEマンガやミュージック、ペイメントなどのアプリが登場し、連絡以外の利用シーンが増えています。

section 03

フェイスブック活用のポイント

ビジネス向きと言われるフェイスブック ―実名登録による3つのポイント―

フェイスブックの特徴は大きく次の3つです。

①ビジネスに向いている

他のSNSに比べて年齢層が高く、企業向けのサービスも多く整備されているのが特徴です。ビジネス向きのSNSと言え、最初に取り組むSNSとしてお奨めです。

②信憑性が高い

フェイスブックは何と言っても実名登録が前提です。また「いいね！」やコメント、シェアなどの拡散機能がついており、友達を介して情報がシェアされます。他人の情報ではなく、いわば知人のお墨つきの情報として拡散されていきます。

③共存関係が築かれやすい

ともにビジネス利用しているということで有益な情報をシェアするカルチャーが成り立っています。日頃から友達が発信する情報にアクションしておくことで、自社情報にも反応してもらいやすくなります。

ビジネス目的で使うユーザーも多く、自社の投稿に「いいね！」やシェアを集めていくと、顧客や見込み客の反応を確認することもできます。友達・ユーザーが求める情報を継続的に発信し続けることが重要です。

◆運用する目的を決める

フェイスブックを利用するにあたり、目的を決める必要があります。また、それぞれの目的に合わせ重視しなければいけない数値が変わります。たとえば、「認知促進」の場合はリーチ数、「サイトへの集客」はリンクのクリック数、「顧客育成」はエンゲージメント数（「いいね！」やコメント、シェア、クリック数）など、それぞれの目的に合わせて重視する数値を決めて運用していくことが重要です。

◆分析ツールを見ながら効果を測定

投稿への評価は欠かせません。分析ツールはさまざまありますが、まずは「フェイスブックページインサイト」という公式の無料分析ツールを活用するべきです。リーチ数が多くなるタイ

Facebook 活用のポイント

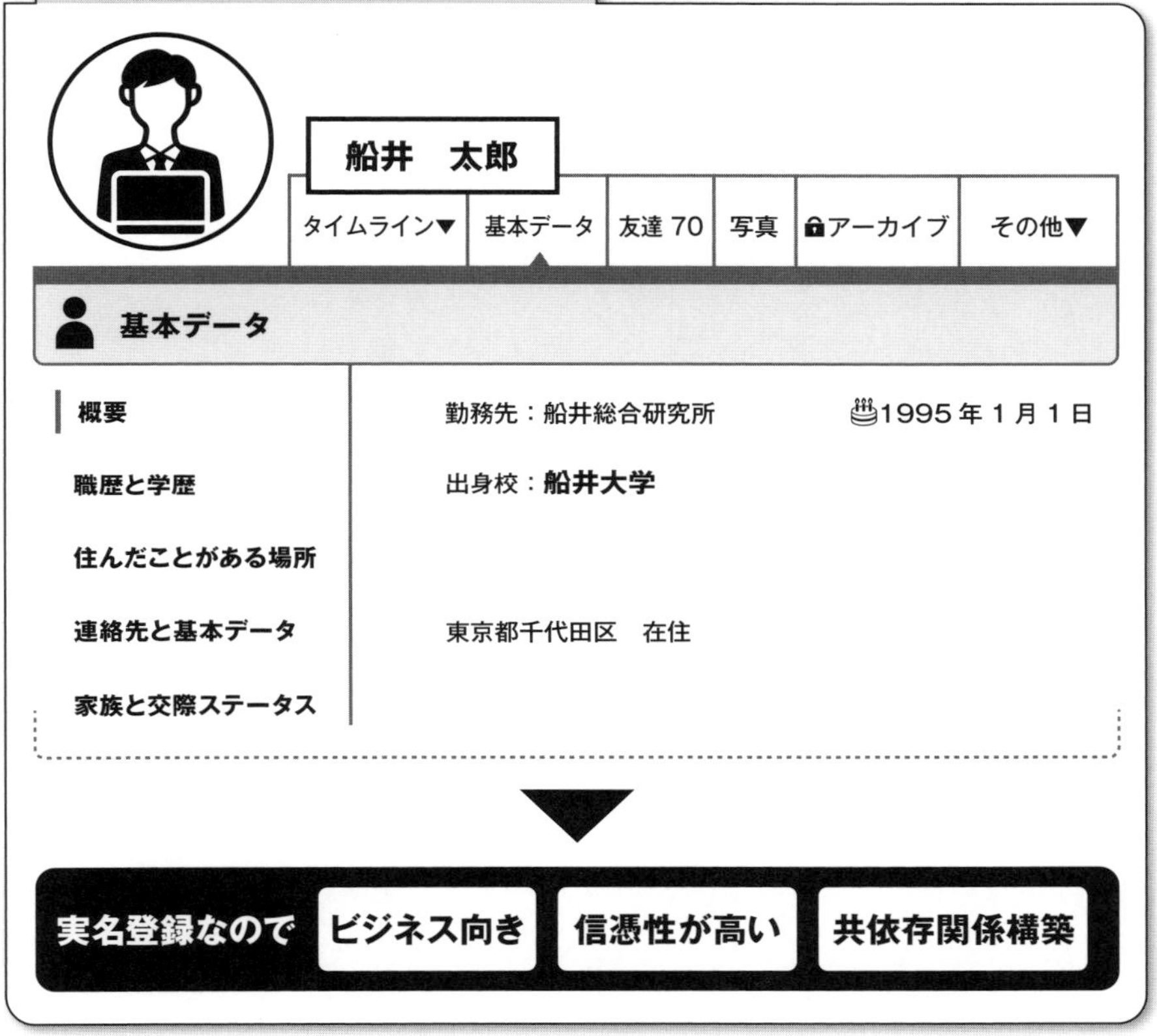

ミングはいつか、拡散された投稿はどのようなものか、目的に関係する数値がどうなっているかを自身で確認しながら運用することで成果が変わってくるのです。

◇共感性の高い投稿を意識する

投稿では売り込みを控えて、まずは共感を集めることを意識しましょう。ユーザーは自分に不要な情報がタイムラインに流れるとストレスを感じます。つまり、商品やサービスの売り込みを感じさせるのではなく、有益な情報として発信できていることが大切になります。セミナー告知などはあらかじめ告知とはっきり記載する、あるいは頻度を抑えたほうがいいでしょう。

section 04

インスタグラム活用のポイント

女性ユーザーが多いインスタグラム

―写真や動画に特化し、新たな情報プラットフォームとなったインスタグラム―

◇インスタグラムとは

写真や動画に特化したSNSです。タイムラインに流れてきた投稿に「いいね！」やコメントをつけることで、ユーザーは交流を図ります。国内の月間アクティブユーザー数は3300万人。利用アカウント数は3年で3倍増加。毎年顕著な増加傾向が伺え、利用率の高い若年層にとっては欠かせないツールの1つになっています。また、2017年の流行語大賞に「インスタ映え（アップした写真や動画の見栄えがいいこと）」という言葉がノミネートされました。このことからも、インスタグラムではユーザーが興味を持つ写真や動画を投稿することがいかに重要かが伺えます。

◇〝ググる〟から〝タグる〟へ！ 検索行動の変化

インスタグラムの登場によって、消費者の検索行動も変化しました。以前はグーグルで検索する「ググる」という行動が一般的でした。しかし、近年では「#タグ」を検索し、出てきた画像の中から興味のあるものを見つける〝タグる〟という行動が生まれています。タグを検索し、気に入った商品をインスタグラムの画像や動画で検索し（グーグルはキーワードで検索し、サイトで確認）、購入するユーザーが増えているのです。タピオカミルクティーブームの火付け役となったのも、このインスタグラムの影響と言われています。

◇効果的な「#タグ」の設定方法

ユーザーは「#タグ」で興味のあるコンテンツを探します。自社の投稿に興味関心を持つ可能性のあるユーザーに認知してもらえる可能性は「#タグ」の設定次第です（ハッシュタグは1つの投稿に30個までつけられます）。

具体的なタグの種類に、「#企業名」「#商品・サービス名」「#キャッチコピー」「#ジャンル・テーマ」「#場所」などがあります。投稿する内容に関連性のある人気のタグを使用したり、参考になる投稿のタグをコピーし、その

インスタの投稿例

投稿例

♥いいね！90件

昨年度大人気の「幻のタン」が入荷しました！

タグ

＃幻のタン
＃コスパ最強　＃炭火焼肉
＃焼肉　＃焼き肉　＃タン塩
＃恵比寿　＃恵比寿デート　＃恵比寿焼肉
＃恵比寿焼き肉　＃焼き肉船井

インスタインサイト

投稿と評価を繰り返し、PDCAサイクルを回す

中からユーザーに人気のあるタグを選定するのもお奨めです。

あまり人気のないタグをつけると、ユーザーに認知してもらうという目的を達成する見込みが薄くなります。

人気のタグや、設定したいタグの類義語などを調査するツールもあります（例「ハシュレコ」https://hashreco.ai-sta）。

◆投稿内容の結果を確認し、改善する

企業がインスタグラムでマーケティングをする際は、ＰＤＣＡサイクルを回す必要があります。「インスタグラムインサイト」という無料の分析ツールを使用し、投稿の結果を確認しながら改善するといいでしょう。投稿ごとの「インプレッション」「リーチ」「エンゲージメント」などが記録されます。

section 05

拡散性が高いツイッター

ツイッター活用のポイント

リツイートを狙って情報発信する

◆ツイッターの戦略的活用

大きな特徴は、①投稿に140文字の文字制限があること、②10代、20代の利用者が多いこと、③リツイート機能で拡散性が高いことが挙げられます。

つまり、少ない文字数で手軽な投稿で、若年層への影響力が大きく、情報の拡散性に非常に優れているSNSとも言えます。

面識のない人の興味・関心を見ることができ、また、リツイート機能によって、瞬発的かつ爆発的な拡散性を持ちます。

◆ツイッター活用のメリット

その高い拡散性によって、商品・サービスの認知度向上や企業ブランディングに活用しやすいSNSです。

その特徴から、1人のユーザーが発信した自社の商品・サービスの投稿がリツイートされ、ユーザーからユーザーへ連鎖的な拡散が自然に起こることで、高い口コミ効果が期待できます。1つの投稿をきっかけに短期間で一気に認知度が高まり、売上が急増した企業も珍しくありません。そのことを「バズる」(口コミなどが一気に広がること)と言います。

他にも、自社アカウントによるツイートでファン顧客層(フォロワー)にタイムリーな情報を伝えたり、お客様のツイートをリツイートすることで第三者視点のプロモーションを能動的に実施することができます。

◆リツイートを使ったテクニック

ユーザーは、有益な情報は他人と共有したいという感情を抱きます。そのため、「面白い」『すごい」「おいしそう」「ためになる」などと感じたら、「いいね!」を押したり、リツイートしたくなるのです。

また、自社の商品やサービス名等を検索し、評判を確認することも可能です(エゴサーチ)。評判のいいポジティブなツイートをリツイートして拡散して評判を上げることもできれば、ネガティブなものは自社の企業課題解決に役立てる使い方もできます。

Twitter 年代別・利用者割合

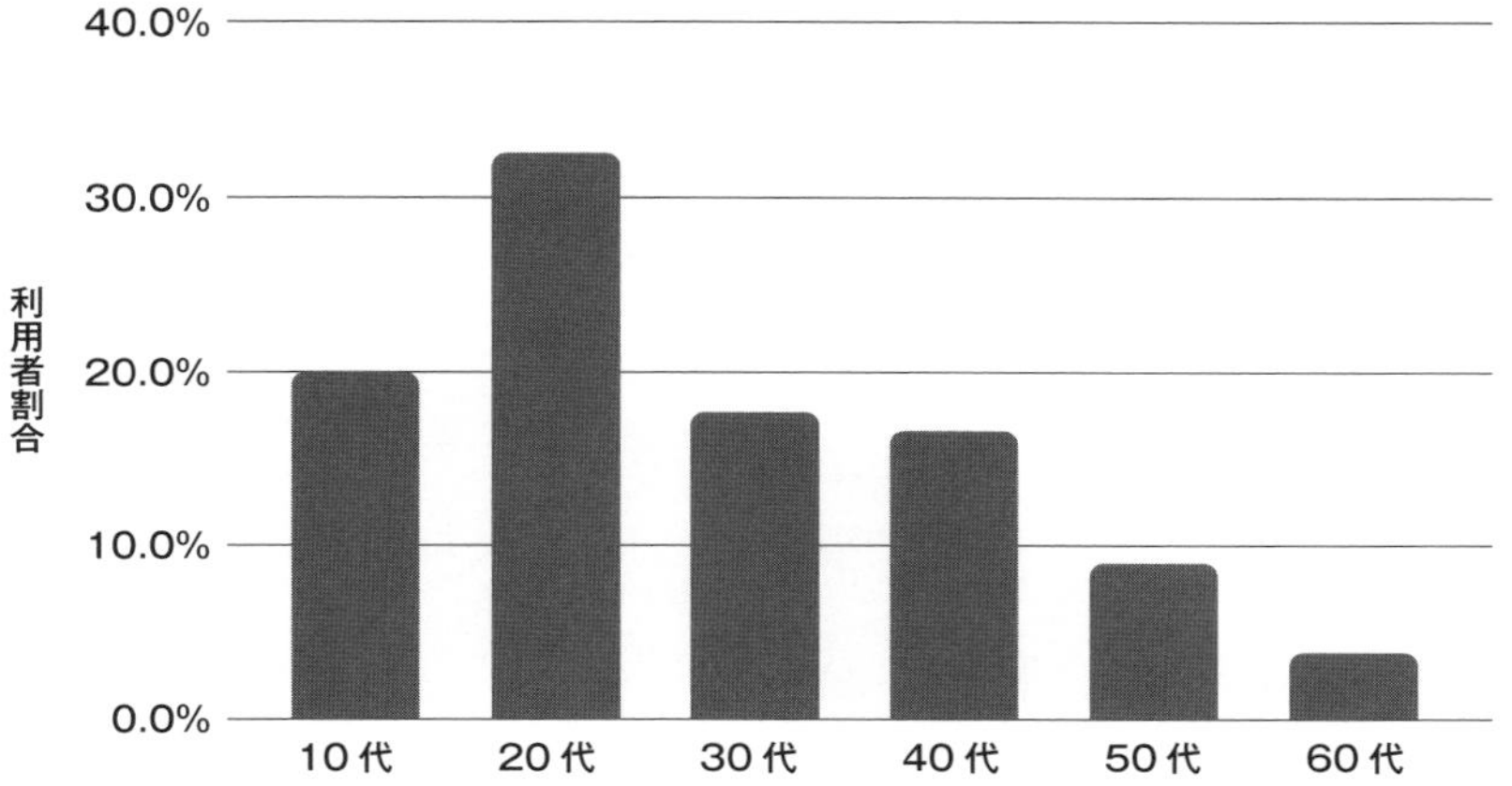

出典：総務省情報通信政策研究所『平成 29 年　情報通信メディアの利用時間と情報行動に関する調査』ソーシャルメディアの利用率
※利用者割合…各年代毎の利用者数（対象者（実勢比例）× 利用率）÷ 対象者全体の利用者数

リツイートによる拡散性

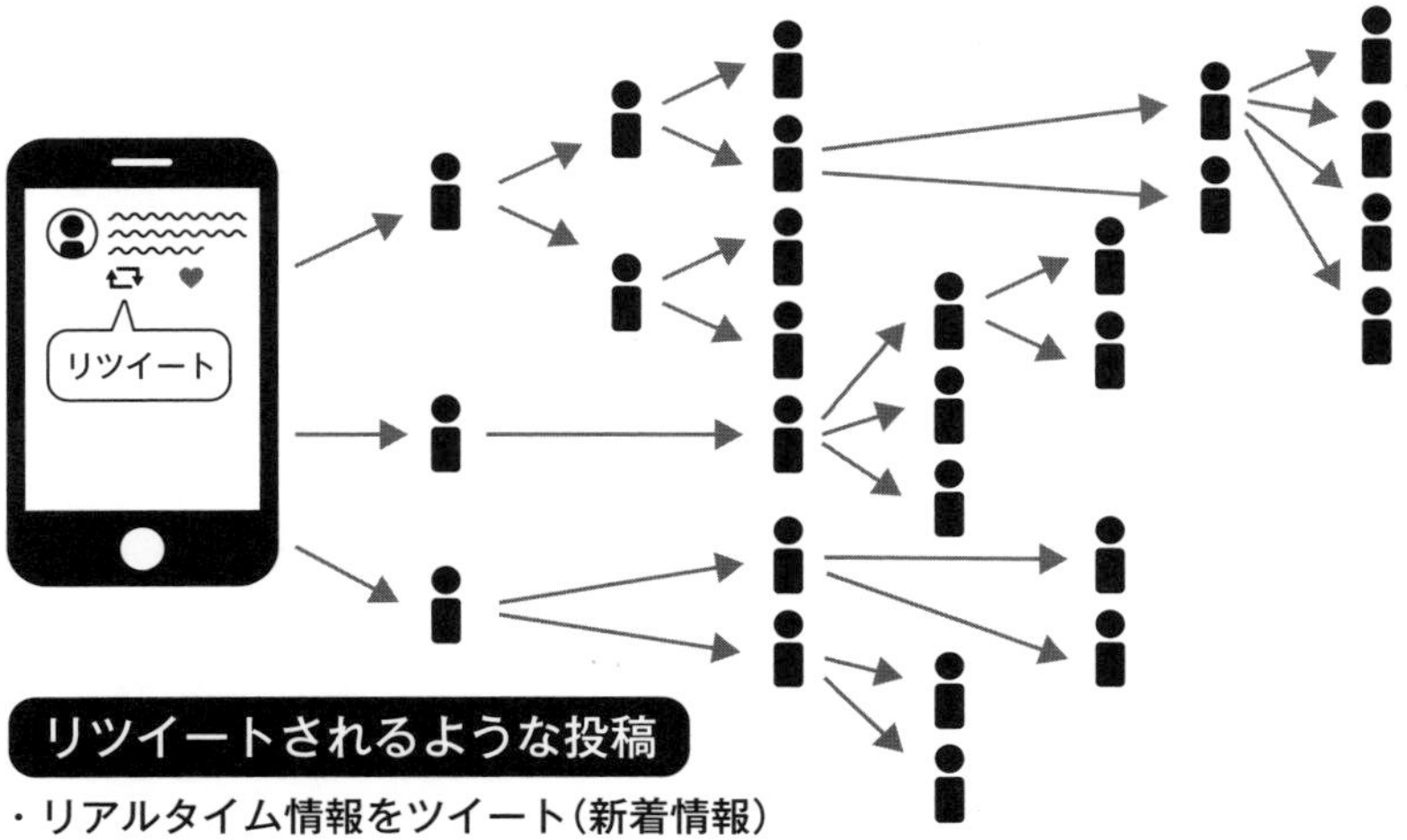

リツイートされるような投稿

・リアルタイム情報をツイート（新着情報）
・感情を引き出すようなツイート（商品・サービスの魅力）
・誰かに伝えたくなる役に立つツイート（セール情報・クーポン）
・商品・サービスを使ってくれたお客様のツイート（お客様の声）

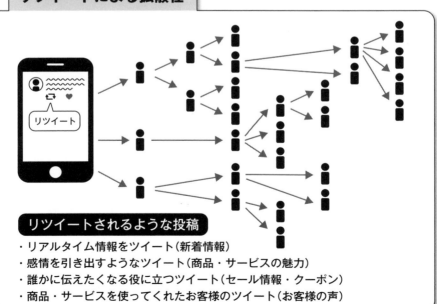

section 06

ユーザー数８３００万人の国内最大ＳＮＳ

LINE活用のポイント

「LINE公式アカウント」で顧客と常時接続する

◇LINE@との統合

ＬＩＮＥのビジネス向けアカウントは大きく分けて「ＬＩＮＥ公式アカウント」と「ＬＩＮＥ@アカウント」がありました。「ＬＩＮＥ@」は無料から利用できたのに対して、「ＬＩＮＥ公式アカウント」は最低でも月額２５０万円と、導入ハードルが高いとされていました。この2つのビジネス向けアカウントが新たな「ＬＩＮＥ公式アカウント」として統合され、料金体系も無料から活用でき、無料プランで使える機能も増えることが発表されました。２０１８年12月以降に新規開設するビジネスアカウントは、すべて「ＬＩＮＥ公式アカウント」としての機能・料金体系が適用されます。

◇「LINE公式アカウント」でできること

クローズド型のＳＮＳとして友達・家族などのやり取りで使われることからスタートしたＬＩＮＥですが、企業が活用できる広告の種類も充実しています。

さらにタイムラインやＬＩＮＥニュースへ自社の投稿・広告配信、ショップカードの作成、抽選クーポンの配信など、多岐にわたる発信が可能です。これらの機能を使って、見込み客の獲得から既存顧客への新商品・サービスの提案などが行なえます。

◇「LINE公式アカウント」の活用

ＬＩＮＥをこれまでのメールの代替ツールと考えるならば、企業がＬＩＮＥを用いてメッセージを送ることは、メールマガジンの代替になります。そのため、基本的に押さえるべきポイントはメールマガジンと同様です。①ターゲットの明確化（いつ、誰が、何を求めていて、どうしたいか）、②目的の明確化（ターゲットに対してどのような反応・行動をしてもらいたいか）の2点を設定した上で、「オファー内容がわかりやすいか」「配信頻度は適切か」を考えましょう。

ＬＩＮＥは他のＳＮＳとは異なり、不特定多数のユーザーに情報を発信す

メルマガや検索をイノベーションさせたLINE

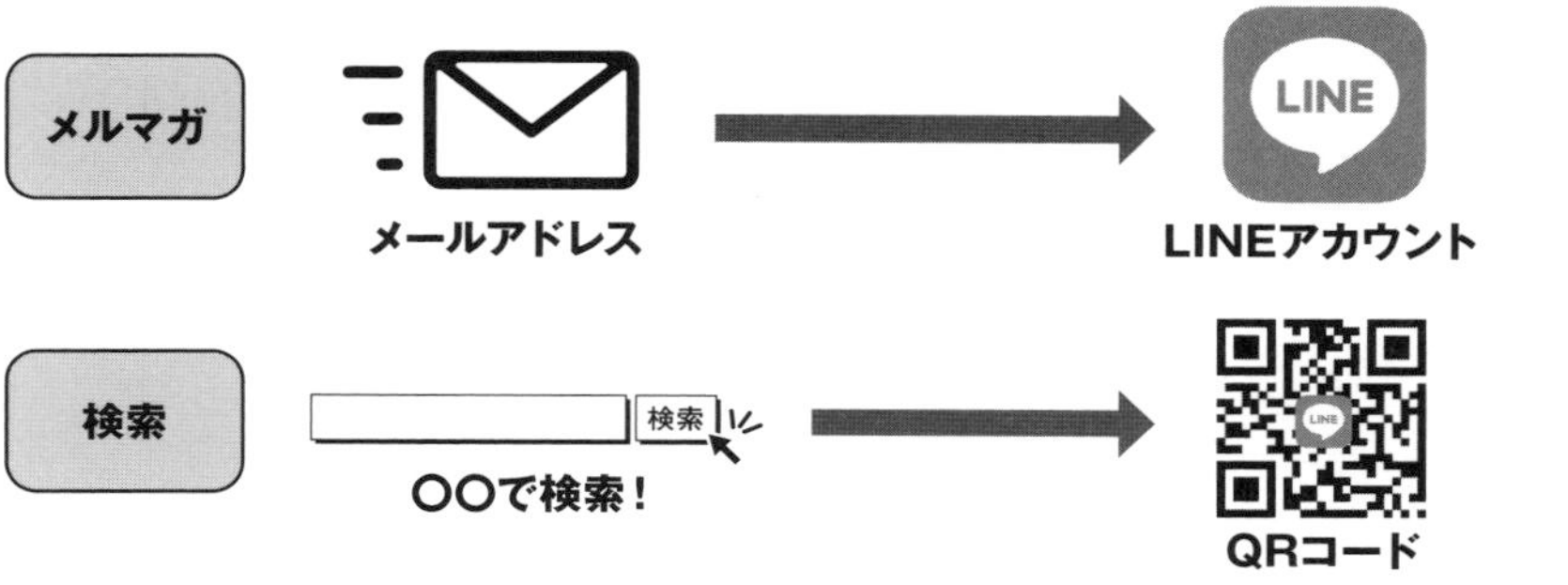

エンタメ	LINE マンガ	LINE MUSIC	LINE チケット	LINE ノベル
ライフスタイル	LINE バイト	LINE キャリア	トーク悩み相談	LINE 弁護士相談
ショッピング	LINE ショッピング	LINE ギフト	クーポン	ショップカード
旅行・グルメ	LINE デリマ	LINE ポケオ	LINE トラベル jp	おでかけ NOW
便利ツール	LINE カメラ	B612	Foodie	乗換案内
フィナンシャル	家計簿	LINE FX	LINE	スマート投資

単品のメッセンジャーとしての役割を進化させ、生活のプラットフォーム化へ。 ▶ その一環としてアプリの中で多数のサービスを展開中

るのではなく、１対１のコミュニケーションが基本です。そのため、配信頻度や配信時間次第ではユーザーにブロックされてしまう恐れがあります。まずは週１回を目安に、読まれやすいとされる昼休み時間や夕方以降の配信を始めてみましょう。

また配信ターゲット数（＝友だち）の増やし方にも工夫が必要です。他のＳＮＳと比べて拡散性が限られるため、オンライン上の告知に加えて、オフライン上でも告知することが重要です。たとえば店舗ポスター、ＰＯＰ、アンケート、郵送レターにＱＲコードを設置するなどして、オフラインでも友だちを獲得していくことが必要です。

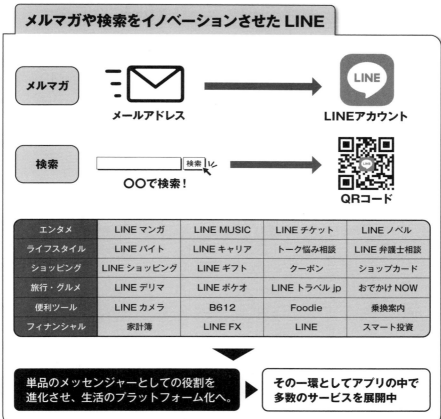

section 07

SNS広告でさらなる情報発信①

フェイスブック広告活用のポイント

3タイプのオーディエンスに最適な配信ができる

◆フェイスブック広告のメリット

フェイスブック広告のおもなメリットは次の点です。

①「いいね！」などのアクティビティを利用したターゲティング精度の高さ、②フェイスブックユーザー情報をもとにトラッキングできる（シェアした人が誰かわかる）、③ユーザーがあらゆるシーンで利用しているため、ビジネスの課題や目的に合わせて配信できる、④ニュースフィードやストーリーズなど配信面が選べ、メッセンジャーのアプリでも広告を掲載できる、⑤写真や動画など広告クリエイティブの最適な方法を選べる

◆オーディエンスを活用してみよう

フェイスブック広告の最大のメリットとも言えるのが、広告配信の対象者を選択できることです。次の「3つのオーディエンス」を理解することで、目的に合わせた広告配信を行なうことができます。

①コアオーディエンス：フェイスブック上の情報をベースに配信する

②カスタムオーディエンス：Webサイト閲覧者や顧客データをベースに配信する

③類似オーディエンス：カスタムオーディエンスをベースに、似ているユーザーに配信する

これら3タイプのオーディエンスをうまく掛け合わせて、自社の情報発信を適切な方に届けましょう。

◆広告の目的に合わせて配置を決める

広告の目的に対応した配置を選ぶことも、効果を左右します。①認知度アップ、②検討機会、③コンバージョンの3つを確認しましょう。

最初の段階では認知度アップが大事になりますが、一定数のファンが確保できたら、購入やセミナー参加等を促すことが目的になっていきます。

◆広告の課金の仕組み

フェイスブック広告の課金方法には、CPM（インプレッション課金）とCPC課金（クリック課金）があります。それぞれメリット・デメリットや機能

Facebook 広告の3つのオーディエンス

①コアオーディエンス
Facebook上の情報（○○、○○など）をベースに配信
②カスタムオーディエンス
Webサイト閲覧者や顧客データをベースに配信
③類似オーディエンス
カスタムオーディエンスをベースに、似ているユーザーに配信
目的に合うオーディエンスに自社の情報を発信することができる

による制限はあるものの、予算が少なく初めてスタートする方はＣＰＣ課金から実施することをお奨めしています（どちらがいいというものではありません）。

◆クリエイティブの選び方

フェイスブック広告は、ユーザーが検索段階にないこともあり、クリエイティブが重視されます。動画を活用できるとベストですが、動画を作ってＡＢテストをするのは大変です。最初から画像とテキストの組み合わせをテストするつもりで、複数回テストして、成果の出るクリエイティブを見つけていきましょう。

スライドショー広告は、動画に手が出せない方にぜひチャレンジしていただきたい施策です。また、フェイスブック広告は画像内のテキストが20％以上になってはいけないというルールもありますので、お気をつけください。

section 08

SNS広告でさらなる情報発信②

インスタグラム広告活用のポイント

―インスタ映えするクリエイティブ制作がポイント―

◇インスタグラム広告活用のメリット

インスタグラムは写真や動画がメインの投稿媒体であるため、趣味や嗜好が表現される場としてコミュニティが広がっています。こうした特徴を理解して、ユーザーに好印象を与える配信を考えることが重要です。

フェイスブック同様に高いターゲティング精度を活用できることもメリットです。また、タグ検索の場としても使われているので、検索から購買という流れを想定した広告を打ちやすいのも特徴です。

◇多様な広告を使いこなそう

インスタグラム広告には、フィード、ストーリーズ、発見タブ、ブランドコンテンツ、ショッピング広告と、目的に応じて多様な広告が用意されています。認知から購買までシーンに合わせた最適な広告を配信することができます。

◇ストーリーズを武器にしよう

縦長フルスクリーンのストーリーズ広告は、ユーザーをより引き込む広告と言われています。ビジネスアカウントの半数以上がストーリーズを利用しており、ビジュアルだけではなく音声を入れている投稿も少なくありません。アンケート機能もあり、ユーザーとの双方向のコミュニケーションでエンゲージメントを高めることもできます。

画像は5秒、動画は最大15秒の再生時間なので、ユーザーに一瞬でメッセージを訴求しなければいけません。

◇フェイスブック広告との違い

フェイスブック傘下にあるインスタグラムですが、フェイスブックとインスタグラムではユーザー層が異なります。フェイスブックは幅広い年代の人がおもにビジネス目的で活用しているのに対し、インスタグラムは20代～30代が多く、女性比率が高いとされます。

インスタグラム広告のポイントは次の2つです。

①インスタ映えするクリエイティブの制作
②より感情・情緒に訴えかける

Facebook広告とInstagram広告の違い

	Facebook広告	Instagram広告
ユーザー年齢層	幅広い年代層	20～30代など若者が多い
ユーザー性別	男女比がほぼ等しい	女性の比率が高い
広告の目的	ニッチな商品・サービスの認知の拡大や購入への促し	ブランドイメージの向上、認知度の拡大や好感のアップ
広告のポイント	わかりやすさ	おしゃれなクリエイティブ（インスタ映え）

Instagram広告のポイント

ポイント1　インスタ映えするクリエイティブの制作

インスタグラムは写真共有SNS。
利用するユーザーも写真を重視している。

ポイント2　より感情・情緒に訴えかける

インスタグラムは共感に訴えるSNS。
無機質な内容ではなく、感情に訴えかける内容にする。

インスタグラムは写真共有ＳＮＳですから、利用するユーザーは写真を重視しています。したがっていかに魅力的な画像や動画を作れるかがポイントになります。

また「共感」に訴えるＳＮＳなので、無機質な内容ではなく、感情に訴えかける内容にする必要があります。

section 09

事例 SNSで年間４００名のセミナー受講者を集めた士業グループ

◆広告費をたくさんかけなくても全国でPRできる

弁護士、税理士、会計士、社労士、司法書士、行政書士、中小企業診断士、ファイナンシャルプランナーが常駐するワンストップサービス（東京、仙台、名古屋、大阪）を提供しているユナイテッド・アドバイザーズグループは、「公的支援ナビ」という事業を運営し、中小企業が補助金・助成金の申請の複雑さに悩む課題を解消しています。

フェイスブックを中心に広告を活用して、全国４会場で年間約４００名のセミナー受講者を獲得しました（総コスト約１５０万円、受講者1人あたり獲得コスト３７５０円）。集まった数もさることながら、これは業界でのリスト獲得単価の3分の1以下です。

◆SNS集客成功のストーリー

フェイスブック広告をきっかけに集客を成功させていますが、最初からこのやり方だったわけではありません。

当初は情報発信したらすぐに引き合いが来るものと考えており、はじめに選んだのはメールマガジンとブログでした。どちらも情報発信媒体として反応があり、今後こうした手法が増えていくと見込んで研究を始めました。

そして当時、海外で話題になっていたツイッターの活用を決めました。コストはかからないし、気軽に取り組めて拡散性もあります。スタートしてすぐに１０００万円の契約が決まり、滑り出しは上々でした。

一方でツイッターを使った情報発信の課題も見えてきました。それは、１４０文字と制限される中で伝えたいメッセージが伝わりきらないことと、多くの情報がツイッター上に拡散しているので自社のサービスの信頼性をさらに打ち出す必要があるという点でした。そこで行き着いたのが、フェイスブック&リアルセミナーの融合でした。

◆SNS&セミナーで効率的集客と確実な受注を実現

フェイスブックは自分たちの発信したい情報を手軽に拡散できるという意

ビジネスにマッチしたSNS活用のステップ

例

①自社ビジネス目的の確認	▶ セミナー集客
②現状の課題を明確にする	▶ セミナーに集まらない
③課題の要因を追求する	▶ セミナーが知られていない
④課題解決に向いているSNSを選定する	▶ 拡散性の高いTwitterを使う
⑤トライアルして課題を抽出する	▶ 140文字だと伝わらない SNSだけだと受注に至らないことも
⑥課題解決方法を考える	▶ 文字制限のないFacebookも活用
⑦SNSだけで完結させずに考える	▶ リアルでセミナーを開催する

出典：https://www.facebook.com/shiennavi/

味で、ＳＮＳの利点を活かせる媒体です。それとともに、ある程度信頼の置けるコミュニティの中で拡散していくので、自社のサービスの信頼を損ねるようなこともありませんでした。

最終的にはセミナーで顔を会わせることでお客様に安心してもらい、スムーズに仕事の依頼をいただけるようになりました。

◘セミナー集客だけではなく、常にフォロワーに有益な情報を発信

法改正情報など経営者が興味を持つ情報を発信することで、セミナー案内だけにならないように注意しています。発信された情報だけでも解決できるが、自分たちでできないという方のサポートを行なっていきたいということもありますが、情報をキャッチする側が常につながっておきたいと思ってもらえるようにアカウント管理を行なっています。

第7章

デジタルマーケティングにおける分析項目

Section

section 01

分析の基本項目

デジタルマーケティングの分析に不可欠な登録要因

集計したデータの中で最も業績に直結するのが登録要因

デジタルマーケティングでは、さまざまな販促手段や顧客管理・活動管理を記録するＣＲＭやＳＦＡを組み合わせて使います。組み合わせることのメリットは、人的工数をかけることなく、集められた膨大な情報を基に、販促活動や営業活動を展開できることにあります。そのため、集まる情報の登録・記入の方法が、その後の活用を大きく左右します。

◆きっかけ（登録要因）を記録する

ＳＮＳ・Ｗｅｂサイト・メルマガ（マーケティングオートメーション）などの販促手段は、新規・既存顧客を問わず、人に対して行なわれます（企業単位でなく、担当者単位に）。

既存顧客の場合は、商談・商談見込みや見積の獲得。新規顧客の場合は、これに「リスト獲得」が加わります。「リスト獲得」「商談・商談見込み」「見積獲得」のいずれにしても、その行動に至ったきっかけ（要因）が必ずあります。また、商談・見積後には、「受注・失注」の要因も存在しています。

多種多様な販促手段をきっかけに営業活動が展開され、その後の受注・失注などの結果が確定した後でも、当初のきっかけ（登録要因）がわかることが大切です。この要因を記録しておくことで、どの活動が効果的であったのかの分析・判断が可能となり、業績向上につなげることができるからです。

◆費用対効果の高い販促手段の選択、高い受注パターンの確立

自社の「リスト獲得」「商談・見積獲得」「受注・失注」の要因をシステムに登録できれば、その傾向からもっとも費用対効果の高い販促方法、もっとも確率の高い受注パターンを選択・確立できます。

たとえば、「リスト獲得」の時点で、その販促手段を担当者の登録要因として、システムに登録しておきます。そうすれば、「リスト獲得」から1年以上経ってから商談・見積・受注となった際にも、「リスト獲得」の登録要因は把握できます。

営業活動の主要項目とマーケティング活動の主要媒体

企業の営業活動の主要項目

リスト獲得 / 引合発生 / 商談発生 / 受注・失注

営業活動の成果 と マーケティング活動 を ✕ 結びつけることが大切

マーケティング活動の主要媒体

Ｗｅｂサイト / SNS / ポータルサイト / メールマガジン / 訪問・面談 / 展示会・商談会 / リピート / その他

企業活動と主要媒体を照合して把握できた例

分析例1　Ｗｅｂサイトの、どこと、どのページを一定数閲覧した顧客が自社の商品を購入する傾向にある（マーケティングオートメーションより）

分析例2　自社サイトへの流入チャネルは、SNSが最も多く、それにかかる費用は他の媒体と比較しても半分以下のコスト（CPCのコスト分析より）

分析例3　展示会の自社ブースへの来場顧客の平均初回受注期間が1年であり、その商談受注額は、平均5000万円を超えている（リスト・商談の登録要因から）

よくあるのが、Ｗｅｂサイト経由の問い合わせから商談が発生し、「Ｗｅｂサイトがきっかけ」と認識するケースです。しかし、よくデータを照会してみると、実は過去に配信したメルマガからＷｅｂサイトにリンク・誘導されており、メルマガ配信がリスト獲得のきっかけだったというパターンです。

この点を見逃すと、本当は「メルマガがきっかけ」であるにもかかわらず、「Ｗｅｂサイトがきっかけ」と誤った判断を下してしまいます。

デジタル化を進めていくと、これまで見逃していた隠れた業績向上のヒントも把握することができるのです。

section 02

顧客の購買行動の複雑化に対応する管理ツール

ＤＭＰ（データ管理プラットフォーム）とは何か？

顧客の購買行動が複雑化する中で、最適な施策が判断できる

顧客の購買行動が複雑化する一方、リスティング広告やディスプレイ広告、さらには各種ＳＮＳ広告など数多くのプロモーション手法が登場しています。その中でもっとも費用対効果の高いプロモーション施策の配分を分析・判断することは容易なことではありません。こうしたことを実現できるのがＤＭＰです。

◆ＤＭＰでできること

ＤＭＰとは「Data Management Platform」の略で、自社の広告配信等の最適化を図るためのシステムのことです。

たとえばある会社が「リスティング広告」「ディスプレイ広告」「フェイスブック広告」を実施していたとします。普通に分析を行なってみると、フェイスブック広告からはほとんど問い合わせがきていないことがわかりました。そこでフェイスブック広告を停止したところ、今度はＷｅｂサイトからの問い合わせも減少してしまったのです。つまり問い合わせしていた見込み客は、

①まずフェイスブックで自社のことを「認知」して
②スマートフォン上で概略をチェックし
③「問い合わせ」はＰＣを使って自社Ｗｅｂサイトから実施

という流れで動いていたわけです。

つまりこの会社はフェイスブック広告を停止すべきではなく、「認知」を獲得するために最適な広告予算を確保するべきであったことがわかります。

ＤＭＰを導入することで、「それではフェイスブック広告にどれくらい費用をかけるべきか」「ＰＰＣ広告費用とのバランスをどう取るべきか」といった最適な費用対効果を把握することができるのです。

◆2つの種類があるＤＭＰ

ＤＭＰには次の2種類があります。

①プライベートＤＭＰ
②オープンＤＭＰ

プライベートＤＭＰとは自社独自のデータにより集約・蓄積・解析を行な

DMP（データ管理プラットフォーム）とは

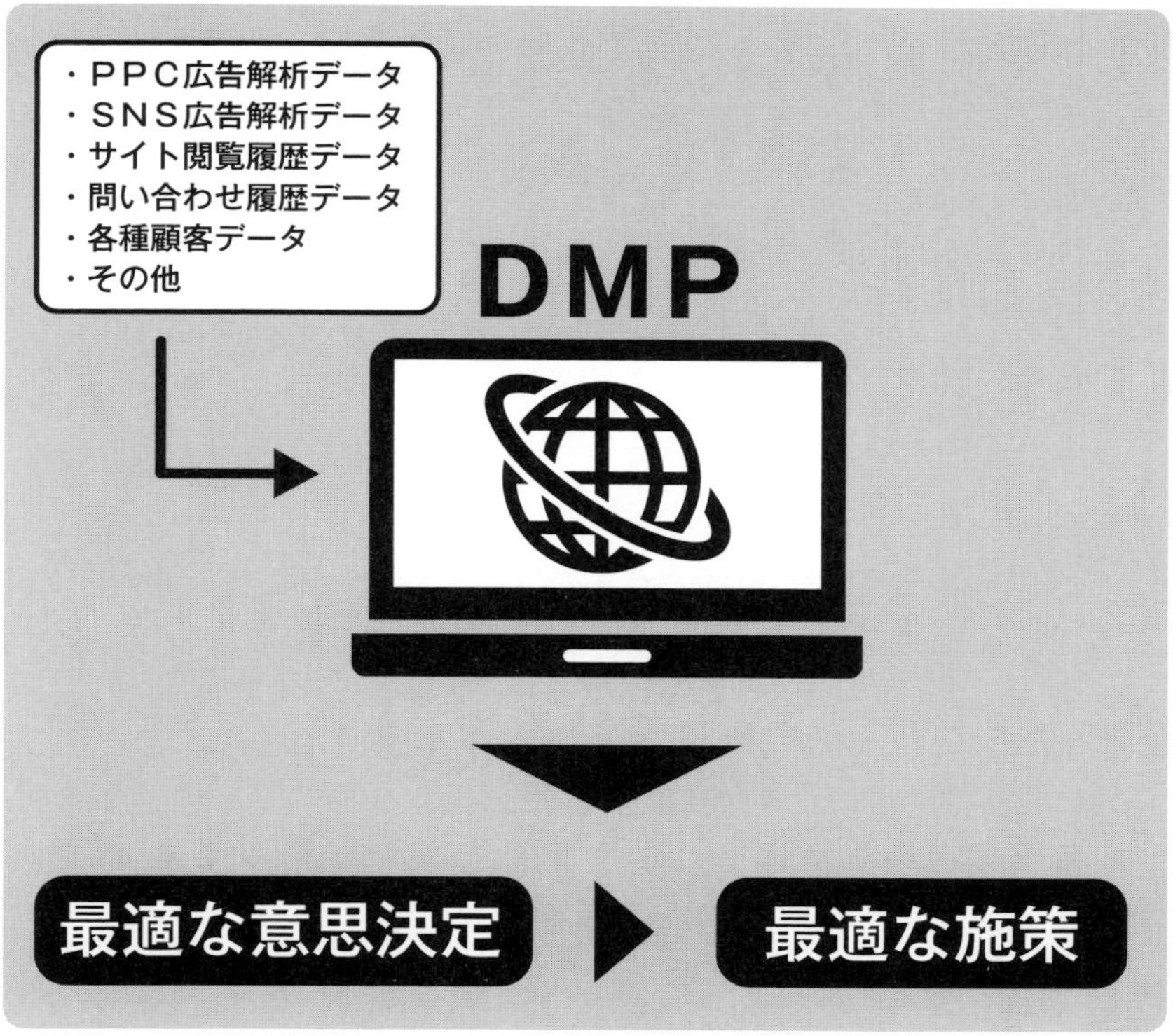

い、自社の顧客に対して活用していくものです。

これに対してオープンＤＭＰ（パブリックＤＭＰとも言う）は、外部のデータ提供企業が保有しているさまざまなデータを活用して、新規の顧客獲得や広告の効率化に結びつけていくものです。

ＤＭＰという言葉は２０１２年頃から聞かれるようになりましたが、実際に導入する企業が増えてきたのは２０１５年くらいからです。その背景には、前述のような顧客の購買行動の複雑化に伴う、分析の複雑化があるのです。

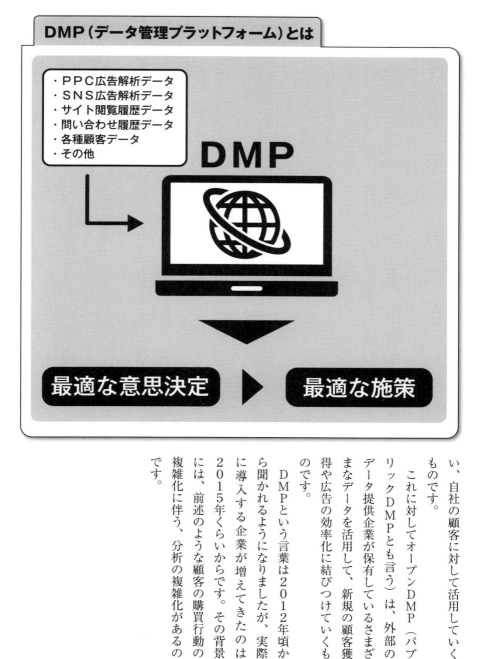

section 03

Webサイトへのアクセス分析の最も主要なツール

グーグルアナリティクスでできることとそのポイント

ーグーグルアナリティクスで確認できる4分類の代表的な指標ー

デジタルマーケティングにおける分析項目の中でもっとも重要なのが、Webサイトの分析です。と言うのも、SNSやメルマガ、テレビコマーシャル、チラシなどあらゆる販促媒体の最後の誘導先がWebサイトとなっているケースが多いからです。

そしてWebサイト分析の中心的なツールとなるのがグーグルアナリティクスです。

◆Webサイト分析の前提条件、ユーザー数・セッション数

Webサイト分析で初めに注意すべき点として、「ユーザー数」「セッション数」の一定数の確保があります。商品・サービスや事業規模によってその数は多少違いますが、一般的に、月に1000件以上の「ユーザー数」「セッション数」が、分析する上での最低ラインの数と言えます。これが最初に押さえておくべき、グーグルアナリティクスの前提条件です。Webサイトで成果が出てない企業は、この点を満たしていないことが多々あります。

インターネット広告等を活用し、まずは「月に1000件」をアクセス数の目標にするとよいでしょう。

◆グーグルアナリティクスでできることとその活用方法

グーグルアナリティクスの主な分類として「ユーザー」「集客」「行動」「コンバージョン」があります。この4つの分類は細かな項目に分かれており、より詳細なデータを確認できます。また、それぞれ項目を組み合わせた分析も可能で、たとえば、「Webサイトに流入した自然検索からの新規ユーザー数を調べる」といったこともできます。

また、分析すべきポイントとしては、集客チャネル（ユーザーがどのチャネルで来たか）とコンバージョンの組み合わせが有効です。この点だけでも見ておけば、どの集客チャネルに注力すべきかがわかるからです。

Webサイト分析の主要ソフト「Google Analytics」

Google Analytics の代表的な画面

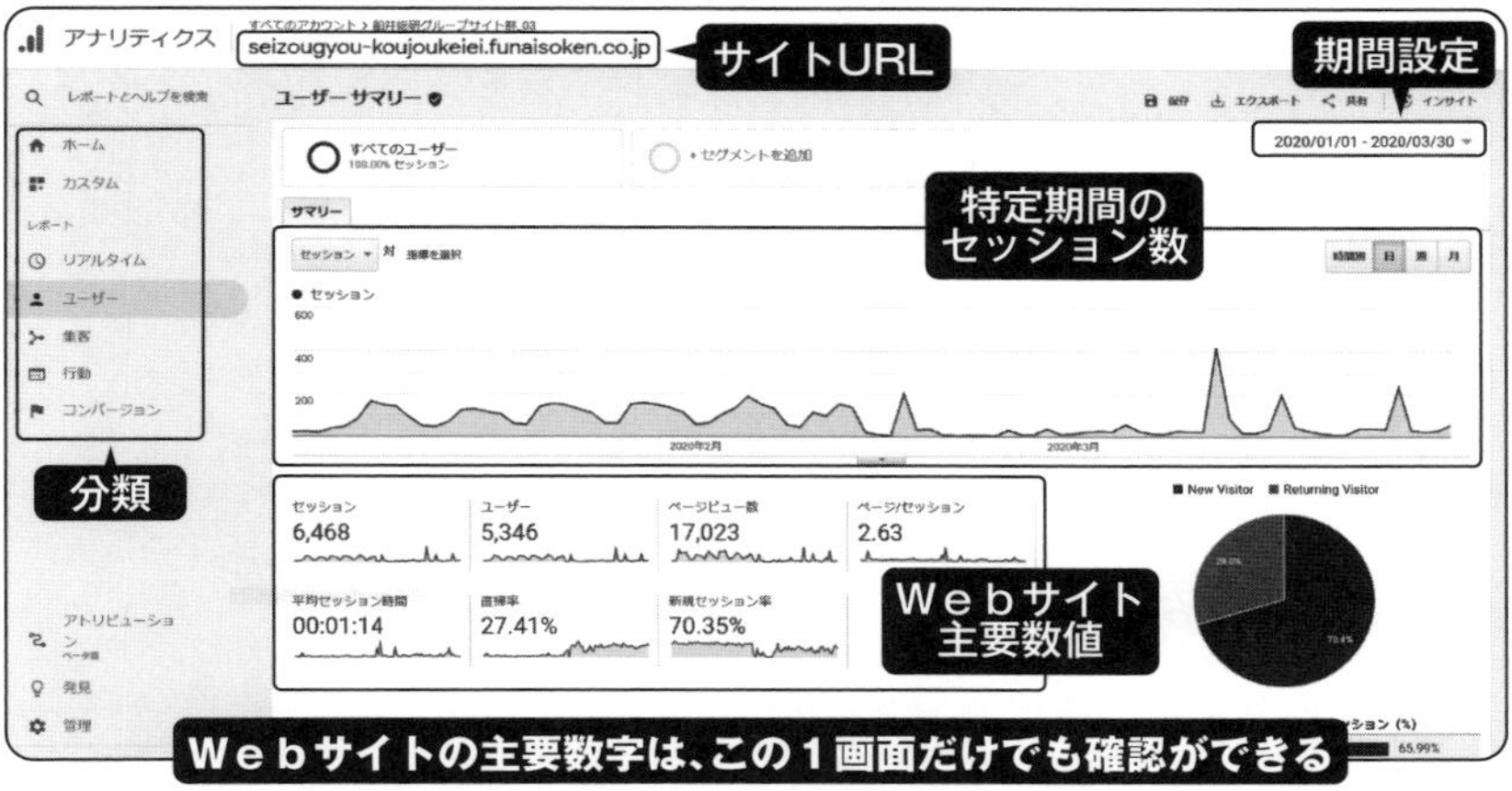

Google Analytics で確認できる分類ごとの代表的な指標

ユーザー

・セッション数
・ユーザー数
・ページビュー数
・直帰率
・新規セッション率
・ユーザー年齢
・ユーザー性別
・ユーザー地域
・ユーザーインタレスト

集客

・チャネル
　Orgnic Search
　Paid Search
　Email
　Referral　など
・参照元／メディア
　Google
　Yahoo!
　direct　など

行動

・行動フロー
・サイトコンテンツ
・サイト速度
・サイト内検索
・サイト内検索キーワード
・サイト運営者

コンバージョン

・目標
・目標到達プロセス
・ゴールフロー
・eコマース
・商品の販売状況
・マルチチャンネル
・コンバージョン経路

これらの項目を組み合わせた数値データも把握可能

section 04

グーグルサーチコンソールでできることとそのポイント

SEO強化に最も役立つ分析ツール

流入キーワードの主要ステータスやWebサイトのエラーがわかる

Ｗｅｂサイトの分析ソフトとしては「グーグルアナリティクス」が有名ですが、同様に有名な分析ソフトに「グーグルサーチコンソール」があります。特に、ＳＥＯや顧客・市場ニーズを分析する際に有効な、検索キーワードの確認、他にない優れた機能を有しています。

◆グーグルアナリティクスとの違い

グーグルアナリティクスは、セッション数・ユーザー数・チャネル・ページ閲覧回数・直帰率などＷｅｂサイトの全般的なアクセス分析をするのに対し、グーグルサーチコンソールは検索エンジンに関連したデータ分析が中心です。

サーチコンソールでは、ホームページの検索エンジンで実際に検索され、「クリックされたキーワード・クリックされた回数」「キーワードが表示された回数」「表示された時の平均掲載順位」「ＣＴＲ（クリック率）」などがわかります。ほかにも、グーグルに認識されたページ数（インデックス数）やエラーやセキュリティなどの改善点を確認することができます。

◆グーグルサーチコンソールの有効な使い方

ＳＳＬ等のセキュリティやプライバシー保護の強化を受け、グーグルアナリティクスでは、検索キーワードを調べることがほぼできなくなりました。その代わりとなるのは、グーグルサーチコンソールの検索パフォーマンスから、自社のＷｅｂサイトを訪れた際の検索キーワードの確認機能です。

ＳＥＯを強化する際には、自社のコンバージョンにつながるキーワードの強化は必須事項です。検索キーワードの表示数・クリック数・掲載順位の３点は、ＳＥＯを強化する上で絶対に押さえておきたいポイントです。

グーグルサーチコンソールをＳＥＯの強化に使っている企業は、次の手順で進めています。

Step①

グーグルサーチコンソールのキー

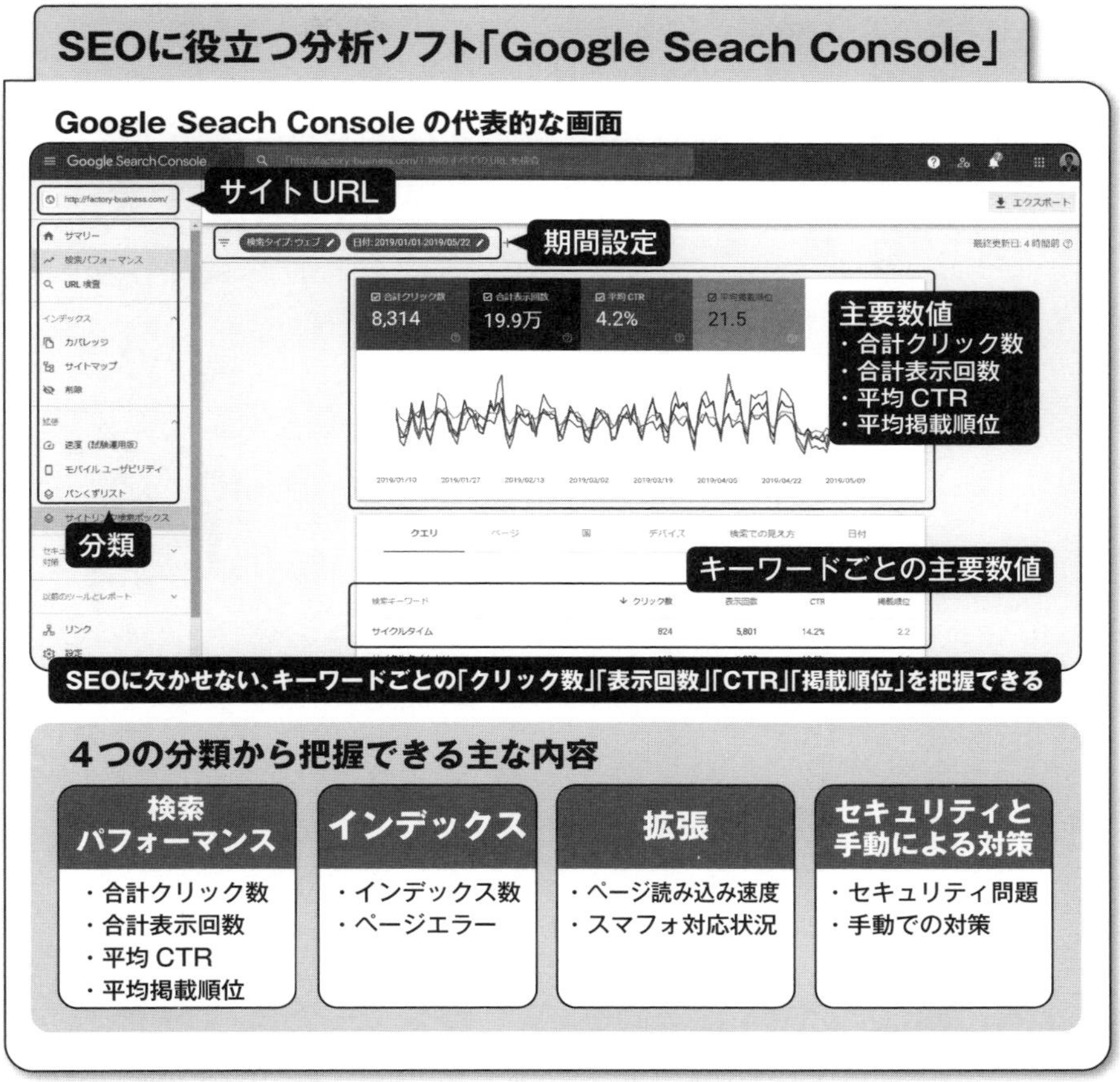

ワードクエリから、自社のコンバージョンにつながりそうな検索キーワードを絞り込む

Step②

掲載順位が10位から30位の間の検索キーワードを選択（掲載順位が10〜30位は、5位以内に上がる可能性が高い）

Step③

掲載順位を上げるために、その検索キーワードを含むSEO記事を作成

この3つのステップで、まず自社のコンバージョンにつながりそうな検索キーワードを実際の検索結果から見つけ、その後、上位表示できそうなキーワードを掲載順位から見つけ、そのキーワードのSEOの対策を実施します。

section 05

ＰＰＣ・リスティング広告の分析のポイント

―すべての販促活動を数字で分析・管理できる広告―

ＰＰＣ・リスティング広告を分析する利点は、広告の費用対効果が明確に把握できることにあります。

インターネット上の販促活動がシステムで正確に記録されるため、どのキーワードに対して、１クリックあたり何円かかっていると把握できるのです。

分析作業では、各サイトの１件のコンバージョンに対して、そこに至るまでの費用対効果を確かめることが基本となります。

◆クリックからオーダーまでが完結する通販サイトの分析項目：ＣＰＯ

サイト内で顧客のオーダーが完結する通販サイトの分析では、ＣＰＯ（Cost Per Order：受注１件あたりの広告費）がもっとも重要な指標となります。

たとえば、ある商品の通販でＣＰＡが３万円だったとします。その通販サイトの平均取引単価が５万円、粗利率が３割だったとするならば、１回あたり取引の利益は１.５万円。ということは、最低でも２回以上の取引をしなければ費用対効果が合わない、という判断になります。

◆問い合わせやサンプル品を訴求する集客型サイトの分析項目：ＣＰＡ・ＰＣＲ

集客サイト型のＷｅｂサイトでは、問い合わせやサンプル品の申し込みを費用で割るＣＰＡ（Cost Per Acquisition）や、ＣＰＲ（Cost Per Response）が分析すべき数値となります。

ＣＰＡやＣＰＲは、１件あたりのコンバージョンにおける費用です。

たとえば、リアルの展示会に出展した場合の名刺１枚あたりの獲得コストが１万円だったとします。これに対してＣＰＡ（ＣＰＲ）が５０００円だったとすると、展示会に出展するよりもＷｅｂサイトのほうがはるかに費用対効果が高いことがわかります。

PPC・リスティング広告：Google 広告の代表的な画面

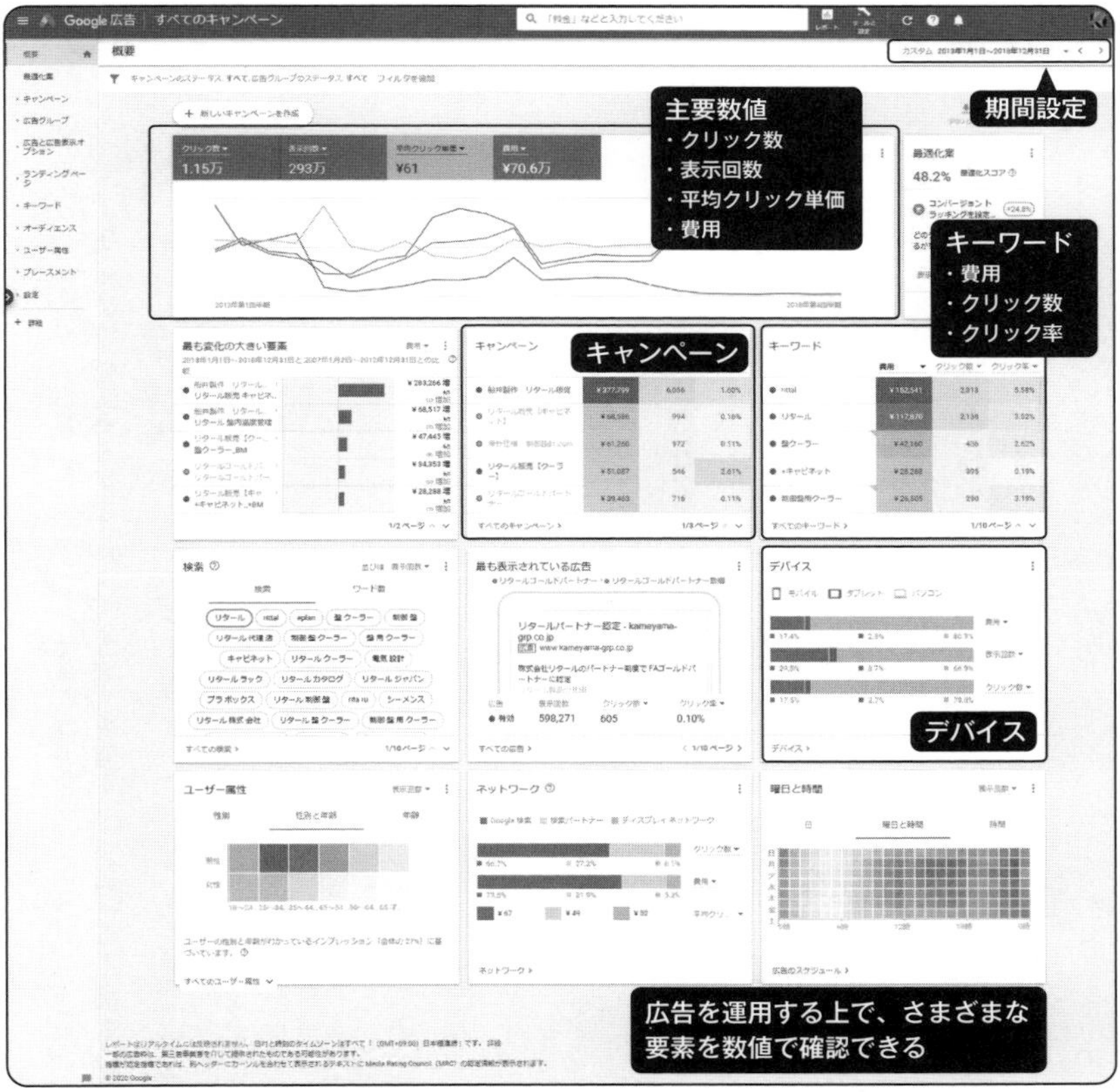

販促活動を数字で集計できるため、数値による販促改善ができる

section 06

Webサイトの改善につなげるアクセス解析のポイント

Webサイトの改善で押さえるべき5つの項目

―セッション数とコンバージョン件数からみるWebサイトの改善策―

分析は改善につながらなければなりません。ここでは、分析をいかにWebサイトの改善につなげるかを説明します。

◆Webサイトで業績を向上させるたった5つの項目

Webサイトの基本機能は、引き合いの獲得、受注へとつなげることです。この引き合いにつながる数式はすべてのWebサイト、「セッション数（場合によってはユーザー数、ページビュー数）×コンバージョン率＝コンバージョン件数」です。件数の要素としては、Webサイトへ訪れた顧客の人数・回数になります。引き合いにつながるコンバージョン率は、Webサイトのコンテンツ、つまり商品・サービス力に影響されます。

コンバージョン件数を増やす方法は2つあります。1つ目がセッション・ユーザー・ページビューを増やすための、SEOやPPCなどチャネル改善です。2つ目が、コンバージョン率を上げるための、Webサイトのコンテンツの見せ方や商品力の強化です。この活動を通して、この5つの数値を記録しておけば、最低限の状況把握は可能となります。

◆どこまでいっても閲覧件数がモノをいうWebサイト分析

限られた人数・時間でWebサイトを分析・改善する1つの要素はセッション数等の閲覧件数です。この閲覧数値を毎月記録することで、先月対比、昨年対比などの状況変化を把握できます。毎月記録する利点は、競合が出現したりサイトに予期せぬエラーが発生した場合に、数値の変化から異変をすぐに把握できることです。

また、このセッション数やユーザー数が減っていなければ、コンバージョン件数が下がることはほとんどありません。言い換えると、セッション・ユーザー数が変わっていないにもかかわらず、コンバージョンが減ってきたなら、Webサイトのコンテンツを変えるタイミングと認識すべきでしょう。

この項目からすべての分析が始まる主要５項目

押さえておくべきWebサイト分析の主要項目

主要５項目	目的
ユーザー数	ユーザー数が多ければ、それだけ自社の正しい状況がわかる。ユーザー数として1000を超えてくれば、一定の状況判断ができる。 ⇒　次の分析・改善：チャネル・参照元/メディア・PPC広告・ユーザー属性
セッション数	セッション数は、自社保有のハウスリストへのメルマガの有効性の把握など、ユーザー数以上にWebサイトの人気を確認する指標。セッション数が多ければ、正しい分析が可能。 ⇒　次の分析・改善項目：チャネル・参照元/メディア・PPC広告・キーワード
ページビュー数	1セッション当たりの閲覧数。サイト内のどのページが見られ、どのページから流入し、どのページで離脱しているかを判断できる。 ⇒　次の分析・改善項目：離脱率・ページ価値・行動フロー
コンバージョン件数	問い合わせに至った件数。Webサイトからのメール問い合わせだけでなく、Webサイトを見て、電話による件数も把握。この件数を基準に改善項目が決定される。 ⇒　次の分析・改善項目：CPA・CPO・キーワード・チャネル
コンバージョン額	Webサイトをきっかけとした実際の売上・粗利額。問い合わせと時間差により数字が計上されたり、2回目以降はWebサイトを経由しない売上・粗利額もある。このコンバージョン額がマーケティングの費用対効果の測定に必須になる。 ⇒　次の分析・改善項目：CPA・CPO・キーワード・チャネル

Webサイトの管理帳票の例

	1月	2月	3月	4月	5月	6月
ユーザー数	888	1,125	1,293	1,537	1,922	2,320
セッション数	976	1,222	1,445	1,703	2,148	2,581
ページビュー数	1,988	2,631	3,178	3,466	4,104	4,719
コンバージョン件数	6	6	11	2	10	6
コンバージョン額(万円)	281.6	480.0	576.0	544.0	448.0	416.0

	7月	8月	9月	10月	11月	12月
ユーザー数	2,586	2,262	2,520	2,894	3,205	2,372
セッション数	2,844	2,498	2,798	3,191	3,465	2,645
ページビュー数	5,161	4,896	4,827	5,300	5,853	4,731
コンバージョン件数	10	8	8	11	6	13
コンバージョン額(万円)	608.0	640.0	822.4	704.0	483.2	819.2

section 07

Ｗｅｂサイトのキーワード順位が簡単にわかる

検索エンジン順位チェックツール活用のポイント

専用ツールで自社サイトの検索順位を正しく把握する

◆検索エンジンのキーワード順位のチェックツールとは

Ｗｅｂサイトのクリック率は、検索エンジンの表示順位によって変わります。そのため、キーワードごとの表示順位は、引き合いにつながる重要な要素です。

インターネット上には、キーワード順位を調べる無料・有料のソフトが数多くあります。そうした専門のソフトを使わずに順位を調べるとなると、検索エンジンの表示順位にそって調べることになり、時間がかかりすぎます。

また、自分が普段使っているパソコンでは、よく見るホームページは上位に表示されるため、正しい表示順位を調べることはできません（キャッシュをリセットしないと、正しい順位は出ない）。つまり、専門のソフトを使用せずにキーワード順位を調べることは、現実的には難しいと言えるでしょう。

専門ソフトといっても、その使い方は簡単です。自社のホームページのアドレスを入力、そして特定キーワードを入力し、ボタンを押すだけです。すると、各キーワードの表示順位を簡単に調べることができます。

◆順位のチェックツールを活用するポイント

チェックツールの有料と無料の違いは、記録機能の有無です。有料ソフトを使えばホームページの順位の推移を記録することができます。順位推移の記録は、キーワード順位の変化を時間軸で把握できるため、ＳＥＯにも有益な情報になります。また複数のサイトについて記録できますので、自社のホームページだけでなく、ＵＲＬを入力さえすれば、競合のホームページも調べることができます。自社と競合の双方を調べたい場合には、有料のソフトを使用することが望ましいです。有料ソフトの他の機能としては、設定しておけば、毎日・週・月の決まった時間の自動で順位を調べる機能もあり、担当者の工数削減につながります。

検索エンジンの表示順位調査ツール

無料版：キーワード順位検索ツール

ソフト名	同時検索キーワード数	URL
検索順位チェッカー	5つ	http://checker.search-rank-check.com
SEO チェキ！	3つ	https://seocheki.net
SEO TOOLS	3つ	http://www.seotools.jp

有料版：キーワード順位検索ツール

ソフト名	費用	計測URL 数	同時検索キーワード数	URL
GRC ベーシック	4500 円／年	5	500	https://seopro.jp/grc/
AZC50 プラン	2980 円／年	50	50	http://www.azcheck.com/

※各ツールの特徴としてクラウド型、オンプレ型、自動記録型などがある

自社サイトのキーワード順位の記録事例（1ヶ月ごと）

	1月	2月	3月	4月	5月	6月	7月	8月	9月	10月	11月	12月
キーワード①	5位	3位	3位	3位	1位	1位	1位	1位	1位	1位	1位	1位
キーワード②	100位以下	54位	58位	42位	38位	21位	30位	46位	21位	21位	42位	43位
キーワード③	1位	1位	1位	1位	1位	1位	1位	1位	1位	1位	1位	1位
キーワード④	77位	42位	38位	51位	42位	50位	24位	30位	32位	34位	33位	32位
キーワード⑤	23位	28位	19位	17位	17位	14位	14位	12位	11位	16位	9位	6位
キーワード⑥	32位	27位	28位	27位	23位	16位	16位	12位	4位	7位	8位	8位
キーワード⑦	100位以下	70位	62位	70位	59位	24位	30位	24位	28 位	9位	4位	4位

毎月のキーワード順位を確認することで、SEOの進捗状況がわかる

section 08

グーグルが提供する拡張性の高いBIツール

グーグルデータポータル等、BIツール活用のポイント

―Webb分析ソフトとスプレッドシートを1つにまとめるツール―

デジタルマーケティングを実施すると、多種多様な分析項目があり、それにともない多くの分析ソフトを使わざるを得ないことに気づくはずです。グーグルアナリティクスやグーグルサーチコンソールの分析画面はそれぞれ違いますし、売上データを表示するにも、通販システムや会計ソフトから算出する場合もあります。これら異なるシステムデータを統合し、1つのレポートとして出力できる便利なソフト（BIツール）が、グーグルデータポータルです。

◇あらゆるデータを一元レポート表示が可能な便利ツール

グーグルデータポータルは、グーグルアナリティクスやグーグルサーチコンソールと連携をすることができます。連携すれば、各分析ソフトの中で抽出したい分析項目だけを選び、グラフや表に出力できます。

また、グーグル広告とも連携できるため、これ1つでグーグル社のWebマーケティングに関する主要な分析項目をまとめて管理することが可能です。専門的なプログラムの知識がなくとも、簡単に連携できますので、一度レポートを作成すれば、次からはデータポータルにアクセスするだけです。

◇その他データの取り込み

グーグルデータポータルの最大の特徴は、グーグルスプレッドシートと連携できる点です。スプレッドシートとはクラウド上の表計算ソフトで、エクセルのように表に任意の数字を入れて使うものです。スプレッドシートに入力した各種データを取り込むことで、Webサイトのデータに、他のシステムからの売上・粗利などの数字を同じ1枚のレポート上で確認・分析することができます。

売上や粗利だけでなく、商談や見積金額などの営業数値と、Webサイトだけでなく、展示会やキャンペーンメルマガ、SNS広告などの販促数字を、グーグルデータポータルに集約し、活用している企業も増えています。

さまざまなデータを統合できる「Google Data Studio」

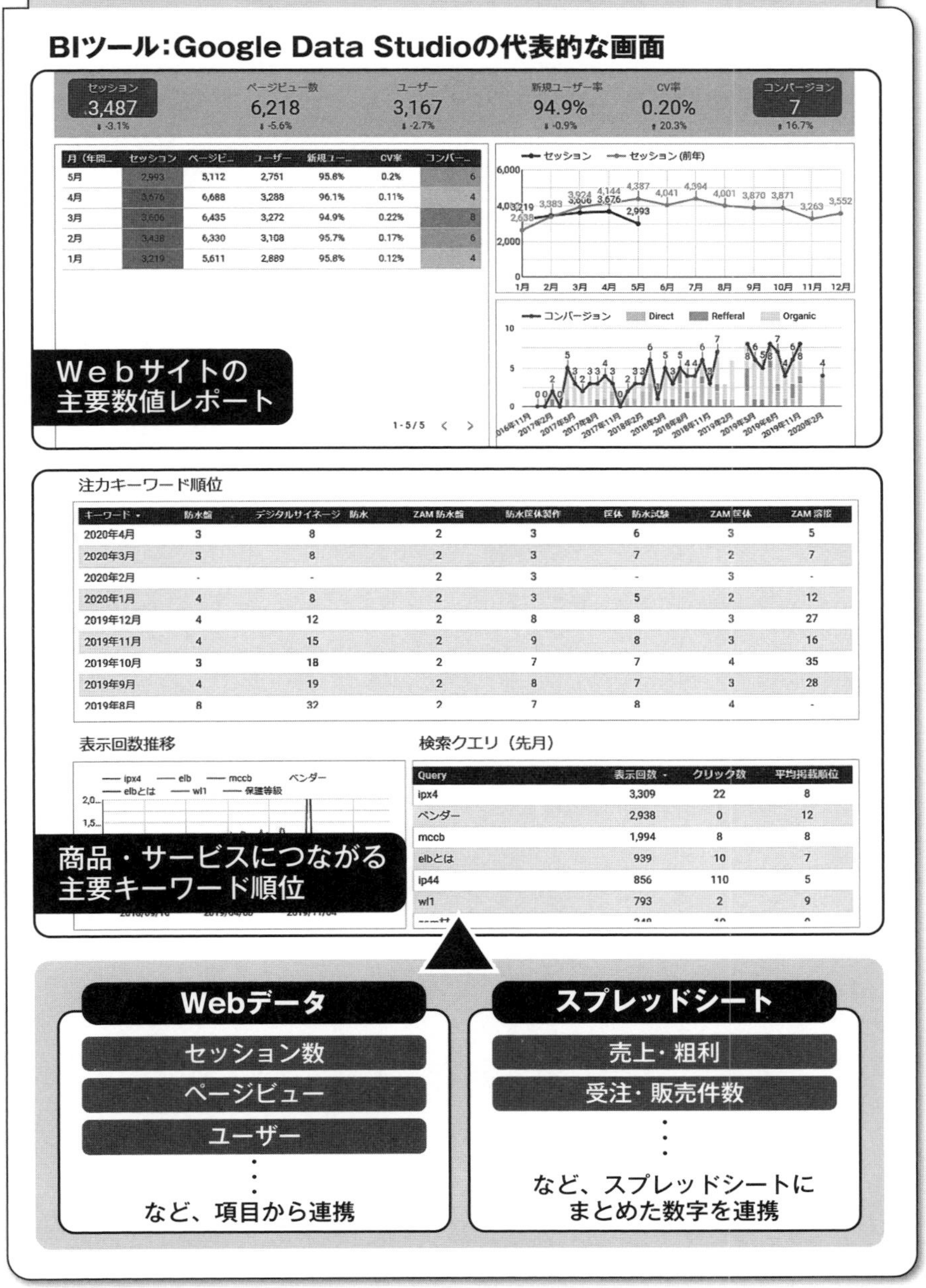

section 09

分析をいかに成果につなげるか?

分析結果を活かす、課題に対する解決策の進め方

伸ばすべき自社の強みと、改善すべきコンテンツを明確にする

それではこうした一連の分析結果を、どのようにデジタルマーケティング施策に反映させていけばいいのでしょうか。

◆顧客のニーズに対応したWebサイトにする

まず重視するべき点は、自社のWebサイトが顧客のニーズにきちんと対応しているかどうかです。

グーグルサーチコンソールを使えば、自社サイトに流入するきっかけとなった具体的なキーワードを把握することができます。

仮に自社が業務用の麺を販売している会社だったとします。そして自社のサイトへの流入のきっかけとなったキーワードで「鍋用　ラーメン」が数多くあったとします。この場合、自社のWebサイトのコンテンツに「鍋用　ラーメン」に対応するページが充実していればいいのですが、そうでないのなら、コンテンツを増やすなどページを充実させて、離脱されてしまう機会損失を防ぐ施策を打つべきです。

◆強みを把握してさらに伸ばす

同時にグーグルアナリティクスを活用すれば、自社のWebサイトのどのページが特に閲覧されているかがわかります。

やはり自社が業務用麺を販売している会社だとして、自社サイトの中でも特に生パスタのページがよく見られていたとします。それならば、さらに生パスタの品揃えを充実させてページを増やす、あるいはレシピなどの情報を付加してページを強化し、さらにアクセス数が増える施策を打つべきです。

◆改善が必要なコンテンツを明らかにする

逆に本来は自社の強みであるはずのページなのに、そこから他のページに遷移することなく顧客が離脱している割合が高かったとします。であれば、なぜそのページから離脱されてしまうのか原因を追究し、コンテンツを改良、あるいは充実させるなどして、離脱される割合を減らす施策を打つ必要があ

分析結果を活かす、課題に対する解決策の進め方

① 顧客のニーズに対応したWebサイトにする

グーグルサーチコンソールで、自社Ｗｅｂサイトに流入するきっかけとなったキーワードを把握する

→ それに対応するページが充実していない場合は、コンテンツを増やすなどページを充実させる

② 自社の強みを把握してさらに伸ばす

グーグルアナリティクスで、自社のＷｅｂサイトのどのページが特に閲覧されているかを把握する

→ 品揃えを強化してページを増やす、あるいはさまざまな情報を付加してページを強化する

③ 改善が必要なコンテンツを明らかにする

グーグルアナリティクスで、自社のＷｅｂサイトのどのページが特に離脱が多いかを把握する

→ 原因を追究し、コンテンツを改良あるいは充実させるなどして、離脱される割合を減らす

ります。

このように、分析結果から課題を明確にして、具体的な解決策に結びつけていくのです。

section 10

事例 分析に基づく改善で、Webサイトからの受注額を4倍にした設計会社

デジタルマーケティングの結果を分析して、新たにＷｅｂサイトを作成し、特定商品群の受注を4倍にした事例をご紹介します。

◆Webサイトの分析から、次なる商品サービスの展開

長崎市にある亀山電機は社員数90名の電気制御エンジニアリングの会社です。取引先は全国にあるため、新規開拓を効率化するツールとして、自社の得意な商品・サービスに特化したホームページ「海外仕様 制御設計.ｃｏｍ」を運用していました。

「海外仕様」というテーマに特化したホームページを運用するうちに、海外仕様の中でもさらにセグメントされたシーメンス（ドイツのメーカー）に関する問い合わせが入ってきました。

そこで海外仕様のＷｅｂサイトをサーチコンソールで分析すると、シーメンスに関する検索キーワードが一定数あることを発見します。中でも、「シーメンスＰＬＣ」は、自社が狙っている商品・サービスに直結する検索キーワードでした。

そこで、シーメンスの制御に特化したＷｅｂサイトを作成し、この分野の受注を伸ばすことを決断しました。

◆思いきったドメイン戦略で受注増

このように亀山電機は、制御技術全体の中からセグメントした「海外制御」に商品・サービスにドメインをおき、さらにセグメントされた海外メーカーの1つである「シーメンス制御」にドメインをおきました。

このセグメント戦略ですが、一般的には、非常にニッチで市場規模が十分とは考えにくいものです。にもかかわらず、実行に踏み切れたのは、自社の売上・利益、その商談・見積の登録要因を正確に把握していたからにほかなりません。

同社ではこの取り組みにより、Ｗｅｂサイトからの受注金額が4倍になりました。

Ｗｅｂサイトの分析から新サービスの展開

タイトル：海外仕様制御設計 .COM　URL：https://www.kameyama-grp.co.jp/ks-ss/

サイト分析

Google Analytics
Google Seach Console
を使ってホームページを分析

Ｗｅｂサイトの分析より、シーメンスというキーワードが一定数検索されていることを発見

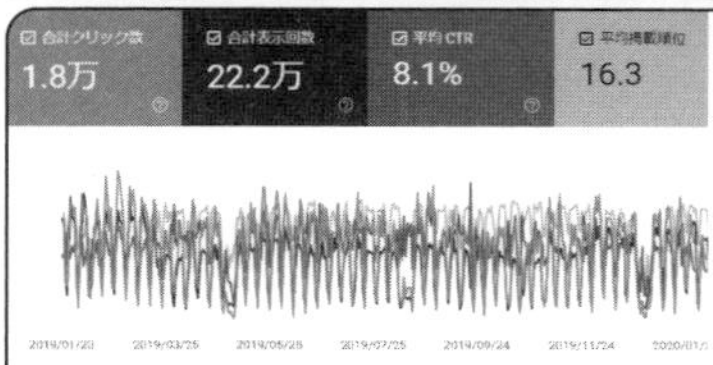

Google Seach Console の
キーワード分析の結果

検索キーワード	クリック数	表示回数
シーメンス三菱plc比較	156	869
シーメンスplc	71	434
シーメンスplcマニュアル	46	303
シーメンスplc講習	14	340
シーメンスplcラダー	12	145
plcシーメンス	12	136
シーメンスインバータ	11	140
シーメンスplc	11	126

キーワードを基に、
新たなＷｅｂサイト
を作成

タイトル：シーメンス制御設計 .COM
URL：https://www.kameyama-grp.co.jp/kss-ss/

Ｗｅｂサイトを
きっかけとした
受注金額を
約４倍に増加！

受注金額（税抜）合計：	受注日	
オーダー発生要因IOC:IOC名	2018会計年度	2019会計年度
集客サイト	10,672,700	42,922,064

亀山電機のホームページ戦略

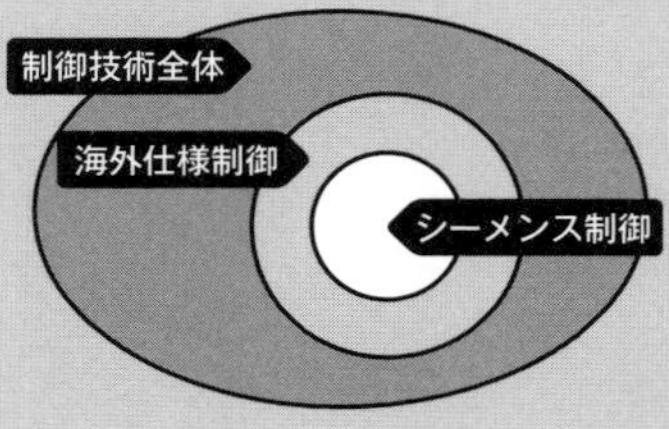

Step１
Ｗｅｂサイトを運営・分析

Step２
新たな商品・サービスを発見

Step３
市場ニーズに合致したＷｅｂサイトを新たに作成

Step４
新Ｗｅｂサイトでさらに業績を拡大

第8章

Web接客とリモート商談システム導入のポイント

Section

section 01

Web接客ツールの目的と、主なツールの例

近年注目されるWeb接客ツールとは？

滞在時間やコンバージョン率を上げるWeb接客ツール

近年、デジタルマーケティングのツールとして注目を集めているのがWeb接客ツールです。

◆Web接客ツールの例と主な目的

Web接客ツールの主な目的は次の通りです。

①サイト内での滞在時間を伸ばす
②サイト内での回遊を促す
③コンバージョン（引き合い）に至る確率を上げる
④サイトからの離脱を防止する

そして、主なWeb接客ツールに「チャットボット」「ポップアップバナー」「差し込みバナー」「離脱時バナー」が挙げられます。

◆「集客だけでは限界」という事情

こうしたWeb接客ツールが近年注目される背景として、いわゆるインターネット広告やSNS広告による集客の競争が激化していることが挙げられます。多くの会社が広告に予算をかけて集客を図っていますが、思うようなコンバージョン（引き合い）、あるいは注文に至っていないのが現状です。

そこで近年注目されはじめたのが、せっかく集客してサイトに訪れてくれたお客様にきちんとサイト上で接客して、滞在時間やコンバージョン率あるいは注文率を上げていこう、という考え方です。

こうした考え方から生まれたのが前述の各種Web接客ツールです。

当初は通販サイト（ECサイト）で活用されていたWeb接客ツールですが、現在ではソリューションサイトやコーポレートサイトでも広く利用されるようになっています。Web接客ツールの中でも「チャットボット」は特によく見られるようになりました。

ちなみにこうしたWeb接客ツールをうまく活用することで、離脱防止あるいはコンバージョン率が10％ほど向上するというデータもあります。

これからはただ集客するだけでなく、Webサイトの中で〝おもてなし〟をするという発想も求められる、ということなのです。

Web 接客ツールの種類

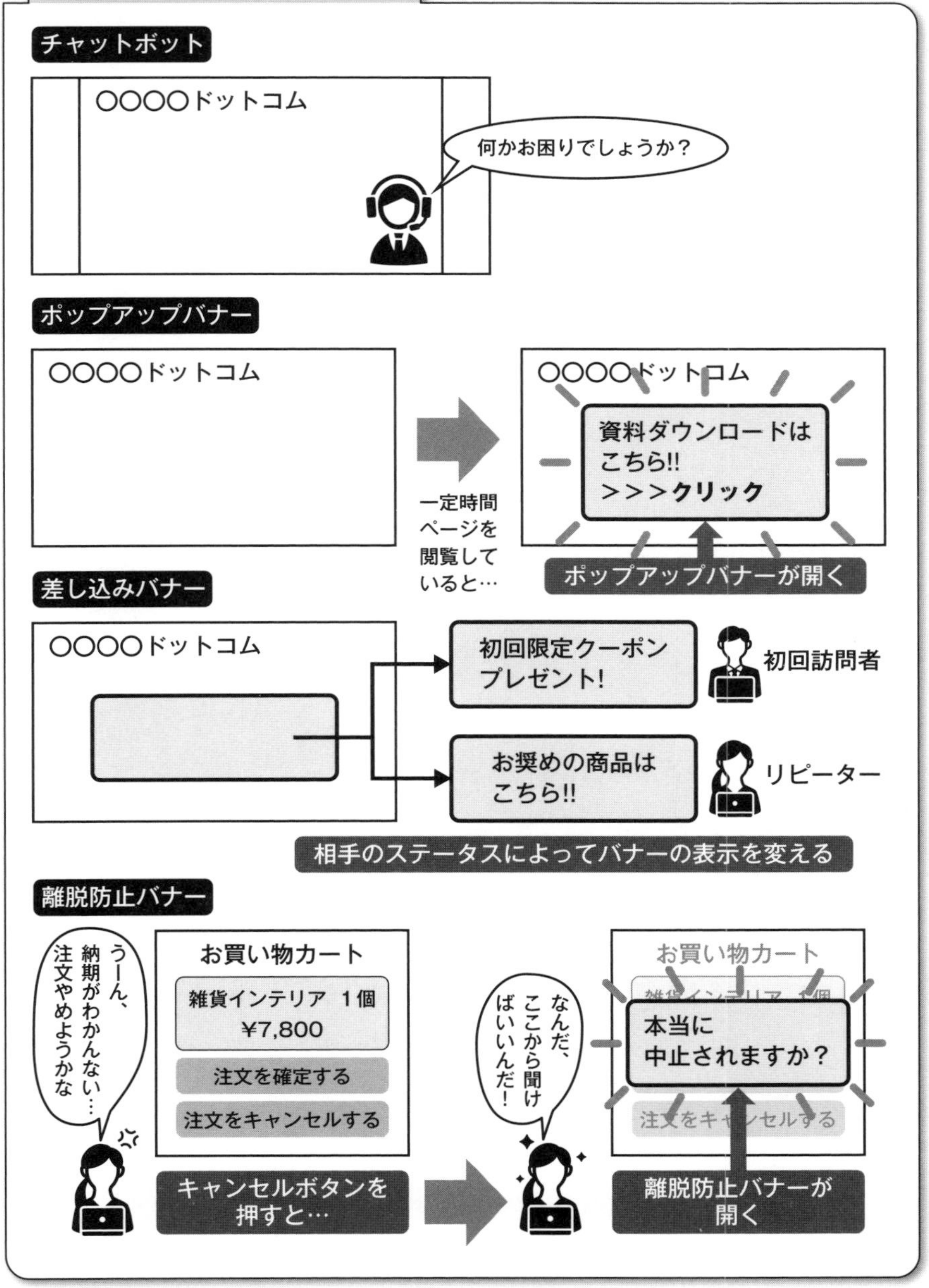

section 02

Webサイトの新たなコミュニケーションツール

チャットボットとは何か?

チャットボットを導入する4つのメリット

チャットボットとは「対話（chat）」する「ロボット（bot）」という2つの言葉を組み合わせた造語です。

◆チャットボットにできること

チャットボットは、たとえば従来のコールセンターやホームページの問い合わせフォームに代わる新たなコミュニケーションツールとして広く利用されています。

Webサイトに実装されたチャットボットは多くの場合、画面右下に「チャットでご質問にお答えします」あるいは「お困りではありませんか?」といったメッセージで表示されます。

そしてWeb接客ツールとしてのチャットボットは、大きく「ボットタイプ」と「オペレータータイプ」の2種類に分けることができます。

「ボットタイプ」とは、いわゆる有人対応ではなく、チャットボットの中でシナリオを組み、お客様からの質問に自動的に対応していくタイプのチャットボットです。

これに対して「オペレータータイプ」は有人対応のチャットボットであり、文字通り人（オペレーター）がチャットボットを介して対応するものです。

◆チャットボットを導入するメリット

チャットボットを導入するメリットは次の4つです。

①オペレーションコストが下がる
②顧客接点が増え、サイト内滞在時間やコンバージョン（引き合い）率や注文率が上がる
③お客様にとっては電話や問い合わせフォームよりも気軽に使える
④すべてデジタルデータで取得できるので分析が容易になる

近年では無料のチャットボットがあるほか、マーケティングオートメーションツール等に内蔵されているケースもあります。チャットボット導入のハードルは非常に下がってきています。

チャットボットとは？

チャットボットの分類

チャットボット

- **ボットタイプ**
  チャットボットの中でシナリオを組み、お客様からの質問に対して自動的に対応していくタイプ
- **オペレータータイプ**
  有人対応のチャットボット。オペレーターがチャットボットを介して対応

チャットボットを導入するメリット

メリット１
オペレーションコストが下がる

メリット２
顧客接点が増え、サイト内滞在時間やコンバージョン（引き合い）率や注文率が上がる

メリット３
お客の立場で電話や問合せフォームよりも気軽に使える

メリット４
すべてデジタルデータで取得できるので分析が容易になる

⊙近年では無料のチャットボットもあり、導入は非常にハードルが下がってきている。

⊙最近はAIを実装したチャットボットが増え、類義語、同義語、表記のゆれを自動で理解するなど、高精度な自動回答が可能なものも多く出てきている。

section 03

チャットボットのシナリオ作成 2つの方法

チャットボットの活用法とその効果

ボットタイプか? オペレータータイプか?

チャットボットをどのようにWeb接客ツールとして活用していけばいいのでしょうか?

◆チャットボットを活用する上で押さえておくべき指標

まず、Webサイトにチャットボットを実装した場合、そのWebサイトの全アクセスのうち約1%がチャットボットに流入すると言われています。

したがって、実装しようとしているWebサイトのアクセス数から、チャットボットへの流入件数を推察することができます。その件数が、前述の「ボットタイプ」を導入するべきなのか、人間のオペレーターが対応するのか、「オペレータータイプ」を導入するべきなのかを検討する際の1つの指標になるでしょう。

◆チャットボットのシナリオの作り方

「ボットタイプ」のチャットボットの場合は〝シナリオ〟を作る必要があります。シナリオ作りの代表的な方法として、次の2つを挙げることができます。

①FAQ(よくある質問)をシナリオに置き換える

②問い合わせフォームをシナリオに置き換える

①であれば、「何でお困りですか?」とチャットボットが話しかけた上で、「ご質問内容を選んでください」と、FAQ(よくある質問)に準拠する形で〝納期について知りたい〟〝デモ機の貸し出しについて知りたい〟と質問を分岐させることになります。

②であれば、「お問い合わせありがとうございます」とチャットボットが話しかけた上で、「お問い合わせ内容を選んでください」と、〝商品について〟〝会社情報について〟〝注文の流れについて〟といった問い合わせフォームに準拠する形で質問を分岐させていくことになります。

自社の取り扱い商品やサービス、あるいは顧客からよく寄せられる質問や問い合わせの中身などを加味しながら、シナリオを検討する必要があります。

チャットボットの活用法とその効果

製作したホームページ

①FAQ（よくある質問）をシナリオに置き換えた事例

出典：深江特殊鋼 BTA・ガンドリル加工. COM https://www.bta-gd.com/

②問合せフォームをシナリオに置き換えた事例

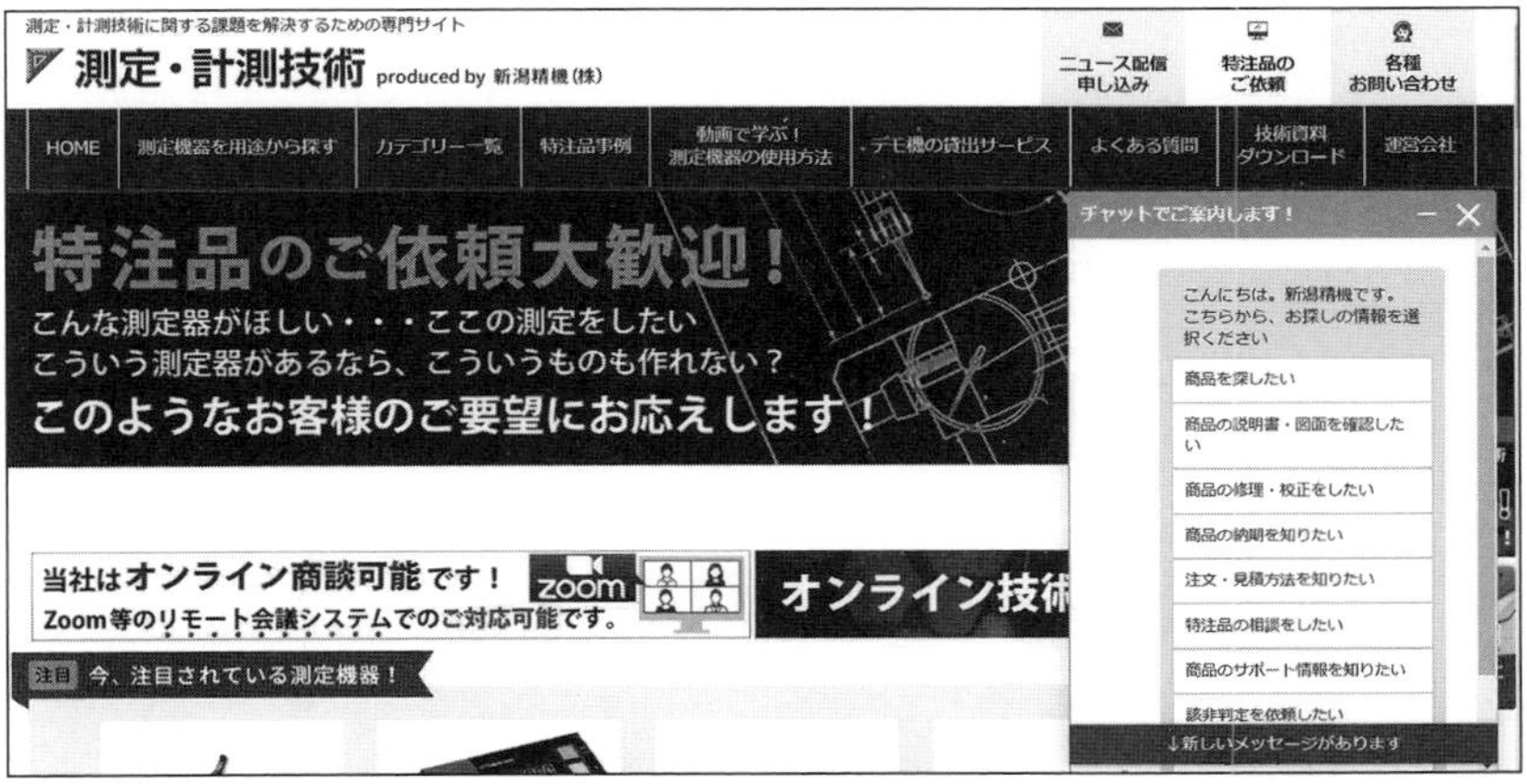

出典：新潟精機 測定・計測技術 https://www.sokutei-gijyutu.com/

「３分以上商品一覧ページを閲覧している人にチャットで話しかける」といった設定も可能＝特定のステータスに限定して接客することができる。

section 04

コンバージョン率の向上、離脱率の低減に貢献

ポップアップバナー、差し込みバナー等の活用のポイント

―うまく活用すれば10～20％もの改善も！―

チャットボットと同様に、代表的なWeb接客ツールとして、

・ポップアップバナー
・差し込みバナー
・離脱防止バナー

を挙げることができます。

◆購買プロセスへの移行を促すポップアップバナー・差し込みバナー

ポップアップバナーは、たとえば一定時間以上閲覧している人に対し、画面中にバナーを出現させて、「この商品のカタログをこちらからダウンロードできます！」と、次の購買プロセスに移行させることを目的にしています。

あるいは商品ページを下にスクロールさせていくと「オンラインショップでの購入特典！」といったバナーを出現させるといったものです。

差し込みバナーは一見すると普通のバナーですが、ページを閲覧する人のステータスによって、表示させる内容を変えるというものです。たとえば初めて訪れたお客様に対しては「初回限定クーポン券をプレゼント！」といったバナーを、リピーターに対しては「こちらの商品もお奨めです」といった内容のバナーを表示させます。

いずれもポップアップバナー同様、次の購買プロセスに移行させることが目的です。

◆離脱を防止する離脱防止バナー

離脱防止バナーは、文字通りサイトからの離脱あるいはカート落ちを防止するバナーのことです。

たとえば通販サイト等で、商品の選定まで完了しているのに、最後の発注カートのところでなぜか発注されずに離脱されてしまうことがあります。これを「カート落ち」あるいは「カゴ落ち」と言います。

離脱防止バナーは、こうしたカート落ち、あるいはカゴ落ちしそうなお客様に対して「本当に注文を中止しますか？」、あるいは「今はお得なセール期間中です」といった、離脱を防止するメッセージをバナーで表示させるものです。

ポップアップバナー、差し込みバナー等の活用のポイント
ポップアップバナー
一定時間以上閲覧している人に対して、画面の中にバナーを出現させる、あるいは商品ページを下にスクロールさせていくとバナーが出現する
差し込みバナー
ページを閲覧する人のステータスによって、表示させる内容を変える
A
B
離脱防止バナー
サイトからの離脱あるいはカート落ちを防止する
次の購買プロセスへの移行を促す
離脱率を低減する
コンバージョン率の改善
（10～20%アップ）を目指す！

こうしたWeb接客ツールとしての各種バナーは、うまく活用するとコンバージョン率（注文率）の向上、また離脱率の低減に貢献します。

あくまでも目安ですが、Web接客ツールを効果的に活用できれば、これらの数値は10～20％ほど改善します。

仮に1日20件のコンバージョンが獲得できているサイトであれば1日1～2件、1ヶ月で30～60件の増加となりますから、業績に与える影響は大きいと言えます。

section 05

シナリオはカスタマージャーニーマップに基づいて考える

Webのためのシナリオの作り方

―Web接客ツール導入の費用対効果をきちんと想定する―

さて、各種Ｗｅｂ接客ツールを活用するためには、Ｗｅｂ接客ツール全体のシナリオを作る必要があります。

そしてＷｅｂ接客のためのシナリオを作るおおもとになるのが、第1章で述べたカスタマージャーニーマップです。

◇カスタマージャーニーマップに沿ってWeb接客のシナリオを考える

カスタマージャーニーマップは、顧客の購買プロセスに沿って、そのタッチポイントで施策を考えていきます。

そしてＷｅｂ接客ツールが活用されるのは顧客の購買プロセスの「比較」「確認」「購入」にあたる部分です。

「比較」のプロセスは「どれがいいんだろう……」と迷っているプロセスです。そこでサンプル請求を促す施策、あるいはカタログダウンロード等を促す施策が有効になります。

そして「確認」のプロセスは、「本当にこれでいいのかな……」と、文字通り確認をしているプロセスです。そこでお客様の声やＦＡＱへの誘導など、引き合いあるいは購買に至るまでの不安を払拭するような施策が有効になってきます。

また「購入」のプロセスでは、前項で述べた「離脱防止」といった施策が有効になってくるわけです。

Ｗｅｂ接客ツールのシナリオを作るポイントは、この顧客の購買プロセスに沿って、各タッチポイントでお客様がどんな「思考」をするのか、お客様目線で考えてみることです。いわゆるＣＸ（カスタマー・エクスペリエンス：顧客体験）の視点です。

◇Web接客ツールは費用対効果を明確にして導入しよう

また、各種Ｗｅｂ接客ツールは、多くの場合、各ベンダーが導入後の改善効果を「コンバージョン率10％アップの事例」あるいは「離脱防止10％の効果」といったように、定量的な指標を何らかの形で公開しているはずです。

自社Ｗｅｂサイトのアクセス数等から、こうしたＷｅｂ接客ツールを導入

Web 接客のためのシナリオの作り方

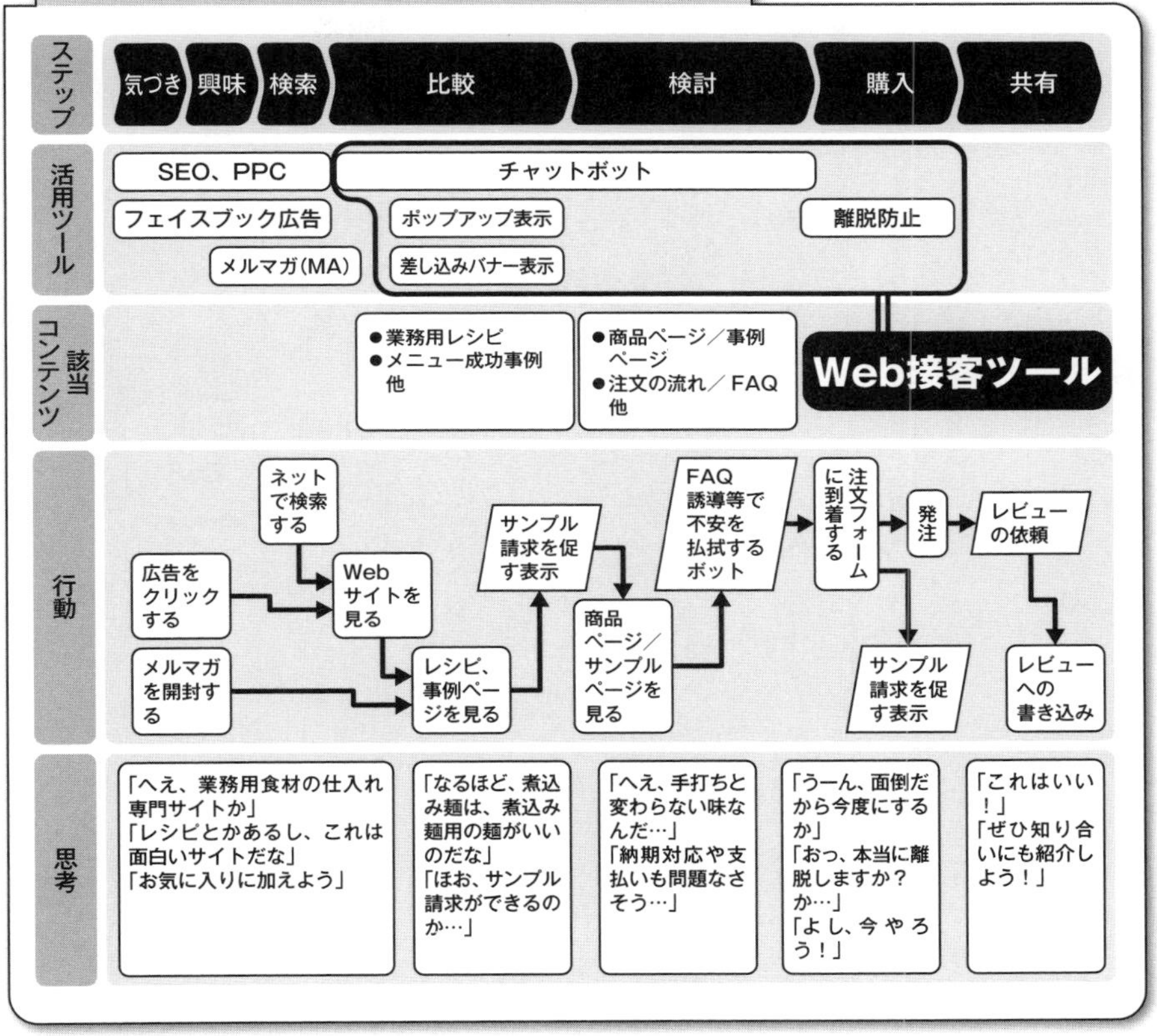

した結果、どれくらいの新たな売上が作れるのか、あるいはどれくらい機会損失を防ぐことができるのか、費用対効果を予想することができるはずです。

このようなプロセスでＷｅｂ接客ツールの導入を検討すればいいでしょう。

section 06

アフターコロナ時代の営業とは①

急速に普及する「リモート営業」

「リモート営業」のメリットと課題を認識する

◆新型コロナとともに広がったリモート営業

2020年に発生した新型コロナウイルスの感染拡大をきっかけに、Web会議システムを活用したリモート営業が一般的になりつつあります。

新型コロナウイルスの感染拡大前からリモート営業はありましたが、自社の営業担当者から反対の声が上がったり、顧客にも提案しづらかったりと、従来はなかなか普及が広がりませんでした。

しかし新型コロナの影響で「客先を訪問できない」「対面での営業ができない」と、「リモートでしか話ができない」状況となり、否応なしにWeb会議システムで商談を進めてみると、「意外と簡単・手軽・効率的なことがわかった」という企業も少なくありません。今後も、もっと言うと新型コロナウイルスが収束したとしても、リモート営業はどんどん加速していくことでしょう。

◆リモート営業の普及で進む、営業担当者の早期育成化

リモート営業のメリットは次の2つです。

①移動時間がなくなるため1日に対応できる営業件数が増え、生産性が上がる

②営業担当者の早期育成が可能になる

メリット①については理解しやすいと思いますので、メリット②についてご説明します。従来の訪問型の営業だと、営業マンがどのような提案をしているのかは、一緒に同行しない限り把握できません。

その結果、上長が指導する機会が限られていましたが、リモート営業の場合はWeb会議システムにアクセスするだけで〝同行〟できるので、同席による指導回数を増やすことができます。

トップセールスの営業に同席することもできますし、Web会議システムの録画機能を使って収録した動画を見て学ぶことも容易になります。

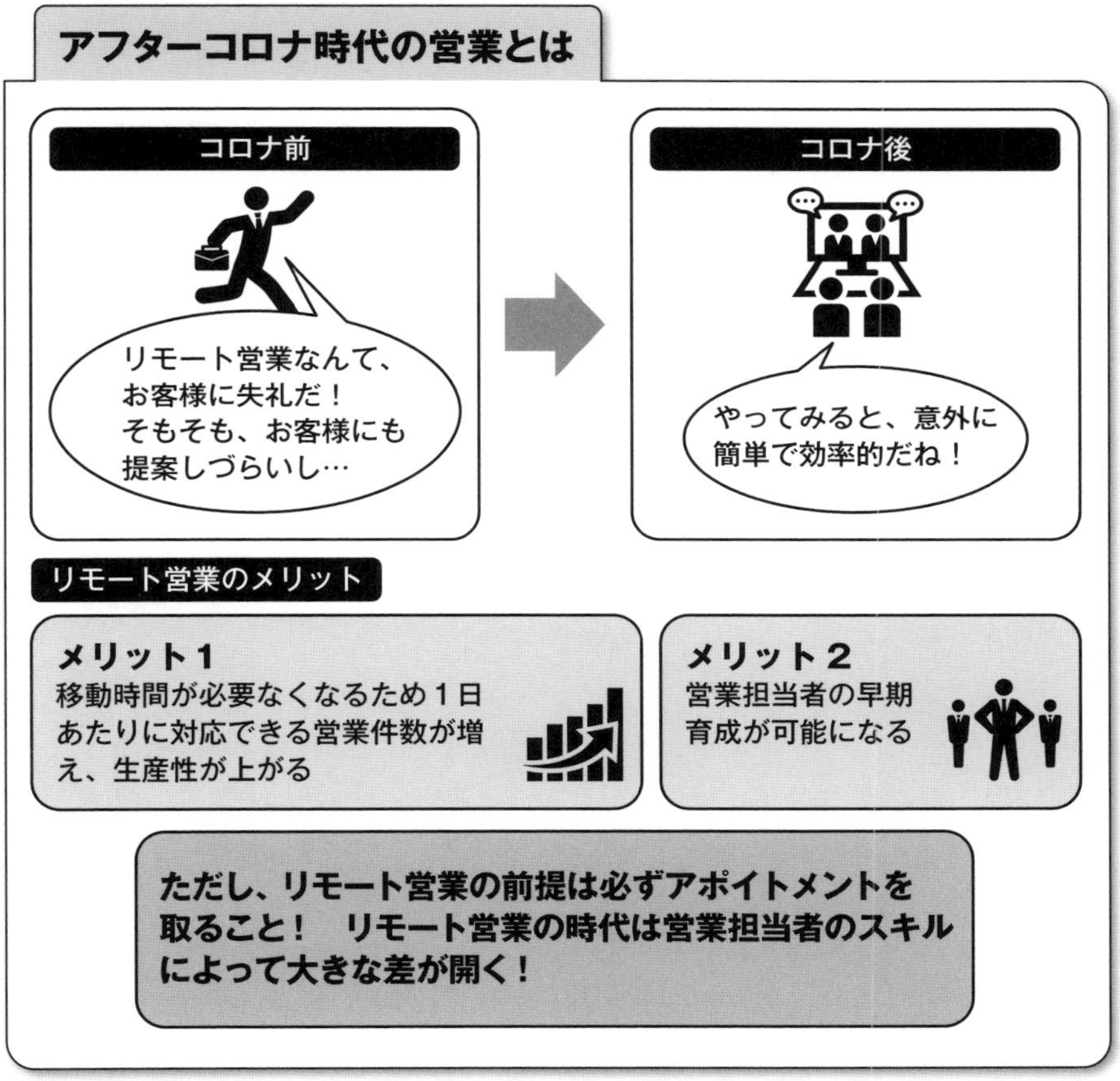
アフターコロナ時代の営業とは
コロナ前
リモート営業なんて、
お客様に失礼だ！
そもそも、お客様にも
提案しづらいし…
コロナ後
やってみると、意外に
簡単で効率的だね！
リモート営業のメリット
メリット１
移動時間が必要なくなるため１日
あたりに対応できる営業件数が増
え、生産性が上がる
メリット２
営業担当者の早期
育成が可能になる
ただし、リモート営業の前提は必ずアポイントメントを
取ること！　リモート営業の時代は営業担当者のスキル
によって大きな差が開く！

ただし、リモート営業には課題もあります。たとえば今までのルートセールスのように、アポなしでふらっと訪問し、世間話から情報収集や提案につなげるといった営業活動は行なえなくなります。

なぜなら、リモート営業の前提は必ずアポイントメントを取らなければならないからです。

アポイントメントを取るためには、それなりに相手にとってメリットのある情報をあらかじめ準備しておく必要があります。

つまりリモート営業の時代は、営業担当者によって大きな差がつく時代になる、と言えます。

section 07

アフターコロナ時代の営業とは②

テクノロジーを活用して実現する「リモート営業」

―リモート営業で成果を出すための営業フロー―

リモート営業における営業フローの例を次に示します。

①アポ取り・日程調整
②プレゼン・デモ
③追客
④再案件化

◆TELアポインターと営業担当者との分業が望ましい

リモート営業の最初のステップはアポ取りです。アポ取りの理想はTELアポインターとの分業であり、営業担当者のスケジュールをグーグルカレンダー等で見える化しておくと、アポインターと営業を分業することができ、より効率的に進めることができます。

営業担当者自身がアポを取るにしても、グーグルカレンダーと連携して空いているスケジュールを提示できるシステムもあるので、こうしたツールを使うとアポ取り・日程調整をより効率的に進めることができます。

その後、アポ取りをした予定の日時にプレゼン、あるいはデモを行ないます。

◆リモート営業では「追客」が大事！

リモート営業の場合、「追客」のプロセスが非常に重要になります。

従来の訪問の場合だと、顧客も「わざわざ来てもらう」という意識があったので、ある程度温度感の高いお客様にプレゼン・デモをすることができました。

ところがリモート営業だと、ネットをつなげば話が聞ける分、顧客は「気軽に」営業を依頼することができるので、訪問営業の時より温度感が低い顧客にプレゼン・デモをすることになります。ですから、追客の重要性が高まるのです。

そして追客のために必要なツールが第4章で述べたマーケティングオートメーションであり、次章で述べるSFA・CRMといったデジタルツールです。

なぜなら追客のポイントは顧客が欲しい情報を欲しいタイミングで渡すことだからです。リモート営業の際に、

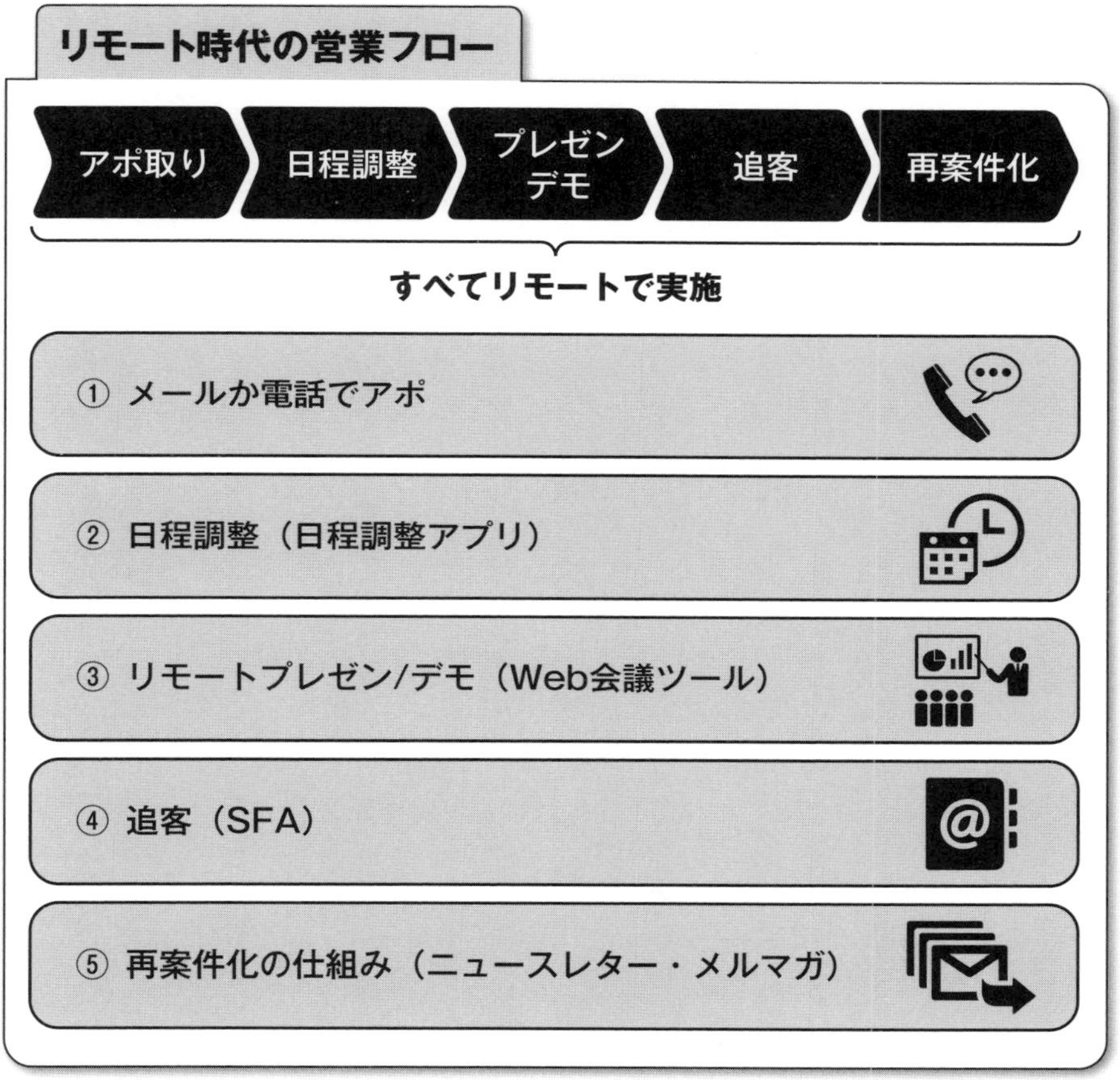

次回フォロー日とフォロー内容が明確に決まれば商談も進みやすくなりますが、「人が採用できたら」「助成金・補助金が活用できるなら」と、なかなかその場では次のステップが決まりません。

実際、その場で受注あるいは内示をいただける顧客は、全体の1～2割といったところです。

つまり、9割の顧客には長期的なフォローが必要なのです。どのタイミングで連絡すればいいかのタイミングを見極めるためにも、マーケティングオートメーションや、次章で述べるＳＦＡ・ＣＲＭが必要なのです。

section 08

アフターコロナ時代の営業とは③

Web会議システム選定のポイント

インストールの有無で選ぶWeb会議システム、それぞれの特徴

新型コロナウイルスの感染拡大に伴いリモートワークが脚光を浴び、数多くのWeb会議システムが世の中に登場しています。

Web会議システムには大きく次の2つの種類があります。

①お互いにWeb会議システムのソフトウェアをインストールする必要があるもの

②相手はWeb会議システムのインストールが不要なもの

①の代表的なWeb会議システムが米国ズームビデオコミュニケーションズ社のZoomです。Zoomは全世界で3億人以上の人に使われ、圧倒的なシェアを誇ります。日本国内でも多くの法人・個人が採用しています。

Zoomが優れている点は左図の通りで、特筆すべき点は画像の解像度の高さと音質、さらに動作の安定性です。Zoomは無料版でも100名まで同時接続できますが、極めて安定的に動作します。

②については国産のシステムが普及しており、meet in（ミートイン）あるいはベルフェイスが代表格です。

ミートインの場合はソフトウェアをインストールしている側がURLを発行すると、相手側はそのURLをクリックするだけでWeb会議が可能な状態になります。あるいは同社のWebサイトにパスワードを入力することでWeb会議が可能な状態となり、相手にメールでURLを送れない場合でも、Web会議が可能になります。

ベルフェイスは、電話を使いながらお互いのパソコン画面を共有し、電話音声とパソコン画面を使ってプレゼンを行なうシステムです。したがって、顧客のパソコンが旧式で、カメラやマイクがついていない状態でもリモート営業を行なうことが可能です。

自社の顧客のデジタルへのリテラシー、あるいは環境などを加味しながら、Web会議システムの導入を検討するといいでしょう。

リモート営業におすすめのツール

アポ取り 日程調整

CrowdCalendar
Google カレンダーと連携し、空きスケジュールを表示ができる

プレゼン デモ

Meet in
アプリのインストール不要で WEB 会議ができる
問い合わせ先　https://meet-in.jp/

ZOOM
無料で利用できる。画像の解像度・音質が高い。ネット環境に依存されにくい。
問い合わせ先　https://zoom.us/

ベルフェイス
音声は電話、画面はパソコンで画面共有ができるため、マイク付きパソコンでなくても WEB 会議ができる。
問い合わせ先　https://bell-face.com/

追客

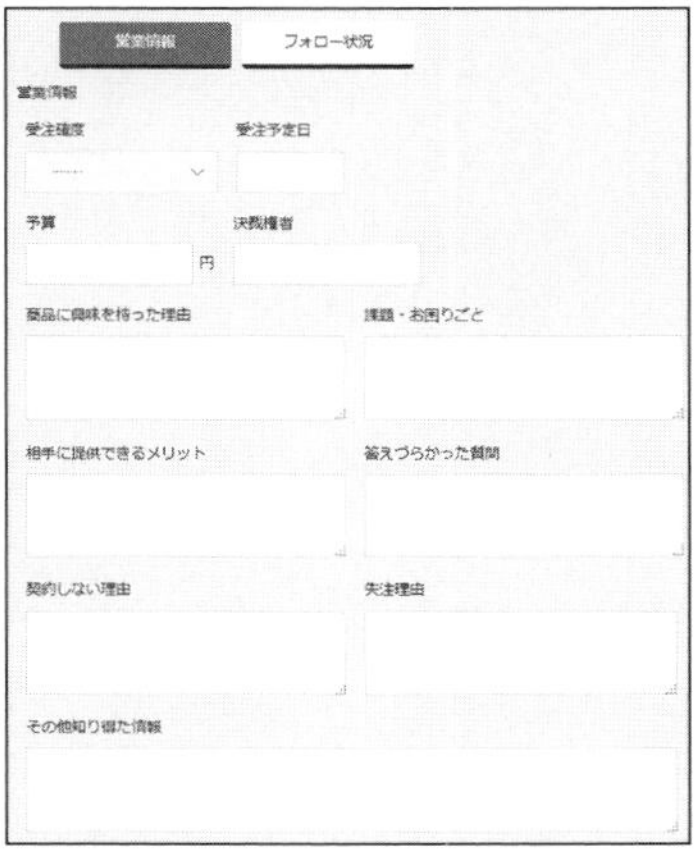

kintone
営業管理が簡単。自社で簡単に変更できる
問い合わせ先　https://kintone.cybozu.co.jp/

ZOHO
MA と連携し、追客が可能
問い合わせ先　https://www.zoho.com/jp/

第9章

中小企業は顧客管理と案件管理の徹底で業績が上がる

Section

section 01

CRM・SFAとは何か？

「顧客の見える化」と「営業の見える化」で業績アップを実現

経営者やマネージャーの〝勘頼み〟の経営からの脱却

◇「顧客の見える化」ができるCRM

ＣＲＭとはCustomer Relationship Managementの略で、日本では「顧客管理」や「顧客関係管理」と訳されています。

顧客の氏名や年齢、住所、電話番号などの基本的な情報をはじめ、顧客の志向や過去に提案・購入した商品・サービスの利用履歴など、顧客に関わる情報を一元管理し「顧客の見える化」を実現することができるシステムです。

◇「営業の見える化」ができるSFA

そしてＳＦＡとはSales Force Automationの略で、日本では「営業支援システム」と言われています。営業活動は属人化しやすい業務で、顧客に対し営業マンがどのような対応をしているのかが見えづらいものです。

顧客ニーズをうまくヒアリングできているか、営業活動がうまく行なえているかを管理し「営業の見える化」を実現することができるシステムです。

◇紙や個人エクセルでの管理が多い

便利なＣＲＭやＳＦＡが大企業や中堅企業を中心に普及する一方、特に中小企業などでは、顧客情報や営業情報の管理を紙で行なっていたり、個人のパソコンのエクセル上に保管されていたりと、属人的な管理になっているケースが今でも多く見受けられます。

その結果、きちんとした情報の蓄積や定量的な分析ができず、経営者や営業マネージャー、販売マネージャー等の「勘」など人に依存することになります。

インターネットの普及により、顧客は欲しい情報が簡単に手に入るようになっています。その結果、顧客ニーズの変化も速くなってきており、従来のアナログ管理、あるいは属人的な管理だけでは、これから業績を上げていくことは間違いなく難しくなります。

その一方で、ＣＲＭとＳＦＡを導入し、顧客管理や営業管理を徹底することにより、導入前では考えられなかったほどの業績アップを実現できているケースが数多く存在するのです。

CRM・SFAとは？

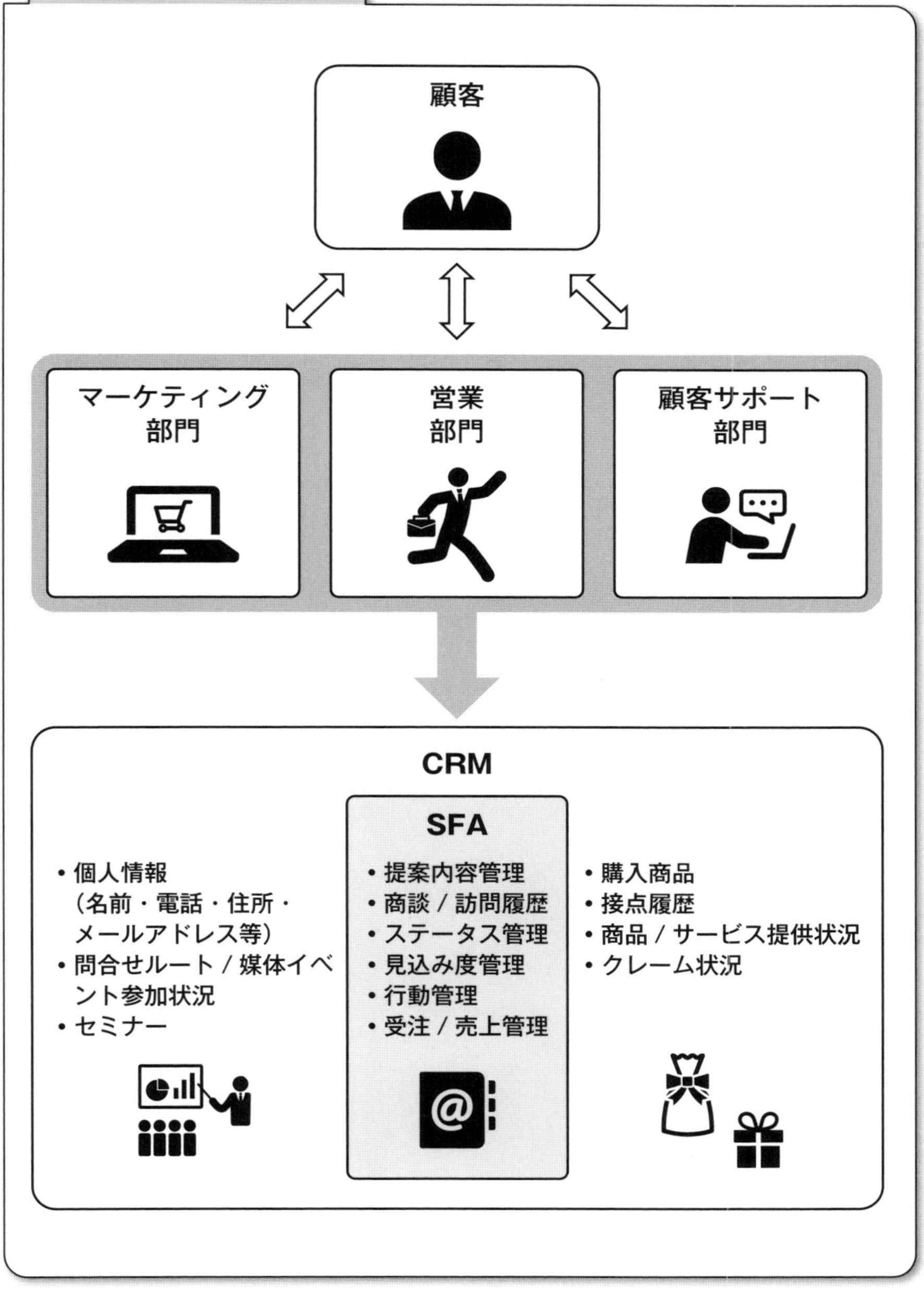
顧客
マーケティング部門
営業部門
顧客サポート部門
CRM
SFA
・個人情報（名前・電話・住所・メールアドレス等）
・問合せルート／媒体イベント参加状況
・セミナー
・提案内容管理
・商談／訪問履歴
・ステータス管理
・見込み度管理
・行動管理
・受注／売上管理
・購入商品
・接点履歴
・商品／サービス提供状況
・クレーム状況

section 02

情報が一元管理されていないことで発生する大きなロス

エクセル管理では、常に最新情報を共有することが難しい

CRM・SFAを導入して情報の一元管理をめざす

◇「エクセル管理」は問題がいっぱい

多くの中小企業では、顧客情報がデータで入力されてはいるものの、管理はいまだ個人や部門ごとのエクセル管理で、全社で情報が一元管理されていないケースが多々見られます。

情報が全社で一元管理されていないと、各部門で次のようなロスが発生します。

①マーケティング部門のロス

Webサイトやセミナー、展示会、DMなどで引き合いを獲得しているが、営業担当者のフォロー状況がわからず、どの施策が受注につながったのか、効果検証ができない。

②営業部門のロス

マーケティング部門で集めたリストにムラがあり、商談化率、受注率に差が出る。また、営業マン同士のノウハウが共有されておらず、営業マンごとに受注率に差が出やすい。

また、営業マネージャーが商談状況を確認するのが営業会議のみで、受注しやすいタイミングを逃してしまっている。

③サポート部門のロス

営業マンからの顧客情報が適切に引き継がれていないため、顧客情報を再び記載してもらったり、同じような質問をしたりと、満足度を上げられずにお客様をファン化できない。

◇CRM・SFAの導入で情報の一元管理が可能になる

このような課題を解決するのがCRM・SFAです。各部門で得た情報をCRM・SFAシステムに入力することで、情報が一元管理され、部門内でのデータを活用した業務改善、部門間の連携、さらにはスムーズかつ効果的な顧客対応が可能になるのです。

その結果、顧客満足度が高まり、自社の業績も上がるのです。

次項にCRM・SFAを導入して効果的に運用している具体的なケースを説明いたします。

エクセル管理の特徴

使いやすさ	○ 基本的な操作は誰でもできる
データベース （データが蓄積されれるか）	△ 部門ごとや担当ごとの管理になりやすい
リアルタイム （最新情報が確認できるか）	× 最新のファイルなのか確かめるのが困難
マルチデバイス （パソコンでもスマホでもタブレットで使える）	× スマホやタブレットでは使いにくい
コミュニケーション （入力された情報をもとにコミュニケーションができるか）	× メールで添付し、メールに○行目の○○様の件ですが…というやり取りになりがち

section 03

部門内での情報共有だけでなく、他部門とも情報共有できる

業績を上げるCRM・SFAの活用方法

―営業マネージャー・営業担当者それぞれにとっての活用ポイント―

まずはマーケティング活動で得た情報をCRMに入力し、営業部門と共有します。そして営業部門で営業担当者がその情報を共有した上で営業活動を行なうことで、効率的に受注に結びつけることが可能になります。営業部門のCRM・SFA活用の流れを時系列に説明します。

◆営業担当者の活用法

まず、本日の営業先の確認です。顧客の年齢や住所などの個人情報や、どのような経緯で問い合わせをしてくれたのか、興味を持ってくれているのかを確認して顧客への提案方法を考えます。この時、CRM・SFAを導入していると、これまで蓄積した受注データから今回の顧客に類似するデータを検索し、受注までの流れを見て、提案を考えることができます。

◆営業マネージャーの活用法

営業マネージャーは、営業担当者の商談履歴を見て次のアクションを設定します。具体的に、顧客からうまくニーズを引き出す方法をアドバイスする、あるいは顧客への資料提出など発生したタスクにきちんと対応できているかチェックが可能になります。また発生した引き合いにきちんとフォローできているか、いわゆる「追客漏れ」がないか、などのチェックもできるようになります。

◆情報を蓄積することでCRM・SFAが自社のナレッジデータベースに！

営業活動に関する個々の指導をCRM・SFA上で行なうことで、自社のナレッジデータベースとなり、他の営業担当者も共有できる自社の財産にもなります。

またCRM・SFAに蓄積したデータを活用することで、マーケティング部門は効果が高いマーケティング施策を打つことができ、サポート部門は顧客にとって最適なサービスを提供することができます。

その結果、CRM・SFAをうまく活用している会社は顧客満足度を上げ、自社のファンを増やし続けて業績を上げることに成功しているのです。

船井総研が業種特性をふまえてカスタマイズした事例

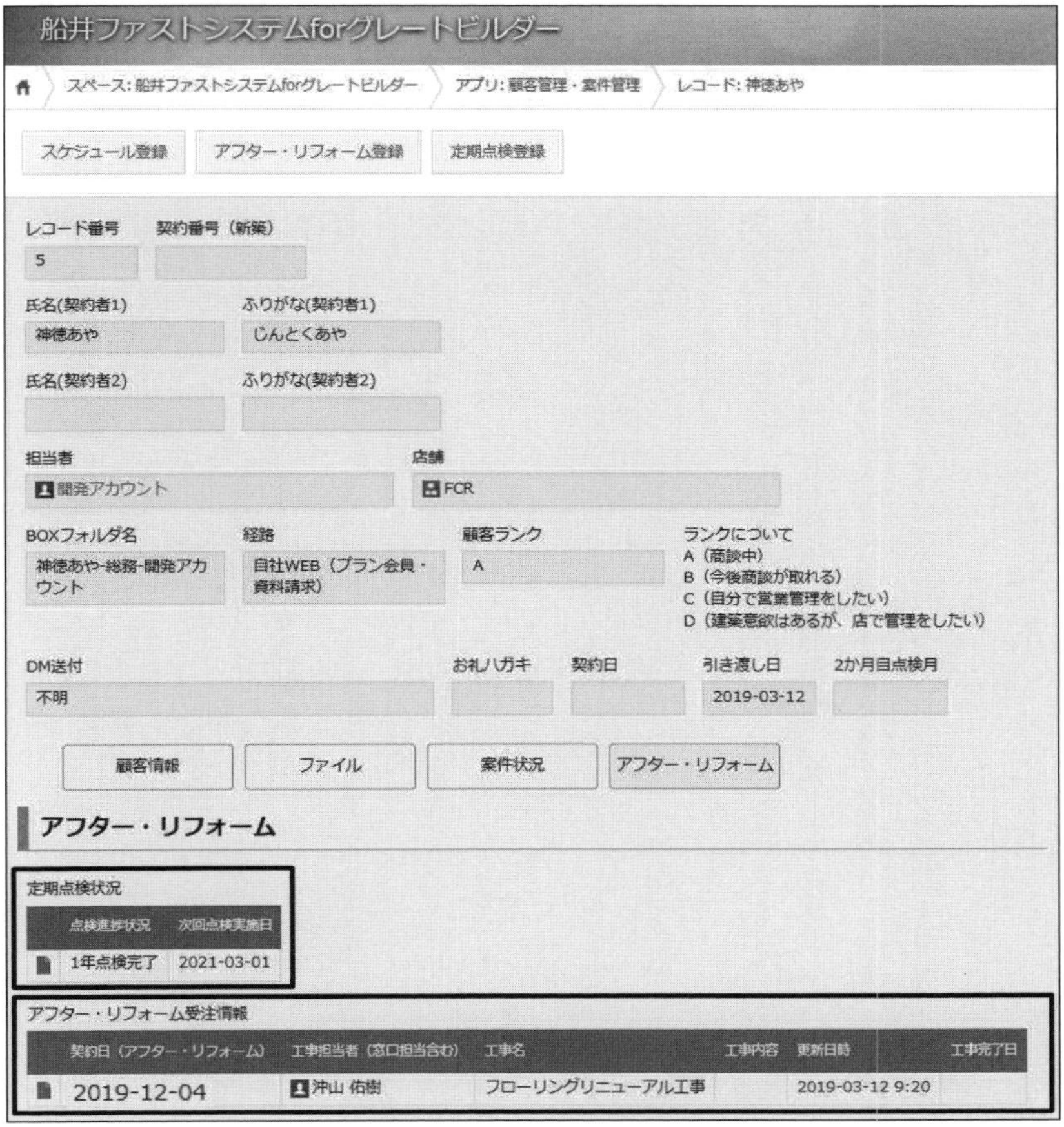

「船井ファストシステム」とは、船井総研がサイボウズ社の kintone を利用して、業種別にパッケージしたシステム。図は住宅会社向けの顧客管理システム。

顧客管理システムの中に、顧客の住所や電話番号などの基本情報はもちろん、その顧客との商談履歴、引き渡し後の定期点検の状況や追加で受注した工事などの履歴が残るようになっている。

section 04

選定時に押さえておくべき5つのポイント

CRM・SFAを選ぶポイント

「業績を上げる」という視点でCRM・SFAを選定しよう

「業績を上げる」CRM・SFAを選ぶための5つのポイントをご紹介します。

①現場がきちんと入力してくれる

日々情報を入力するのは現場の社員です。現場の社員が入力してくれないシステムではまったく効果を発揮しません。システム選定の段階から、経営者やシステム担当者だけでなく、現場の社員も巻き込むことがポイントです。

巻き込むべき社員は、顧客情報を入力していく部門（総務）のリーダーや、営業情報を入力していく部門のトップ営業マンなど。現場のキーマンをしっかりと押さえておく必要があります。

②社外にいても閲覧・入力できる

外回りの営業だと、営業直前に顧客情報を見て営業に臨むことができます。これによって事前に営業マネージャーと打ち合わせした内容を確認した上で、最適なヒアリング・提案ができます。

最近では商談にパソコンやタブレットを持ち込んでも違和感がなくなってきていますので、登録した情報を見ながら提案したり、ヒアリングした内容をその場で入力することもできます。面会後に登録するより、正確を期すことができます。また、コミュニケーション機能のあるCRM・SFAの場合、記入された情報を確認して、営業マネージャーがアドバイスすることもできます。

③端末に依存しない

パソコンでしか操作できないシステムだと、入力されている情報を見たり新たに情報を登録したりする際にパソコンを開くという手間があります。社内なら問題ありませんが、外出先だとパソコンを操作するための場所を探さねばなりません。これがスマホなら、立ったまま閲覧・登録が可能です。

顧客情報は些細なものでも登録しておくことが肝心です。マネージャーが営業マンに最適なアドバイスをすることができるほか、担当が変わっても顧客の好みが引き継げ、マーケティングに活かすこともできます。

④複数人で同時に閲覧・入力できる

誰かがシステムを使っているときに

CRM・SFAを選ぶポイント

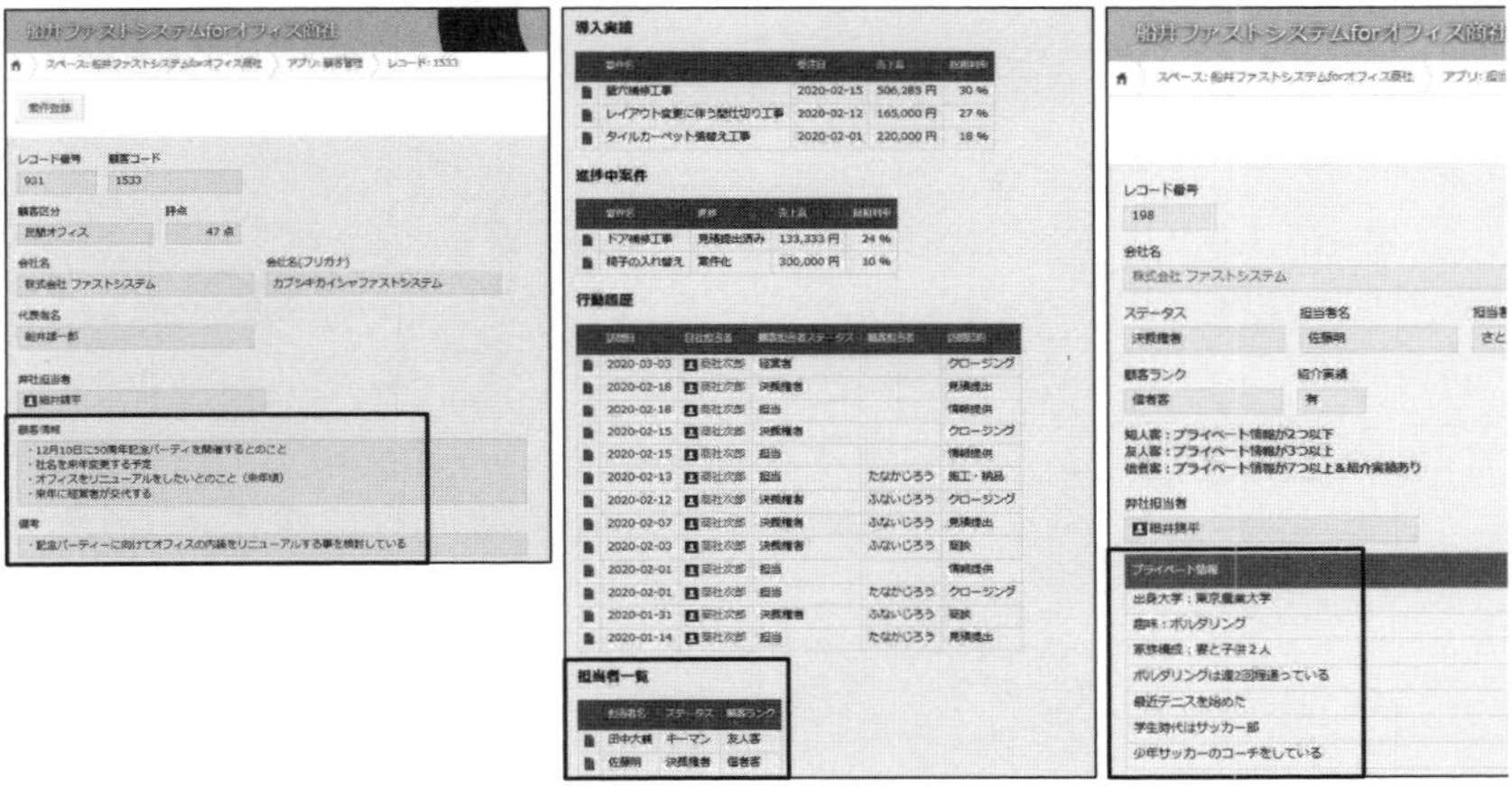

「船井ファストシステム for オフィス商社」の顧客管理と担当者管理アプリの画面。顧客に導入してもらった商品だけではなく、提案中の案件と提案に至るまでの行動のほか、担当者についての情報を記載し、自社のあらゆる情報を蓄積し、日々の営業活動に利用している。

他の人が使えないと、そのシステムを使わないとできない「業務」以外にシステムを活用してもらうことができません。顧客情報や営業情報は、BtoCであればキーマンの家族構成や趣味など、BtoBであれば社内での役割や決裁権の有無など、些細な情報を蓄積していくことで成果が出るものです。したがって、いつでも、どこでも、閲覧・入力することができるシステムでなければなりません。

⑤自社の成長に合わせてシステムも成長させられる

ビジネスはどんどん変わっていきます。昨今は変化のスピードも速く、前年と同じようなことをしていては生き残れない時代です。したがってシステムも機能が固定化されたパッケージソフトではなく、ユーザーサイドである程度のカスタマイズができるクラウドシステムが望ましいと言えます。

section 05

SFAで成果を出すために押さえておくべき4つのポイント

SFAで重視すべきKPI（重要指標）

KPIを明確にして営業部門全体のレベルアップをめざす

本章の冒頭でも述べた通り、SFAの目的は「営業の見える化」にあります。営業の見える化を進める上で、SFAで重視すべきKPIは大きく4つあります。

◆①受注率

SFAを導入した後に、まず確認したいKPIです。まずSFAを導入して一定期間運用した結果、どれくらい受注率が向上したのか。

また営業担当者ごとの受注率を明確にすることにより、たとえば受注率の高い営業担当者はどのような営業プロセスを踏んでいるのか、こうしたノウハウを「見える化」することで、トップ営業担当者のノウハウを形式知に変え、営業部門全体のレベルアップを目指します。

◆②商談件数

商談とは「金額」「キーマン」「購入理由」「導入時期」の4つが明確になった案件を指します。この4つのことをBANT（Budget, Authority, Needs, Timeframe）とも言いますが、BANTが不明確なものは商談ではなく、単なる案件情報です。

また商談の中でも、

- 高額商談
- 新商品商談

など、自社において重視しているKPIがSFAで把握できるようにします。

◆③訪問件数

訪問件数と同時に、面談件数をKPIとすることもあります。

◆④新規開拓件数・金額

新規開拓金額をKPIとする場合は、新規開拓金額の定義を明確にしておく必要があります。

上記①〜④は代表的なKPIですが、実際には各社最適なKPIが考えられると思います。いずれにせよKPIは「SFAを導入、運営した結果、確実に業績が上がる」指標を設定しておく必要があります。

KPIとは

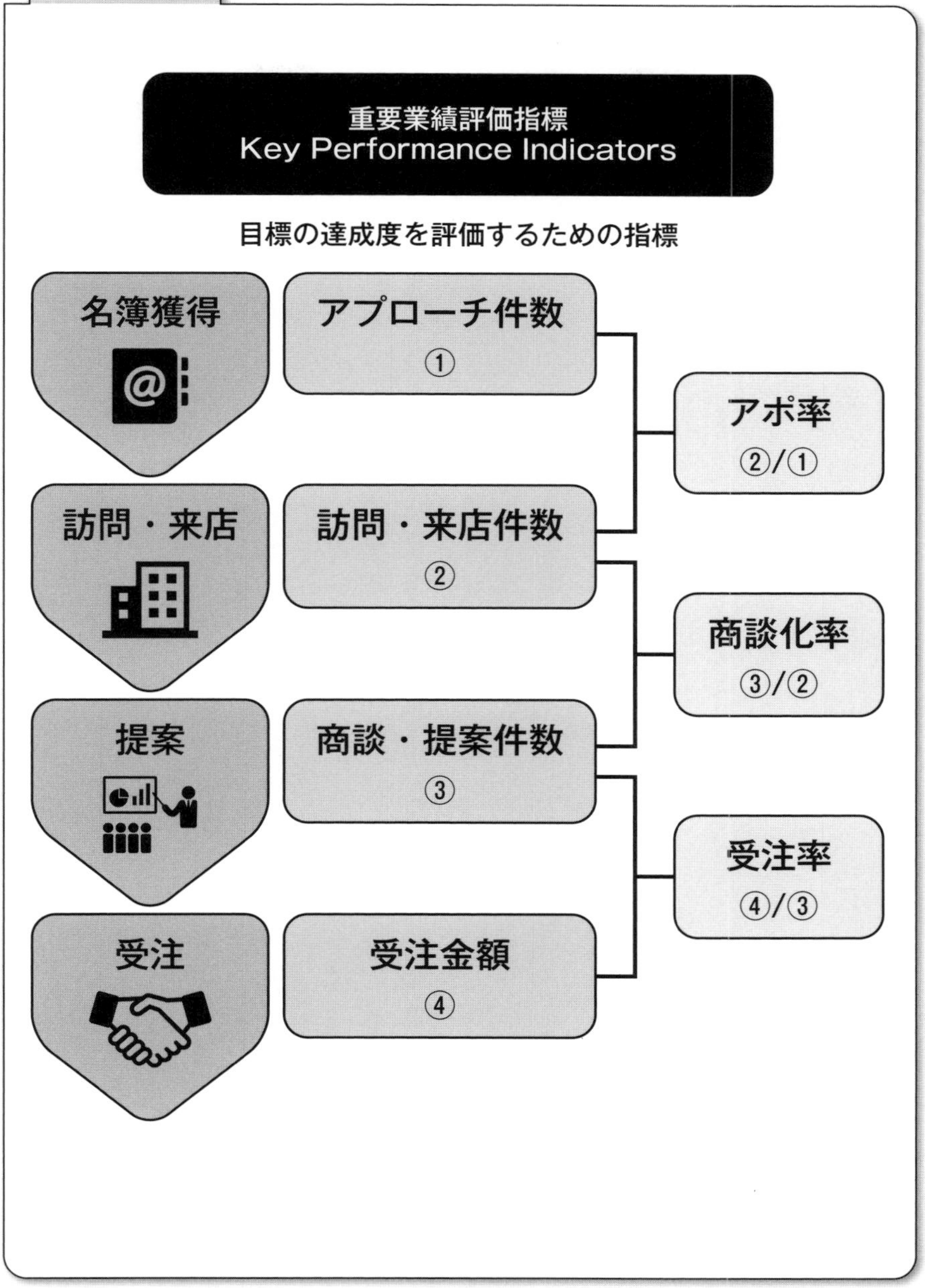
重要業績評価指標
Key Performance Indicators
目標の達成度を評価するための指標
名簿獲得
@
アプローチ件数
①
アポ率
②/①
訪問・来店
訪問・来店件数
②
商談化率
③/②
提案
商談・提案件数
③
受注率
④/③
受注
受注金額
④

section 06

導入後、社内にうまく浸透させる3つのポイント

CRM・SFAを社内浸透させるコツ

―目的の共有とフィードバックが最大のポイント―

どんなによいシステムを選んでも、社内で活用されなければ成果は出ません。システムの社内浸透にはステップがあります。

◇①導入目的を共有する

新しいシステムを導入すると、それまでの業務の流れややり方が変化しがちで、社内で反発が生まれることがあります。その時に重要なのが、「なぜこのシステムを導入したのか」、そして「何を目指すのか」を共有することです。しっかりと目的を共有し、意識を合わせましょう。

◇②小さく始める

全社で一気に活用して大きな成果を出したいと思われるかもしれませんが、まずは小さく始めて徐々に広げていくことがお奨めです。

小さく始めるとは、「まずは少人数で一部機能から使ってみる」ということです。システム会社の人から説明を受けたときは簡単に入力できるように見えたのに、いざ現場で使ってもらうと全然活用が進まない、というのはよくあることです。ましてやシステム導入に伴い業務プロセスが変わったりすると、こうした問題が起きやすくなります。

そこで、経営トップとシステム担当者、現場リーダーとでプロジェクトチームを作り、どの機能からどのように利用してもらうのかを話し合い、導入計画を立てます。

たとえば「顧客から問い合わせがあったら、ここに入力する。これをまずは１ヶ月徹底してもらおう」「まずはＡチームでこの機能を今の業務に置き換えて使ってもらおう」といった運用です。

◇③現場にシステム導入のメリットをフィードバックする

現場がシステムにきちんと入力してくれたことでどのような成果が出ているのかをフィードバックすると、社員のモチベーションを高め、システムの浸透につながります。慣れた業務を変えることをつらく感じる方も多くいま

CRM・SFAを社内浸透させるコツ

導入のゴール

- 情報がバラバラ！ あっちやこっちにある情報（財産）をkintoneにまとめようプロジェクト
- 紙の山はもういらない！ すぐに情報をみつける仕組みづくりプロジェクト

中間目標	Excelや紙でバラバラに管理していた顧客情報をkintoneに入力する	請求書をkintoneで出せるようにする	kintoneの集計機能で会議資料を作成できるようにする
目標日程	導入から1ヶ月	導入から2ヶ月	導入から3ヶ月

TO DO

内容	担当者
導入から1ヶ月	
• Excelや紙で管理していたデータをkintoneに登録する	全社員
• 顧客管理アプリを自社仕様に項目を整理する	システム担当者
導入から2ヶ月	
• 顧客管理の情報を参照して受注金額など案件登録をする	全社員
• 勉強会に参加し、連携オプションの設定を行なう	システム担当者
導入から3ヶ月	
• 顧客情報や案件情報をすべてkintoneに入力・運用できるようにする	全社員
• 集計に必要なグラフや表を作成する	システム担当者

当面の導入のゴールを設定し、中間目標と期限を設け、達成するためのタスクを記載して社員に共有して納得感をもって進めてもらえるようにしましょう。

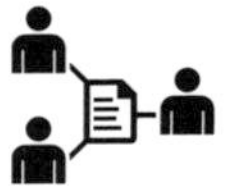

す。つらい思いをしてまでやったのに、何もフィードバックがないと入力している意味を感じられなくなり、徐々に活用をやめてしまう、ということが発生しがちです。

仮に小さな成果であったとしても、システム導入の成功体験をできるだけ早いタイミングで出すことで、積極的に活用してくれる人が増え、うまく活用しきれていない人をフォローしてもらうことができます。

フィードバックの方法としては、入力してくれた情報に対してコメントをする、社内コミュニケーションツールに画像データを貼りつけて報告するといったことがあります。また、会議などはもちろん、朝礼の場でもシステムから得られたデータを使いながら報告をするのがいいでしょう。

section 07

事例 SFA・CRMを活用して売上2・3倍を実現した葬儀会社

SFA・CRMを活用して売上を2・3倍に伸ばしたのが、なすの斎場（栃木県）です。

同社では物品販売、花輪や生花、盛り籠などの貸出まで含め、葬儀に関する事前相談から実際の葬儀運営、そして葬儀後のアフターフォローまで、葬祭に関するサービス全般を手掛けています。

◆20年前の顧客情報をCRMで管理

一般に葬儀業では20年前に祖父母の葬式を行なった喪主から、その時どんな葬儀をしたのかを聞かれることがあります。当時対応した社員がすでに退職していたり、在籍していたとしても数ある葬式のうちの1つなので、記憶も定かではありません。紙で保管しておいたとしても、20年前のものをすぐに見つけることが難しく、顧客からは「同じ葬儀社なのに」と不満に思われてしまうことがあります。

そこでなすの斎場ではCRMを導入し、電話が鳴った時にパソコン画面に顧客情報を表示させることができるCTIというシステムと連携させました。これにより、電話がかかってくると、登録していた情報をパソコン画面に表示させて対応できるようになりました。

パソコン画面にはシステムに登録された顧客情報が表示され、「20年前の葬儀」と言われた場合でもシステムの中からその方のご家族の葬儀情報を瞬時に見つけることができ、顧客に「20年も前のことなのに」と感動されるようになりました。

◆葬儀後の顧客ケアでもSFAを活用

故人の家族は葬儀後、仏壇や墓石、相続、香典返し、住宅解体、不動産管理、遺品整理なども考えていく必要があります。大切な家族が亡くなって精神的に不安定な中で、日々の生活もあり、精神的にも肉体的にも負担が大きい中で進めていくのは大変です。

これらをアフターフォローとして葬儀社がサポートすることができれば、葬家家族の負担を軽減し、かつ売上を

SFA・CRMを活用して売上2・3倍を実現した「なすの斎場」の事例

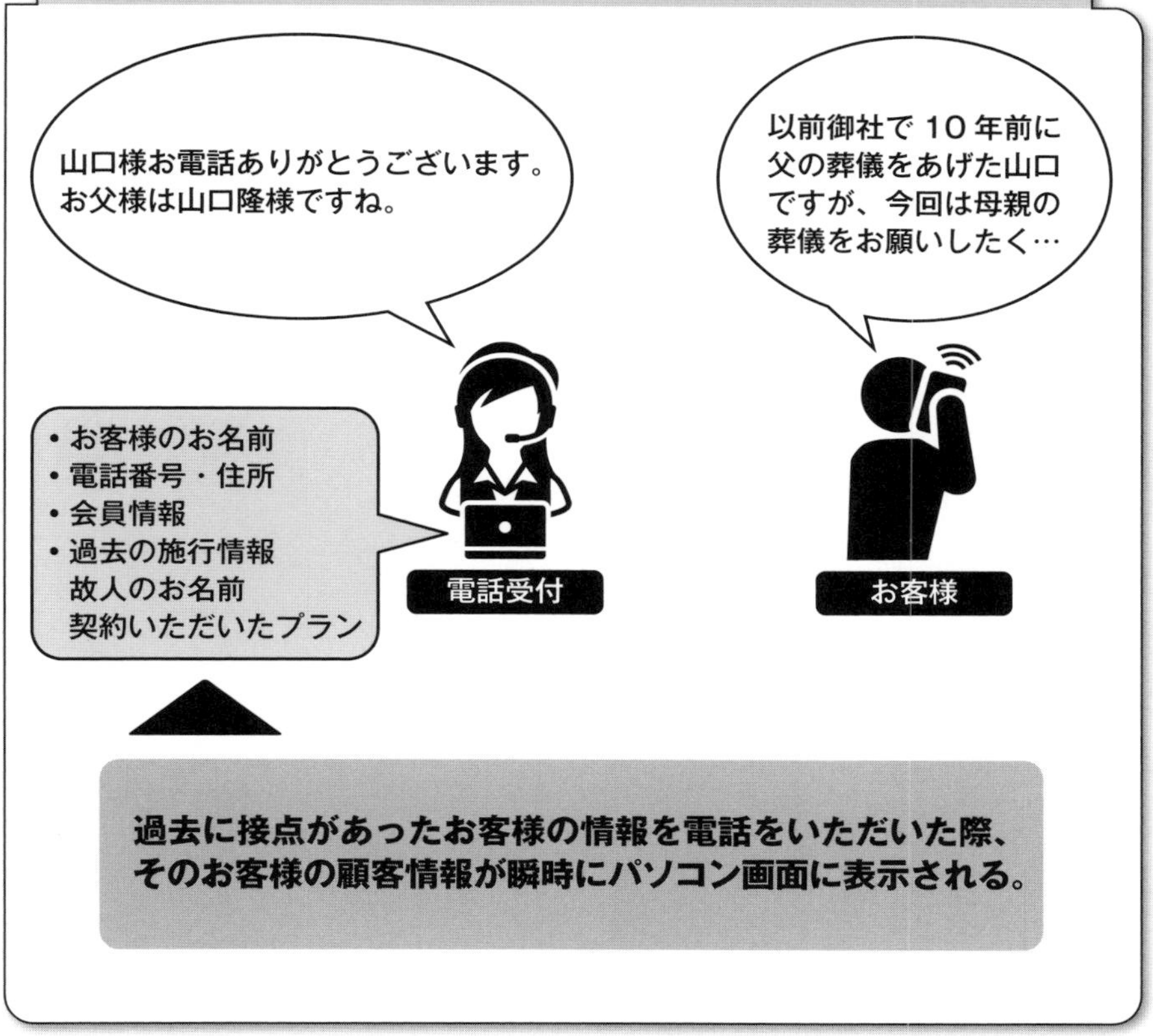
山口様お電話ありがとうございます。
お父様は山口隆様ですね。
以前御社で10年前に
父の葬儀をあげた山口
ですが、今回は母親の
葬儀をお願いしたく…
・お客様のお名前
・電話番号・住所
・会員情報
・過去の施行情報
故人のお名前
契約いただいたプラン
電話受付
お客様
過去に接点があったお客様の情報を電話をいただいた際、
そのお客様の顧客情報が瞬時にパソコン画面に表示される。

上げることが可能です。

ただし、このフォローに関しては、適切なタイミングがそれぞれ異なるため、しっかり管理しておかねば漏れてしまいますし、時期を誤ると失礼にあたります。

そこでなすの斎場ではSFAを使ってフォローすべきタイミングで家族に連絡を入れるようにし、顧客満足度を上げながら、2・3倍もの売上をあげることができました。

section 08

事例

SFA・CRMを活用して生産性を2倍にした土地家屋調査士法人

土地家屋調査士法人ピース（愛知県東海市）では、SFA・CRMを活用して1人当たり生産性を2倍に向上させました。

土地家屋調査士は、依頼を受けた土地や建物に関する調査や測量、図面の作成や登記申請手続きを行なう国家資格が必要な仕事です。

◇土地家屋調査士の煩雑な業務を「見える化」

土地家屋調査士業界の課題としてよくあがるのが、案件管理です。仕事を受けてから完了するまでに数ヶ月かかったり、事務所だけで完結せず、法務局、建設業者、土地の所有者など複数の関係者と進める必要があったり、資格保有者にしかできない業務があったりと複雑な仕事であるため、進捗状況を把握しているのが担当者だけ、ということがあります。

そうしたことから、どの案件がいつ終わり、請求して売上が立つのかが見えにくく、「とにかく受注しておかないと！」「とにかく案件を終わらせないと！」とがむしゃらに働き、恒常的に残業が多くなりがちです。

また、案件の進捗管理が担当者ごとになっているので、依頼者から進捗確認電話が事務所にかかってきても担当者が不在だと答えられませんし、現地で測量中に電話がかかってきても、社内にいるスタッフに依頼している仕事が完了しているのかが出先からはわからずに答えられません。

◇進捗を誰もが把握できる状態に

顧客は進捗確認の電話をしている時点でそもそも不満があるのに、進捗状況がすぐに確認できずにさらに不満が高まります。

そこでSFA・CRMを導入し、全担当者の案件の進捗管理をするようにしました。

これにより誰でも進捗状況を把握できて、当月・来月の売上が把握できるようになり、とにかく受注しておかないと不安という状態から解放され、立てた計画通りに受注ができるようにな

SFA・CRMを活用して1人当たり生産性を2倍にした土地家屋調査士法人ピース

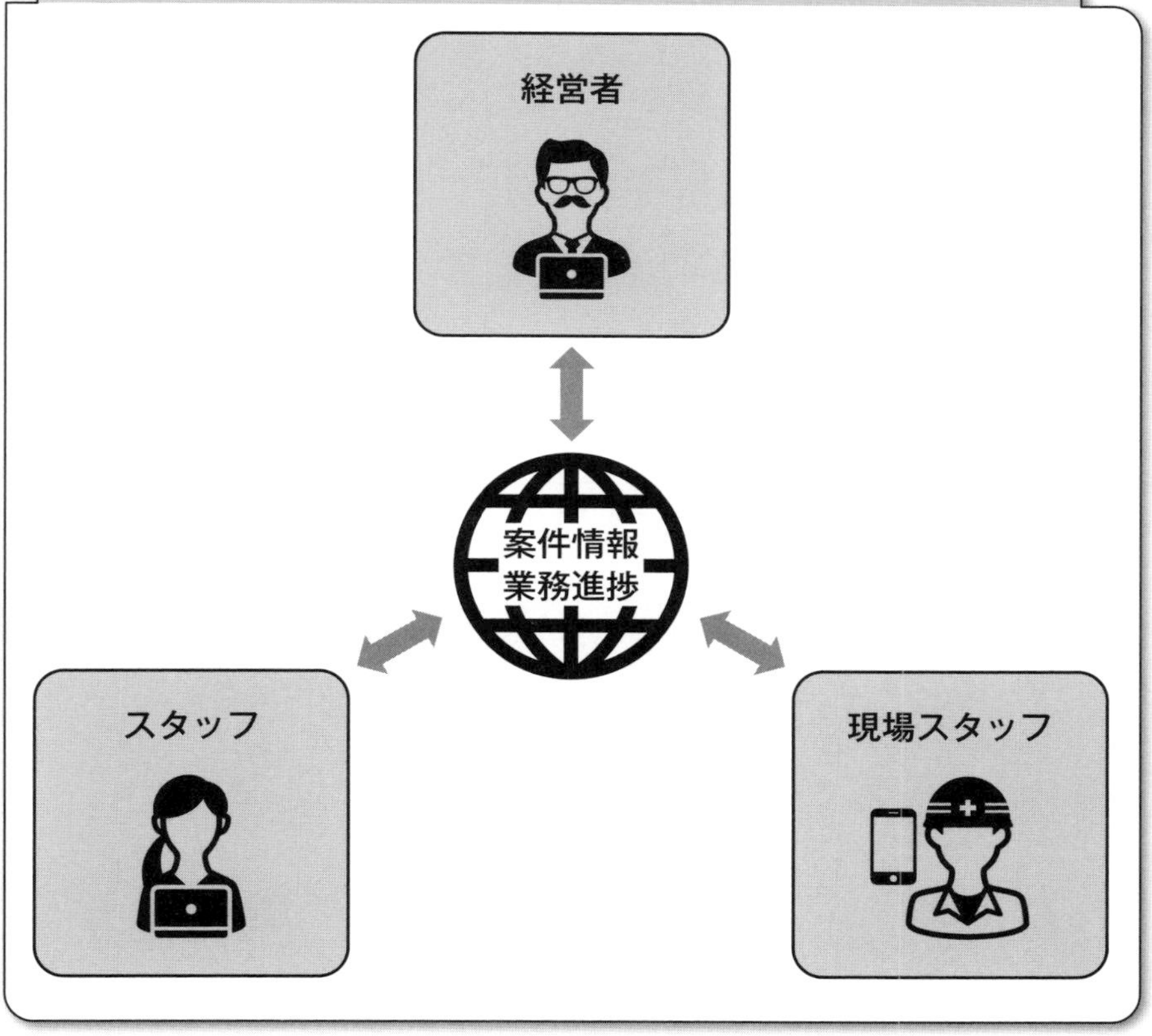

りました。

また、案件の進捗状況が見える化されたことで、担当者からの指示を待って業務をしていたスタッフは、システムを見て次にやるべき仕事を確認して業務を進めることができるようになりました。仕事が効率化し、残業時間も削減できました。

さらに、当初立てた予定よりも遅延している業務を見える化することができたので、他の人がフォローすることで遅延案件をなくすことができました。これにより依頼者満足度が上がり、受注件数も増えるという好循環が生まれています。

第10章

これからの
デジタル
マーケティング

Section

section 01

DXの第一歩がデジタルマーケティング

デジタルマーケティングとDX（デジタルトランスフォーメーション）

DXジャーニーマップを作ってDXを推進する

近年、盛んに目にするキーワードにDX（デジタルトランスフォーメーション）という言葉があります。

デジタルマーケティングとDXは非常に深い関係にあるので、まずはDXの概要について述べたいと思います。

◆DXとは何か？

DXを最初に提唱したのはスウェーデンのウメオ大学のエリック・ストルターマン教授で、2004年のことと言われています。同教授によるDXの概念とは「ITの浸透が人々の生活をあらゆる面でよりよい方向に変化させる」というものです。

DXに近い概念として「デジタライゼーション（デジタル化）」という言葉がありますが、こちらはデジタルを活用して業務を効率化するという意味合いが強いのに対し、DXは「新たな価値を創造する」という意味合いが強いのが特徴です。

また世界有数のビジネススクールと言われるIMDのDBTセンター（グローバルセンター・フォー・デジタルビジネス・トランスフォーメーション）によると、DXは「デジタル技術とデジタル・ビジネスモデルを用いて組織を変化させ、業績を改善すること」と定義されています。

現在、DXは1つの大きなトレンドとなっており、大企業を中心にあらゆる会社がDXの導入に取り組もうとしています。実際、DXの導入に成功した会社は、国内外を問わず、大きく業績を伸ばしています。

◆DX導入の前提はデジタルマーケティングの導入

デジタルマーケティングの目的も、本書の冒頭で述べている通り、業績を上げることにあります。言い換えれば、DXに取り組む前提条件がデジタルマーケティングの導入である、とも言えます。

さらにDXを進めるためにはデータドリブン（＝データを基にした経営）が必要であり、全社レベルでのデータの活用が必要となります。

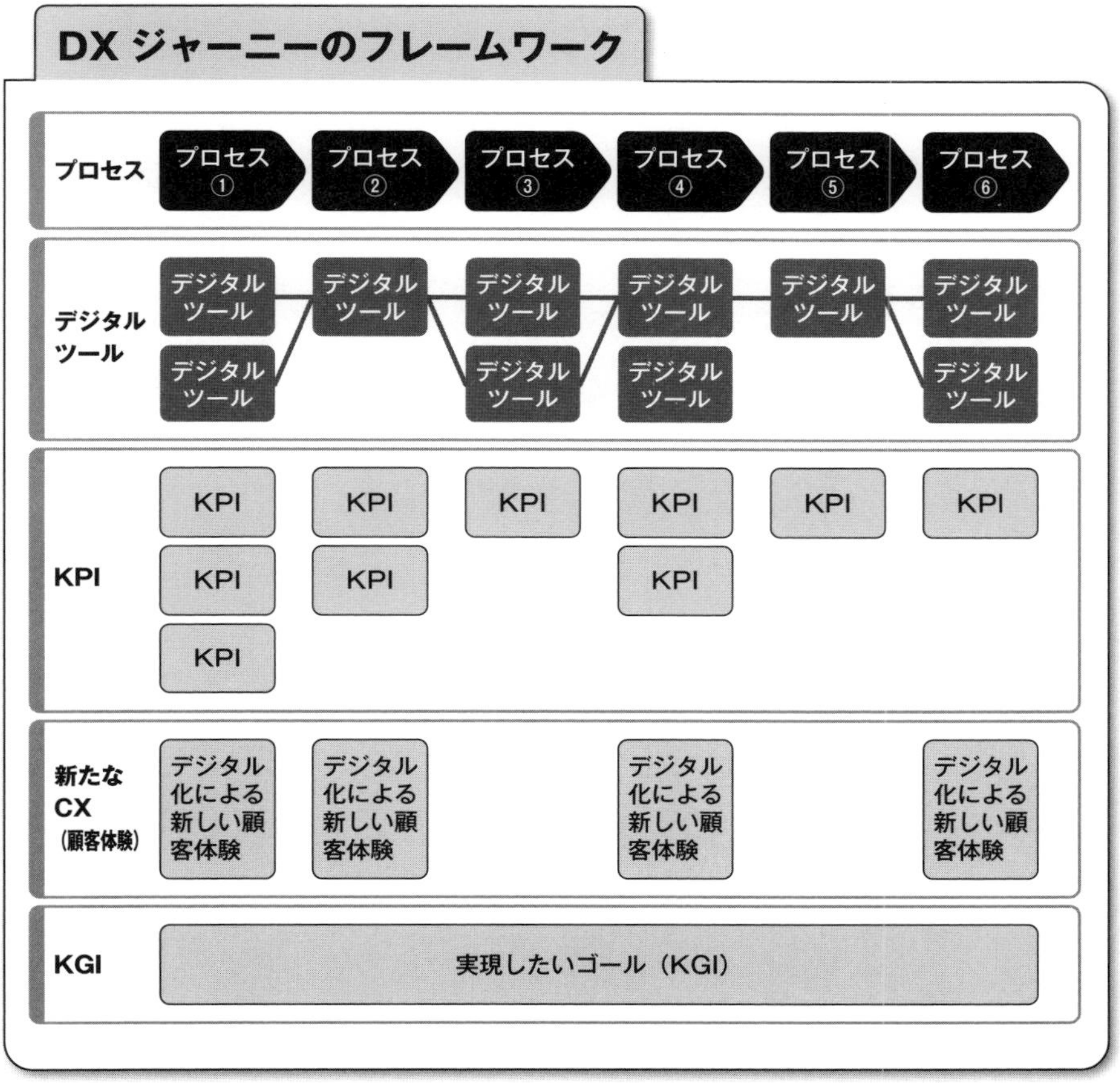

データを活用するには、まず企業内のデジタル化が不可欠です。企業内のすべてのシステムのデータをつなぎ、データをデータレイク（さまざまなデータを格納する場所）に格納し、データ分析に活用できる環境を整える必要があります。

それを実現するための設計図を船井総研ではDXジャーニーマップと呼んでいます（上図参照）。DXジャーニーを用意すれば、バラバラに点在するシステムのデータをつないでデータを一元管理することでリアルタイム経営が実現でき、蓄積されたデータを活用して新たな商品やサービスを開発することも可能になります。

section 02

DXでアマゾンに負けない百貨店

米国の老舗百貨店ノードストロームの場合

ポイントはオンラインとオフラインの融合

こうしたデジタルマーケティング、さらに言えばDXで、日本よりも10年から15年は先行していると思われるのが米国の事例です。

◆米国で進むオンラインとオフラインの融合

米国を代表する老舗百貨店であるノードストロームは、早くからOMOに取り組むことで成果を上げています。OMOとはOnline Merges (with) Offlineの略語であり、日本語に訳すと「オンラインとオフラインの融合」ということになります。

具体的には、ノードストロームでは実店舗以外にNordstrom.comという通販サイトも運営しています。同社の新規顧客の3分の1はWebサイト経由で来店、前述の通販サイトでの注文の25%以上が店舗で処理されています。

またノードストロームのアプリをスマートフォンにダウンロードしている顧客に対しては同社からクーポンが配信されるなど、来店を促す働きかけがなされます。

そして店舗に足を踏み入れると、店舗からスマホに対し、お奨め商品の案内情報や、「売り場にない商品はこちらからお求めください」といった通販サイトの閲覧を促す情報が入ってきます。

顧客が個人情報の利用について承諾している場合には、同社のアプリからお客様のプロフィールや購入履歴が店舗に配信され、その情報をもとに店員が接客を行なうのです。

◆忠実に商品戦略を実行するノードストローム

また同社は商品戦略、とくにフロントエンド商品には徹底的に力を入れています。ノードストロームのフロントエンド商品は靴です。特に同社の場合はお客様の足のサイズを測る測定器(左写真)を自社オリジナルで作っており、全社員がこの測定器を扱えるようになっています。

その結果、ノードストロームで買った靴は足に非常にフィットすると評判

デジタルとリアルの融合イメージ

お店の運営する
通販サイト
SHOP
SHOP
こちらが
お客様への
お奨め商品で
ございます！
あっ、割引クーポンだ。
じゃあ、週末に行って
みようか
お店から
のメール
プロフィール
購入履歴
好みの色が売り場にはなかったけど
通販サイトにはあるから、
ここで買って自宅で受け取ろう！

NORDSTROM
同社店舗の外観

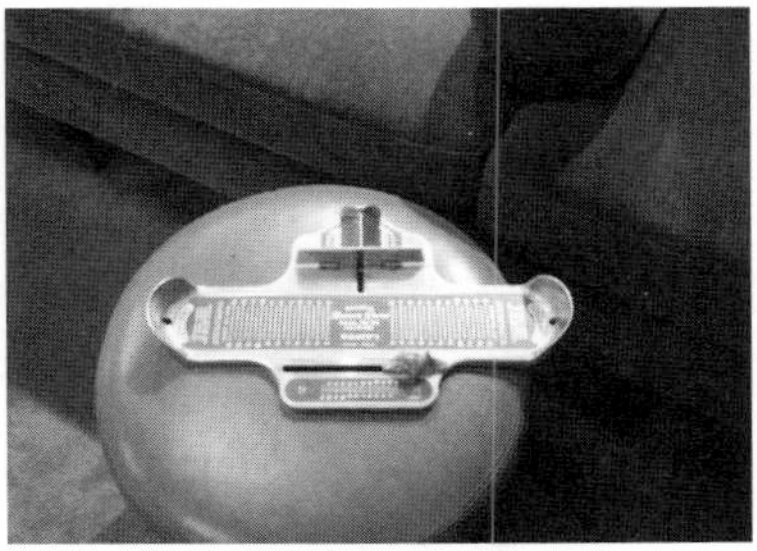
足のサイズ測定器

撮影：片山和也

になり、ファンを増やしてきました。かつ、靴は消耗品ですからお客様は必ずリピートします。

そして同社のバックエンド商品はアパレルファッションです。前述の顧客情報を基にしたコーディネート提案を行なうなど、個別対応商品もしっかりと準備されており、デジタルマーケティングに必要な商品戦略が忠実に実行されていることがわかります。

米国では老舗百貨店であるシアーズ・ローバックがアマゾンの攻勢により倒産しました。しかし同じ時期、ノードストロームは増収を続けていました。

アマゾンに負けない百貨店は、デジタルマーケティングの基本に忠実なのです。

section 03

BtoCもBtoBもビジネスのルールが変わった!

DXが求められる理由は顧客の購買行動の変化

スマホの普及が顧客の購買行動を変えた

前述のノードストロームのように、DXが求められる背景には、顧客の購買行動の変化があります。

◆スマホの普及が購買行動を変えた

昔の顧客の購買行動は、「店舗に出向いて商品を選んで購入する」でした。

ところが2007年にアップルが初代アイフォンを発表し、世の中にスマートフォンが行き渡ると、顧客の購買行動は一変します。

現在の顧客は「何をどこで買うか決めた上で店舗に出向き、実物を確認して購入する」のです。こうした顧客の購買行動の変化を素早く察知して、自社をDXで大きく変革させた事例がノードストロームなのです。

顧客の購買行動が変化しているのはBtoCだけでなく、BtoBにおいても同じ話です。

◆提案営業の時代は終わった

法人顧客においても、昔は営業担当者から説明を聞いて情報収集、比較検討を行なっていましたが、現在は違います。

今は営業担当者に会う前に自らネットで調べて、どこに何を頼むかをあらかじめ決めた上で、営業担当者との面談に臨んでいます。米国の営業調査会社のデータによると、現在はお客が営業担当者と面会した時点で、商談プロセス全体の6割が終わっている、と言われます。

つまりお客と面談してから提案営業を行なう、という従来型営業スタイルでは完全に手遅れであり、お客と面談する前の段階で、Webサイトやメールマガジン等で適切な情報発信を行なっておく必要があります。

すなわち営業担当者を会社としてサポートしていく体制が今の時代は必須であり、そのための取り組みのことを「セールスイネーブルメント」と言います。イネーブルメントとはエーブル(=できる)の変化形であり、直訳すると「営業をできるようにする」という意味になります。

展示会においても昔と今とでは手法

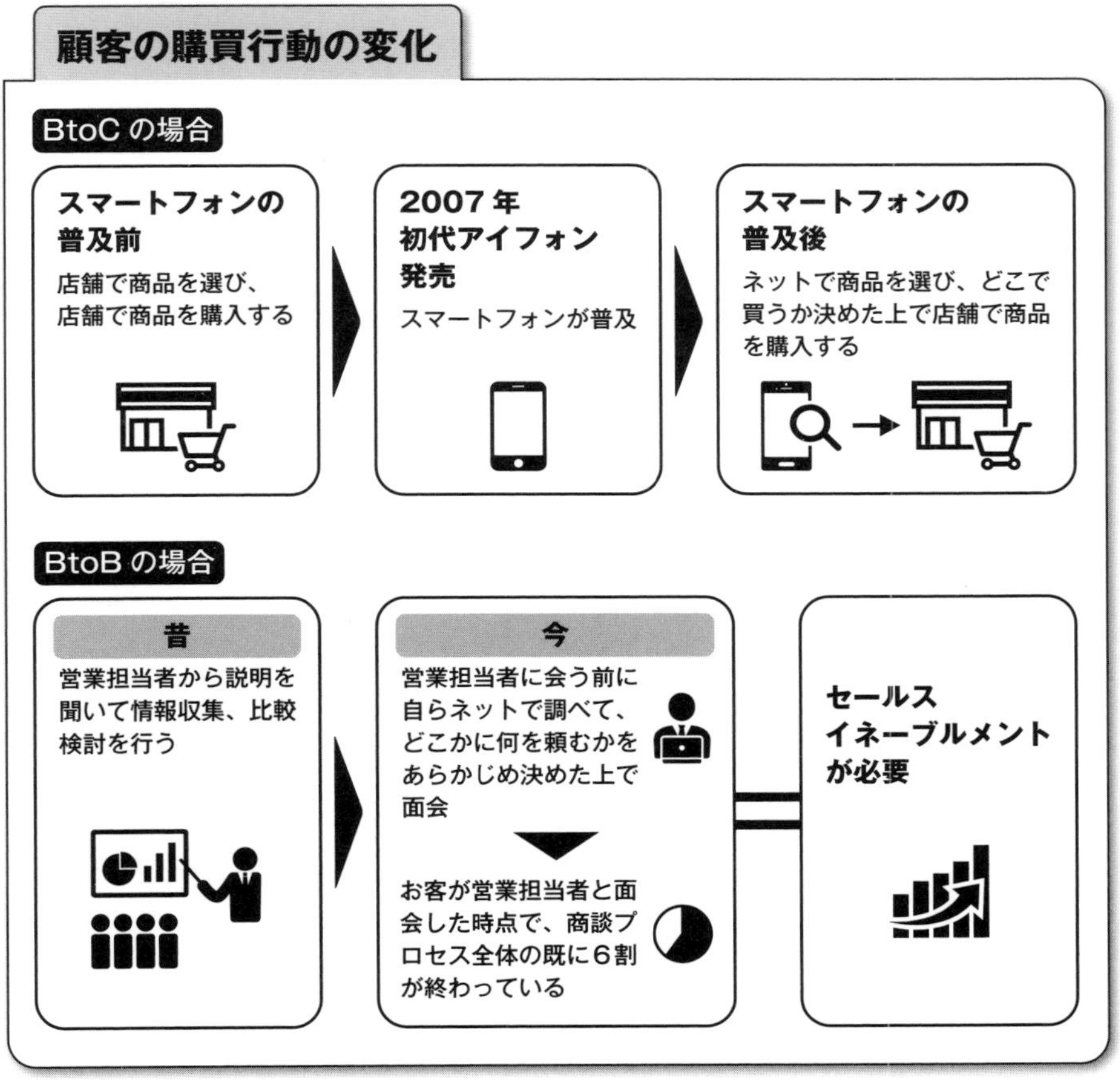

顧客の購買行動の変化
BtoCの場合
スマートフォンの普及前
店舗で商品を選び、店舗で商品を購入する
2007年 初代アイフォン発売
スマートフォンが普及
スマートフォンの普及後
ネットで商品を選び、どこで買うか決めた上で店舗で商品を購入する
BtoBの場合
昔
営業担当者から説明を聞いて情報収集、比較検討を行う
今
営業担当者に会う前に自らネットで調べて、どこかに何を頼むかをあらかじめ決めた上で面会
お客が営業担当者と面会した時点で、商談プロセス全体の既に6割が終わっている
セールスイネーブルメントが必要

が大きく変わりました。昔は展示会場でいかに目立つ展示をするか、大きなブースを確保するかで結果が左右されていましたが、今は違います。

今の時代、展示会場に来てから何を見るか決める来場者などいません。大半の来場者は、あらかじめ出展企業のＷｅｂサイト等をチェックし、どんな会社がどんな内容の事業を行なっているのか事前に確認した上で、「今日はこの20社を回ろう」といったように、あらかじめどこを訪れるのかを決めた状態で展示会に来場します。

したがって、展示会で成果を出すためには、展示会そのもので目立つよりも、事前の情報発信のほうがずっと大切な時代になった、ということなのです。

section 04

最大200%もの成長率を実現したオンラインSPA

成熟産業×デジタルで、業績は劇的に伸びる

アパレル・眼鏡・飲食店――成熟業態ほどチャンスがある

米国では、いわゆる成熟産業をDX化することで業績を伸ばし、資金調達に成功しているベンチャー企業が数多く出てきています。

◆年率200%もの勢いで伸びるオンラインSPA

代表的な事例が「オンラインSPA」といわれる業態で、アパレルのエバーレーンや、眼鏡販売ワービーパーカーが有名です。

エバーレーンやワービーパーカーは、店舗はあるものの店舗での商品販売は行ないません。お客はネットで商品を選んで店舗で試着し、ネット通販で購入します。

その結果、オンラインSPAは次のメリットを得ています。

・店舗在庫が不要なので資金効率が高く、経営面でのリスクが低減される
・販売、出荷などのオペレーションが集約されるため生産性が上がる
・店舗スタッフに販売ノルマがなく、本来の顧客サービスに集中できる

その結果、エバーレーンは最大200%もの成長率を実現し、ワービーパーカーも時価総額10億ドルを超え、ユニコーン企業の1社となっています。

こうしたオンラインSPA業態のように、米国シリコンバレーでは旧来型の成熟産業にデジタルを掛け合わせ、新たなイノベーションを生み出す動きが加速しています。

◆デジタル技術で待ち時間ゼロのグリルチーズサンド店

米国西海岸を中心に展開する、グリルチーズサンドを提供するザ・メルトという飲食店は、スマホ上のアプリでオーダーすることができます。

アプリでメニューを選択し、受け取るお店を選ぶと、指定された時間にできたてのグリルチーズサンドを受け取ることができます。ファーストフード店であってもランチタイムには長蛇の列で、テイクアウトするまでに長時間待たされるといったことが、サンフランシスコのような大都会では日常の出来事です。

オンラインSPAとは？

お客はネットで商品を選び、店舗で試着を行なうなどして試し、実際の購入はネット通販で行うという、製造小売りのビジネスモデル。アパレルのエバーレーンや、眼鏡のワービーパーカーが有名。

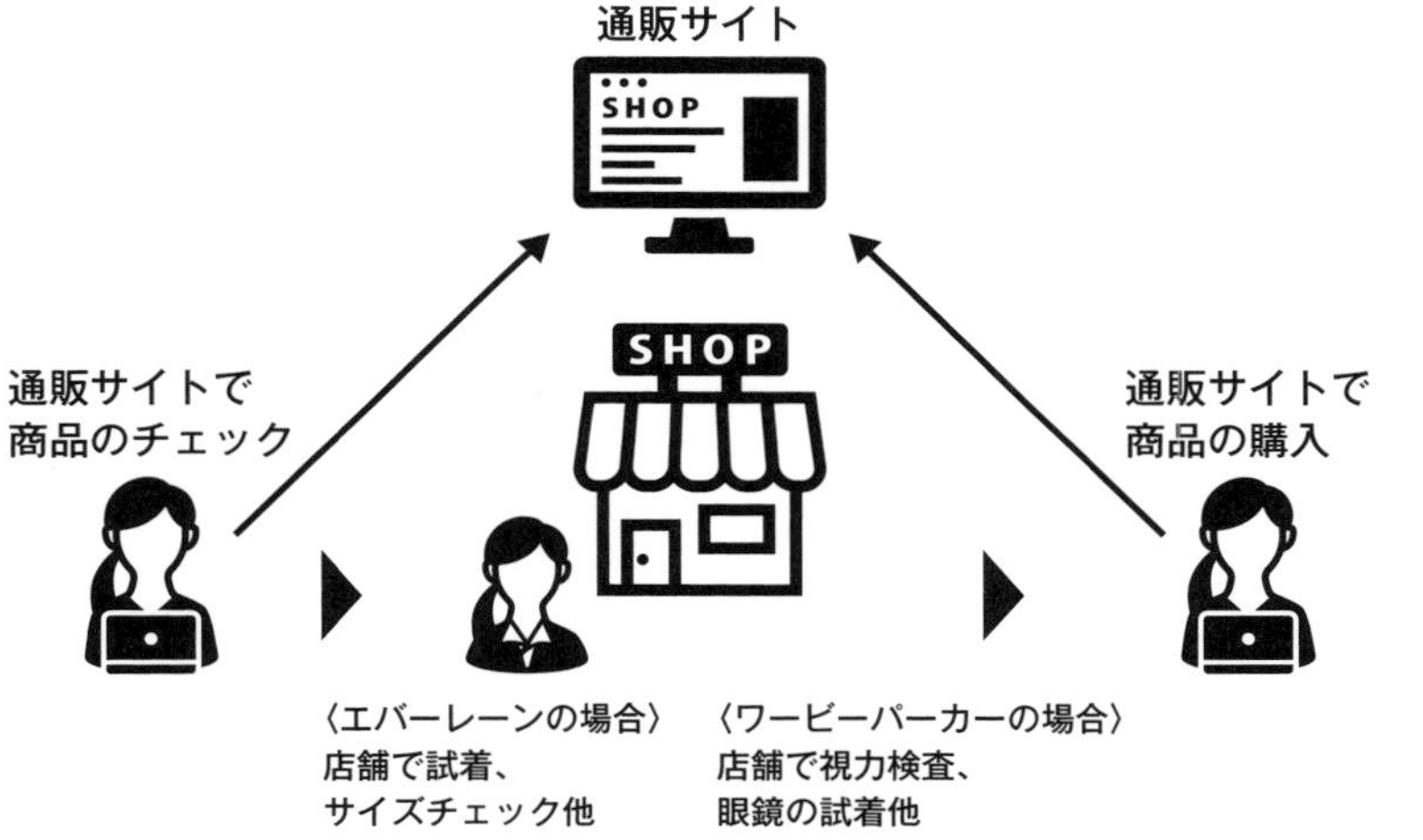

オンラインSPAのメリット

- 店舗在庫が不要なので資金効率が高く経営面でのリスクが低減される
- 販売・出荷といったオペレーションが集約されるため生産性が上がる
- 店舗スタッフに販売ノルマがなく、本来の顧客サービスに集中できる

　ところがザ・メルトであれば、待たされることはありません。できたての食べ物をテイクアウトできる点が現地で受け、そのビジネスモデルが認められてベンチャーキャピタルから多額の資金を調達することに成功しています。

　オンラインSPAも、ザ・メルトの例も、従来からある成熟業態の一部のプロセスをデジタル化したものです。

　つまり成熟産業×デジタルで、業績は劇的に伸びるということなのです。

section 05

事例

AIを活用して売上5倍、営業利益を12倍に伸ばした食堂

前項で「成熟産業×デジタル」で業績が劇的に伸びると述べました。その好例が三重県伊勢市にある飲食店、ゑびや（従業員44名）でしょう。

同社はＡＩを導入することで、6年間で売上を5倍に、営業利益を何と12倍に伸ばすことに成功しました。

◆旧態依然とした食堂がAIを導入

かつての同社は旧態依然とした昔ながらの食堂でした。

手切りの食券でオーダーを取り、食材の発注も過去の経験と勘で、「このくらい集客があるだろう」「このメニューが多く出るだろう」と判断していました。

その結果、判断を誤ると食材の多大な廃棄ロスを出すことにつながり、また必要以上にお客を待たせてしまう、あるいは欠品して機会損失を出してしまう、といった課題を抱えていました。

そこで同社ではＡＩの導入を決意。過去2年分の「気象」「来客」「売上」のデータから1時間ごとの来客数やメニューを予測し、それに合わせて発注や業務オペレーションの計画を立てるようにしました。

◆AIにより廃棄ロスを7割削減

その結果、廃棄ロスを7割削減することができました。原価を大幅に下げたことで、食材を値切ることなく買いつけることができるようになり、メニューの質・単価も向上しました。こうしたビッグデータに基づく来客予測の的中率は現在95％を超えていると言います。

また、来客人数がわかれば従業員の人員配置も適切に行なえるため、お客様を待たせることもなくなりました。

さらに来客に適したメニュー提案ができるようになったことで客単価も上がり、従業員1人あたりの年間売上高は3倍にもなっています。業務効率が上がったことで残業もなくなり、年間取得休日120日も実現できています。

ＡＩをオペレーションに組み込むことで、驚くほどの成果をあげられることがよくわかります。

AIを活用して売上5倍、営業利益を12倍に伸ばした食堂の事例

同店の外観

同店内部の様子

section 06

ビッグデータとIoTがAIを進化させた

ビッグデータ・IoT・AI・5Gで加速するデジタル化

5Gでさらに進むデジタル化とAI活用

前項で述べた通り、AIを自社のビジネスに落とし込むことができれば、自社のビジネスモデルは劇的に変わると言えます。

なぜなら、今まで人が勘と経験で行なってきたことを、人がやるよりずっと正確にソフトウェアがこなしてくれるようになるからです。しかもソフトウェアは人と違って疲れることがありませんから、24時間365日働き続けることができます。

◆AIの実用化が進む背景

近年、AIがどんどん実用化されている背景には「ビッグデータ」と「IoT」の進展が挙げられます。

まず、AIを駆動させるためには膨大な過去のデータが必要になります。昔はデータがさまざまな場所に散らばっていましたが、2000年頃から本格的に普及したクラウド技術により、膨大なデータをインターネット上で共有できるようになりました。

さらにIoT技術により、あらゆるデバイスから簡単にデータを集められるようになりました。IoTとはInternet of Thingsの略語で、「あらゆる『モノ』がインターネットにつながる」という意味です。あらゆる「モノ」がインターネットにつながった結果、前述のビッグデータ収集が容易になったのです。

たとえば前項で述べたゑびやの場合も、店内外にセンサーを設置することで、店の前の通過人員、入店人員をカウントして入店率を計算しています。さらに来客者の年齢や性別、感情までがかなり高い精度で判定できます。

このようにビッグデータ技術とIoT技術の進展に伴い、AIもどんどん実用化されてきていることがよくわかります。

◆5Gでさらに進むデジタル化とAI活用

この流れをさらに加速させるのが、今後の普及が期待される5G技術です。現在は4Gによるワイヤレス通信が行なわれていますが、有線による通信と

ビッグデータ・IoT・AI・5Gで加速するデジタル化

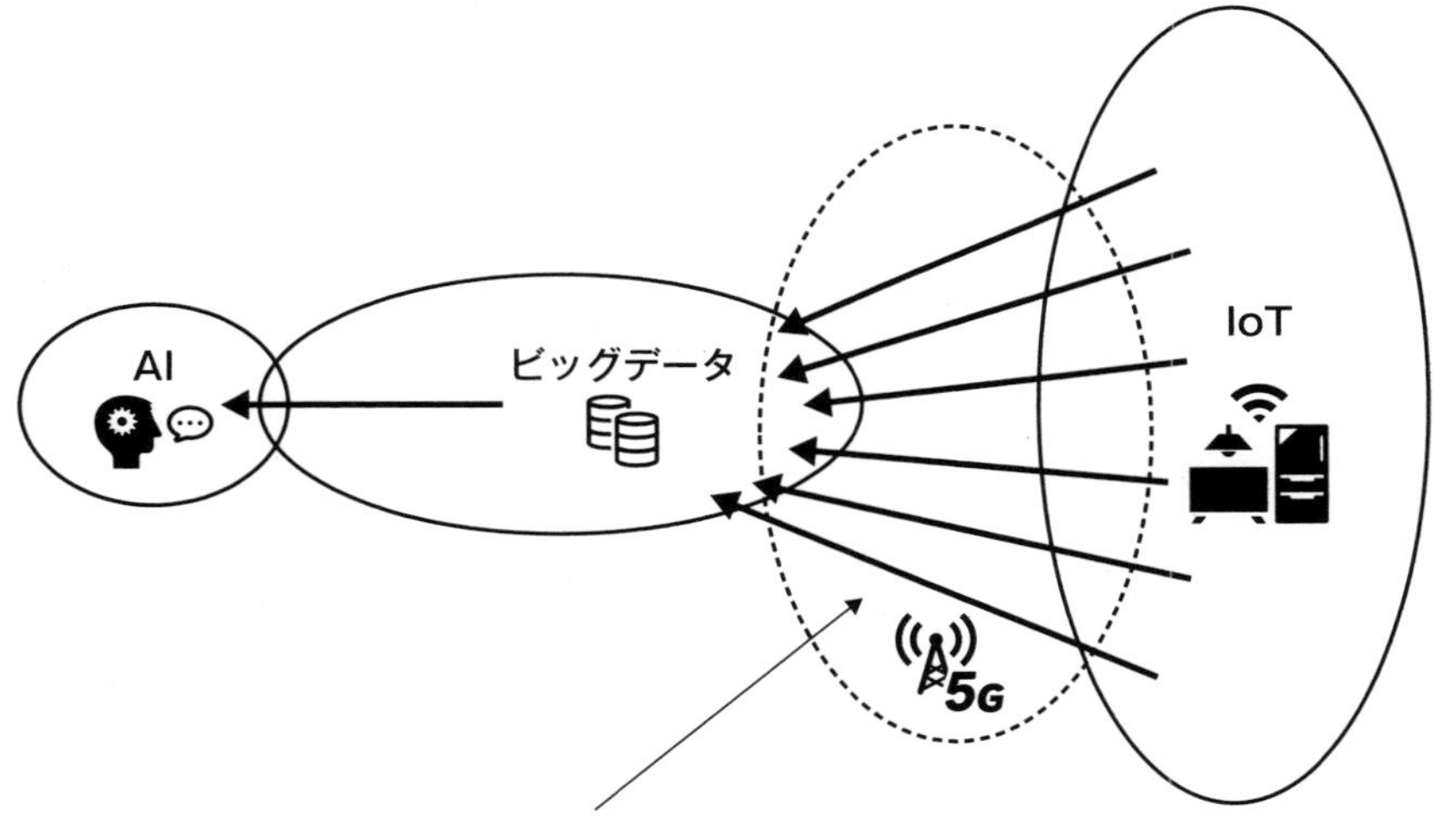
今後、5Gが普及することでさらにデジタル化が進む

比較するとレスポンス性等が劣り、同時性、信頼性が求められるデータ通信にはLAN等の有線通信が採用されています。

ところが5Gになると、ワイヤレスであったとしても、現在の有線と同等のスピード、容量、レスポンス性、信頼性での通信が可能になります。

したがってIoTによってビッグデータを集めるプロセス、ならびにAIにビッグデータを供給するプロセスにおいて劇的な改善が見込まれ、さらにデジタル活用、AI活用の流れが加速すると見られています。

section 07

現在のデジタル化の波は人類第3の革命

デジタルの進展とともにさらに開く企業間格差

—主導権を取るのは資本の有無より知識の有無。小が大に勝つ時代に！—

ここまで述べてきたようなデジタル技術の進展は、我々人類にとって「第3の革命」と言われています。

◇デジタル化の波は人類第3の革命

第1の革命は農業革命です。それまで狩猟採集生活を送っていた人類が定住し、農業を行なうようになりました。そして農業革命の結果、人類の人口が劇的に増えたと言われています。ただし、農業革命は人口の増加には貢献したものの、生産性そのものはほとんど上がらなかったと言われています。

そして人類第2の革命が、17世紀末にイギリスを中心に起こった産業革命です。それまでは人、あるいは家畜が動力源だったのが、産業革命を契機に蒸気機関など機械が動力源になりました。産業革命の最大のポイントは、有史以来横ばいだった人類の生産性が、産業革命以降初めて大きく向上した、ということです。

その結果起きたことは、驚くほどの格差の拡大です。資本を持つ一握りの資本家はどんどん豊かになり、そうではない労働者は過酷な環境で労働に駆り立てられる、そんな光景が産業革命の直後にはいたるところで見られ、大きな社会問題に発展しました。

◇さらに格差が拡大するデジタル革命

そして今、我々が直面しているのが人類第3の革命であるデジタル革命です。このデジタル革命は産業革命の比ではないほどの「格差」を生み出すと言われています。そして、その兆候はすでに見られはじめています。

変革期を迎えるにあたって注意したいのは、第2の革命である産業革命と、デジタル革命とでは大きな違いがあるということです。それは、産業革命の時に有利であったのは資本を持つ資本家であったのに対し、デジタル革命は必ずしも資本を有する大企業が有利にはならないということです。

デジタル革命で主導権を取るのは、「資本」の有無ではなく「知識」の有無です。つまり「知っているか、知らないか」さらに「やるか、やらないか」

革命で何が起きたのか？

	内容とその結果	起きたこと	主導権を取った人
第1の革命 農業革命	狩猟採集生活を送っていた人類が定住し、農業を行う様になった	人口が爆発的に増えた	力のある人
第2の革命 産業革命	それまでは人あるいは家畜が動力源だったが、機械が動力源になった	1）有史以来初めて生産性が上がった 2）その結果、格差が劇的に拡大した	資本を持つ人
第3の革命 デジタル革命	従来のアナログのプロセスの多くがデジタルに置き換わろうとしている	産業革命の比ではない格差を生み出すと言われ、その兆候が出ている	知識を持つ人

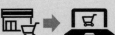

がこれからの明暗を分けることになります。

むしろ、デジタル革命においては大企業より中小企業のほうが実は有利になる可能性があります。なぜなら、本書の冒頭で述べた通り、デジタルマーケティングの導入1つとっても、デジタルへの取り組みは社内の複数の部門がからむことから、経営トップが関与しなければ絶対にうまくいきません。これは逆に言うと、部門間の壁が高く多い大企業よりも、経営トップの決断ですべてが決まる中小企業のほうが有利である、との見方もできるわけです。

いずれにせよデジタルに本気で取り組むか否かが、大きく明暗を分ける時代になったということです。

section 08

新たなプロダクトやサービスを生み出す思考法「デザイン思考」

これから日本でも求められる「デザイン思考」

―もうＰＤＣＡサイクルだけでは通用しない―

今、日本の生産性はＯＥＣＤ加盟国（先進国）の中で最低ランクに位置しています。その最大の理由として指摘されているのが、「デジタル化の遅れ」です。そしてその背景には、日本がこれまで得意としてきた「製造業的な思考」が挙げられています。第２章で「ウォーターフォール型」と「アジャイル型」それぞれの開発手法について述べました。これは「従来の製造業的な思考法」と「デジタルで求められる思考法」の根本的な違いとして理解いただけると思います。

同様に、現在のデジタル時代に求められる思考法に「デザイン思考」があります。現在、日本のビジネスの世界で広く使われている思考法はＰＤＣＡサイクルです。ＰＤＣＡサイクルの利点は、標準化されたルーチンの仕事をこなす分には効率が上がりますが、新たなイノベーションは生まれません。これに対して「デザイン思考」とは、新たなイノベーション、新たなプロダクトやサービスを生み出す思考法です。

ＰＤＣＡサイクルとデザイン思考の違いについて左図に示します。デザイン思考の最大のポイントは、まずプロトタイプ（試作品）を作り、そして市場でテストして反応を見ることです。

デジタルの時代には、前例がないことに取り組まざるをえません。その時にＰＤＣＡサイクル的に考えると、そもそもＰ（＝プラン：計画）が立てられない、あるいは立てられたとしても時間がかかりすぎます。さらにデジタルの時代は激しい技術革新の波により、状況が日々変わります。すると過去の計画が役に立たなくなる、といったことも日常茶飯事になります。これがデジタル時代に「デザイン思考」が求められる理由です。

特に欧米のビジネスマンの間では、「デザイン思考」は当たり前のフレームワークになっています。ところが日本ではまだまだ普及していません。

従来のＰＤＣＡサイクルに加え、「デザイン思考」が求められます。

「PDCA サイクル」と「デザイン思考」の違い

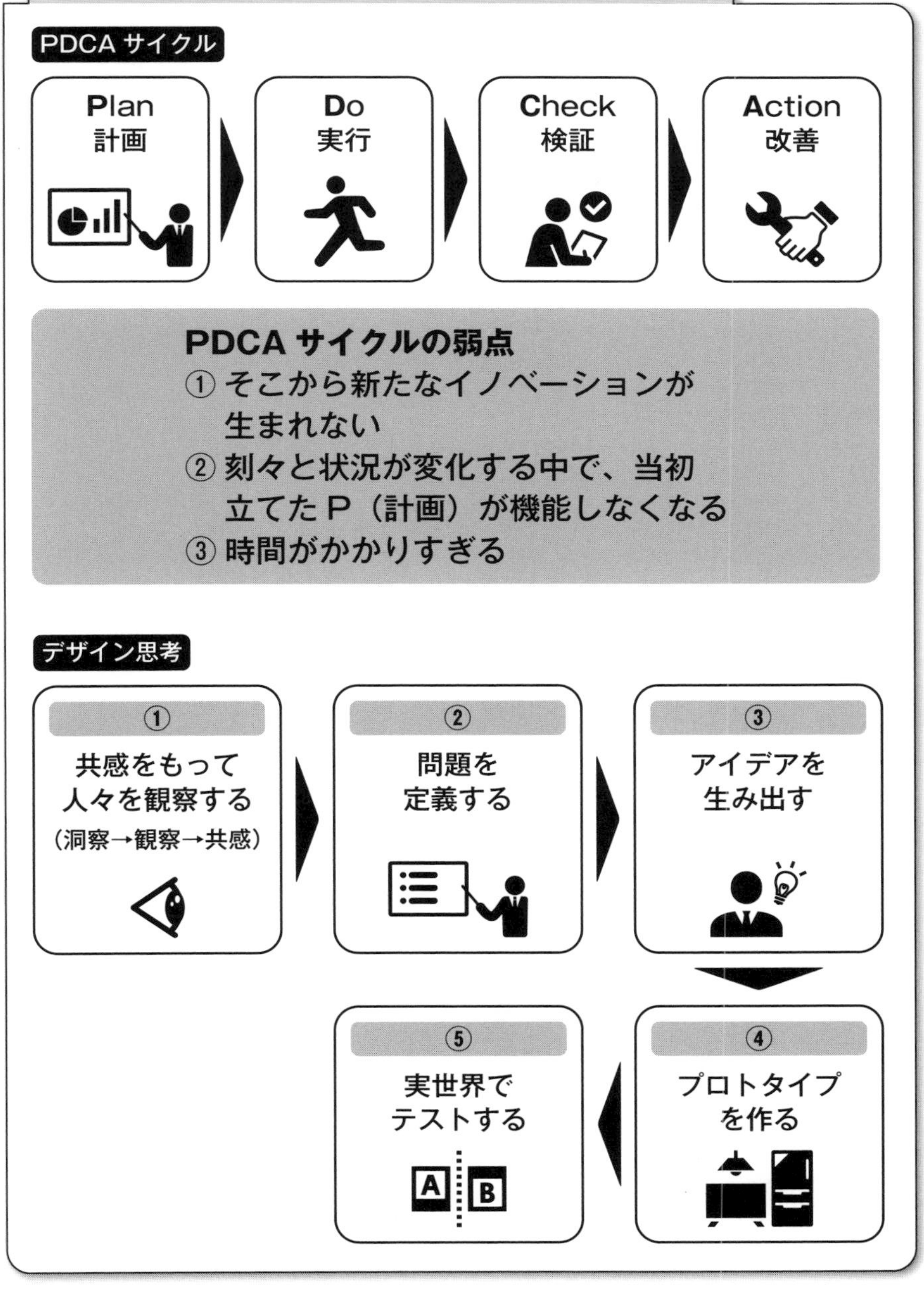
PDCA サイクル
Plan
計画
Do
実行
Check
検証
Action
改善
PDCA サイクルの弱点
① そこから新たなイノベーションが生まれない
② 刻々と状況が変化する中で、当初立てた P（計画）が機能しなくなる
③ 時間がかかりすぎる
デザイン思考
①
共感をもって人々を観察する
（洞察→観察→共感）
②
問題を定義する
③
アイデアを生み出す
④
プロトタイプを作る
⑤
実世界でテストする
A
B

■著者略歴

斉藤芳宜（さいとう よしのり）

DX 支援本部マネージングディレクター、上席コンサルタント
神戸大学経営学部卒。大手通信会社においてIT関連の新規事業立ち上げのチームリーダーを経て、船井総合研究所に入社。現在、テクノロジーを活用して中小企業に変革をもたらすデジタルイノベーション部隊の責任者であり、業績アップにつながるDX（デジタルトランスフォーメーション）コンサルティングに定評がある。DX、自動化システム、データドリブン経営などを推進している。経済産業省登録中小企業診断士。

片山和也（かたやま かずや）

DX 支援本部ディレクター、上席コンサルタント
マーケティングオートメーションおよびセールステック導入の専門家。同分野では船井総合研究所の第一人者である。上場企業から中堅・中小企業まで幅広く導入支援の実績を持つ。
日経クロステックでの連載を手掛けるなど、テクノロジー面とマーケティング面の両面に精通していることが大きな強み。著作は10冊を超える。経済産業省登録中小企業診断士。

藤原聖悟（ふじわら しょうご）

DX 支援本部マネージャー
制御機器メーカーの営業職・営業企画職を経て、船井総合研究所へ入社。受託型製造業のクライアントへメーカー化の商品提案を行ない、デジタルマーケティングから営業活動に至るまでの実行支援を数多く実施する。専門的な知識や経験を持つ社員が少ない中小・中堅製造業のクライアントに対しても、社員の代わりになって、CRM・SFAからマーケティングオートメーション等のシステム構築・実行を行なっている。

神徳あや（じんとく あや）

DX 支援本部シニアエキスパート
2008年船井総合研究所に新卒で入社し、小売、EC、広告会社、IT企業、法律事務所等さまざまな業界の業績アップコンサルティングに携わってきた。この経験を活かし、中小企業向けのDXを実現するためのシステムとして船井ファストシステムを開発。2年で130社を超える企業に導入されている。船井ファストシステムのプロダクトマネージャーとして活動している。

沖山佑樹（おきやま ゆうき）

DX 支援本部シニアエキスパート
信用金庫で営業・融資の経験を経て2013年に船井総合研究所に中途入社。デジタル広告を活用した即時業績アップを得意とし、「ローカル」でも、「スモール」でも最適なデジタルマーケティングをサポート。士業、医療、美容、飲食、EC、住宅・不動産など業種を超えてWeb広告やSNS広告を中心に、150社を超えるコンサルティング実績。お客様の商品やサービスを理解し、業績アップにこだわったサポートを目指す。

山崎　悠（やまさき ゆう）

DX 支援本部チーフコンサルタント
大阪大学理学部物理学科卒。船井総合研究所に新卒で入社、一貫して製造業の分野を中心にデジタルマーケティング戦略の構築及び実行を手がける。クライアントの製造現場や技術に深く入り込んだ奥行きのあるマーケティングの展開を得意としている。従業員10人以下の企業から上場企業までクライアントの幅は広く、デジタルマーケティングの最前線で活動している。

なるほど！　これでわかった
図解　よくわかるこれからのデジタルマーケティング

2020年 8 月18 日　初版発行
2023年 6 月23 日　4 刷発行

著　者 —— 船井総合研究所

発行者 —— 中島豊彦

発行所 —— 同文舘出版株式会社

東京都千代田区神田神保町 1-41　〒 101-0051
電話　営業 03（3294）1801　編集 03（3294）1802
振替 00100-8-42935
http://www.dobunkan.co.jp/

ISBN978-4-495-54067-8
印刷／製本：萩原印刷
Printed in Japan 2020